本书获得华中科技大学文科专项任务项目"国际传播能力建设视域下跨文化能力发展路径与影响机制研究"(编号2023WKFZZX103)的资助。

彭仁忠　吴卫平　著

国际传播视角下跨文化能力

路径与影响机制

中国社会科学出版社

图书在版编目（CIP）数据

国际传播视角下跨文化能力：路径与影响机制 / 彭仁忠，吴卫平著. -- 北京：中国社会科学出版社，2025.8. -- ISBN 978-7-5227-5165-8

Ⅰ. G649.1

中国国家版本馆 CIP 数据核字第 2025P4M411 号

出 版 人	季为民
责任编辑	郭晓鸿
特约编辑	张　剑
责任校对	师敏革
责任印制	戴　宽

出　版	中国社会科学出版社
社　址	北京鼓楼西大街甲 158 号
邮　编	100720
网　址	http://www.csspw.cn
发行部	010-84083685
门市部	010-84029450
经　销	新华书店及其他书店
印　刷	北京明恒达印务有限公司
装　订	廊坊市广阳区广增装订厂
版　次	2025 年 8 月第 1 版
印　次	2025 年 8 月第 1 次印刷
开　本	710×1000　1/16
印　张	20.5
插　页	2
字　数	288 千字
定　价	109.00 元

凡购买中国社会科学出版社图书，如有质量问题请与本社营销中心联系调换
电话：010-84083683
版权所有　侵权必究

目　录

前　言 …………………………………………………………（1）

第一章　绪论 ………………………………………………（1）
　第一节　研究背景、目的和意义 …………………………（1）
　第二节　国内外文献综述 …………………………………（4）
　第三节　研究设计 …………………………………………（23）
　第四节　创新点 ……………………………………………（26）

第二章　相关理论基础 ……………………………………（27）
　第一节　跨文化接触理论综述 ……………………………（27）
　第二节　跨文化能力理论综述 ……………………………（33）
　第三节　本章小结 …………………………………………（43）

第三章　跨文化能力量表研究 ……………………………（45）
　第一节　引言 ………………………………………………（45）
　第二节　研究方法 …………………………………………（48）
　第三节　结果与讨论 ………………………………………（50）
　第四节　本章小结 …………………………………………（61）

第四章　跨文化接触量表研究 ………………………………… (62)
  第一节　引言 ……………………………………………………… (62)
  第二节　研究方法 ………………………………………………… (64)
  第三节　结果与讨论 ……………………………………………… (67)
  第四节　本章小结 ………………………………………………… (84)

第五章　跨文化能力发展现状调查 …………………………… (86)
  第一节　引言 ……………………………………………………… (86)
  第二节　理论基础 ………………………………………………… (87)
  第三节　研究方法 ………………………………………………… (89)
  第四节　结果与讨论 ……………………………………………… (90)
  第五节　本章小结 ………………………………………………… (97)

第六章　跨文化能力影响因素调查 …………………………… (98)
  第一节　引言 ……………………………………………………… (98)
  第二节　文献回顾 ………………………………………………… (99)
  第三节　研究方法 ………………………………………………… (104)
  第四节　结果与讨论 ……………………………………………… (107)
  第五节　本章小结 ………………………………………………… (114)

第七章　跨文化接触路径调查 ………………………………… (115)
  第一节　引言 ……………………………………………………… (115)
  第二节　文献综述 ………………………………………………… (115)
  第三节　研究设计 ………………………………………………… (117)
  第四节　结果分析 ………………………………………………… (118)
  第五节　综合讨论 ………………………………………………… (124)
  第六节　本章小结 ………………………………………………… (126)

第八章　跨文化直接接触对跨文化能力发展的作用机理 ……… (127)
 第一节　引言 ……………………………………………… (127)
 第二节　研究方法 ………………………………………… (129)
 第三节　结果与讨论 ……………………………………… (131)
 第四节　本章小结 ………………………………………… (153)

第九章　跨文化间接接触对跨文化能力发展的作用机理 ……… (154)
 第一节　引言 ……………………………………………… (154)
 第二节　研究方法 ………………………………………… (156)
 第三节　结果与讨论 ……………………………………… (157)
 第四节　本章小结 ………………………………………… (171)

第十章　跨文化体验对跨文化能力发展的影响路径研究 ……… (172)
 第一节　引言 ……………………………………………… (172)
 第二节　理论框架 ………………………………………… (173)
 第三节　研究设计 ………………………………………… (181)
 第四节　研究结果 ………………………………………… (190)
 第五节　讨论 ……………………………………………… (222)
 第六节　本章小结 ………………………………………… (232)

第十一章　总结与展望 …………………………………………… (235)
 第一节　主要研究发现 …………………………………… (235)
 第二节　研究局限性 ……………………………………… (244)
 第三节　研究启示 ………………………………………… (245)

参考文献 …………………………………………………………… (247)

附录1　访谈 ……………………………………………………… (291)

附录2 中国大学生跨文化能力自我评价量表 …………………（294）

附录3 中国大学生跨文化接触量表 …………………………（297）

附录4 中国大学生跨文化能力影响因素量表 ………………（310）

附录5 中国大学生跨文化体验量表 …………………………（313）

后　记 ……………………………………………………………（318）

前　言

　　党的二十大报告强调了加强国际传播能力建设对于推动中华文化走向世界的重要性。在这一背景下，跨文化能力的培养显得尤为紧迫和关键。在全球化的今天，各国之间的交往不断增加，而跨文化交流也日益频繁，这使得不同文化之间的理解和沟通变得至关重要。跨文化能力的培养有助于增进国际上的相互理解与友好关系，减少文化冲突，促进友好合作。特别是对于中国这样一个正在崛起中的国家来说，具备跨文化能力将有助于提高其在国际舞台上的话语权和竞争力，推进中国实现高质量发展，建设现代化强国。此外，培养学生的跨文化能力，旨在打造具有全球视野和国际竞争力的创新型人才，这与中国建设创新型国家和人才强国的发展战略相一致。跨文化能力的培养也有助于传承和弘扬中华文化，通过学习他国文化，我们可以更好地认识和理解自己的文化，从而增强文化自信，促进中华文化的国际传播和影响力。

　　在当前背景下，加强跨文化能力的培养对于中国的国际传播能力建设至关重要。这不仅是为了促进国际友好合作，也是提高国家的竞争力、培养国际化人才、传承中华文化的重要途径。面对全球化时代的挑战，中国需要更好地融入国际社会，为实现国家发展目标作出更大的贡献。然而，尽管近年来大学生参与国际跨文化交流的机会不断增加，但对于跨文化接触对其能力发展的具体影响机制仍需要深入研究和探讨。当前关于跨文化接触的研究相对不足，而对于跨文化能力的影响机制更是鲜有学者进行深入探讨。因此，本书主要围绕大学生的跨文化接触和路径对其跨文化能力发展的作用机理进行了一系列深入研究，其中包括国内外跨文化接触和跨文化能力研究概述、大学生跨文化能力量表研究、大学生跨文化接触量表研究、大学生跨文化能力发展现状调查、大学生跨文化能力影响因素调查、大学生跨文化接触路径调查、跨文化直接接触对大学生跨文化能力发展的作用机理、跨文化间接接触对大学生跨文化能力发展的作用机理、跨文化体验对大学生跨文化能力发展的影响路径研究以及其他相关研究等九个方面。第一，对近三十年国内外跨文化接触和跨文化能力研究理论及相关研究进行了一次较为详细的梳理，可以为国内跨文化研究学者们提供理论参考。第二，对大学生跨文化能力量表的信度和效度研究证实了该量表具有良好的信度和效度，可以用来测评中国大学生的跨文化能力发展的实际情况，借助测评的实证调查数据可以帮助大学生预测自己跨文化能力的实际水平，从而使他们更好地意识到自身跨文化能力的强弱。同时，可以为国内各高校培养国际化人才并开设相关文化能力培养课程提供参考。第三，对大学生跨文化接触量表的信度和效度研究验证了大学生跨文化直接接触量表和间接接触量表均具有良好的信度和效度，可以用来调查和分析大学生跨文化直接接触和间接接触的现状，为探究大学生跨文化直接接触和间接接触分别对大学生跨文化能力的影响作用提供前期理论和实证数据支撑。在理论方面，对国内跨文化研究学者们有一些启示作用。同时，对跨文化接触量表的研究可以丰富国内跨文化研究的测量工具。第四，对当前大学生跨文化能力发展现状的调查和分析，各个高校可以参考相关数据结果为国际化人才培养方案制定提供一些政策参考，同时，也可以为高校教师在设计课堂活动时有意识地、有针对性地去帮助学生提高相关能力。第五，对大学生跨文化能力影响因素的调查和分析，为跨文化研究学者提供了一些新的影响跨文化能力的因素和研究视角，同时，为高校教师跨文化外语教学和课程设计带来一些启示作用。第六，对大学生跨文化接触现状的调查与分析，有助于外语教师了解和掌握学生的跨文化接触和学习状况，并为大学生提供了跨文化接触的主要路径，从而为促进中国大学生跨文化能力发展提供了新的视角。第七，跨文化直接接触对大学生跨文化能力发展的作用机理研究，不仅为相关跨文化能力研究提供研究思路和理论参照，具有重要的理论意义；同时，也为目前高校国际化教育人才培养计划制订提供借鉴，具有积极的现实意义。第八，跨文化间接接触对大学生跨文化能力发展的作用机理研究，有助于高校外语教师通过合理的课程设计促进大学生跨文化能力的发展。同时，对跨文化研究学者有一些启示作用。第九，跨文化体验对大学生跨文化能力发展的影响路径研究，为大学生通过跨文化接触和体验促进其跨文化能力发展提供了路径和方法借鉴，同时，为高校国际教育管理者和跨文化外语教育者提供了一些数据支撑和建设性建议。

然而，本书的研究还存在一些不足之处。首先，在大学生跨文化能力影响因素的研究中，可能还存在其他未涵盖的因素，需要进一步调查和分析。其次，在样本选择和数量方面还存在局限性，未来的研究需要更加注重样本的均衡性和数量的充足性。最后，本书的研究范围还可以进一步扩大，例如可以研究其他对象（如教师、企业人员、医疗人员等）的跨文化接触对其能力发展的影响，以及更为细分的接触路径和方式等。

华中科技大学文科自主创新项目"国际传播能力建设视域下跨文化能力发展路径与影响机制研究"（编号：2023WKFZZX103）和国家社科基金一般项目"跨文化接触对大学生跨文化能力发展的作用机理研究"（编号：17BYY098）的资助和支持，对本书的完成起到了至关重要的作用。在此表示我们最诚挚的感谢。同时，我们衷心感谢来自兄弟院校的老师和同人，在数据收集方面给予了我们全力的支持和帮助，他们的不懈努力推动了项目调研与数据采集工作的有序开展。特别要感谢课题组的老师（褚光、彭媛、曹蔓）和博士生（朱崇光、付容容、李成飞)、硕士生(姜家奇、刘孟玲、李婷、王杰、张弛、付一超、杨斯蔚、吕林丽、吴晨晨),他们积极参与了数据收集、分析和论文撰写等工作。最后,我们还要衷心感谢本书编辑老师在出版过程中的辛勤付出。本书的完成离不开各位的支持与帮助,在此向各位表示衷心的感激之情。我们在撰写过程中付出了大量心血和精力,但难免会有错漏之处,恳请广大读者、同人和专家批评指正,以帮助我们不断完善本书。

彭仁忠　吴卫平
于 2024 年 2 月

第一章 绪论

第一节 研究背景、目的和意义

一 研究背景

党的二十大报告明确提出加强国际传播能力建设,全面提升国际传播效能,着力提升中国国际话语权。在这个背景下,跨文化能力的培养显得尤为关键。首先,跨文化能力培养有助于提高中国在国际舞台上的话语权。在全球化的背景下,各国之间的交流与合作日益密切,跨文化沟通能力成为各国在国际事务中争取话语权的关键因素。通过培养跨文化能力,我国可以更好地向世界传递中国的声音,展示中国的文化魅力,为国际社会提供更多关于中国的真实、全面、立体的信息。其次,跨文化能力培养有助于推动中外文化交流与互鉴。中华文明有着约五千年的历史,是世界上最古老、最丰富的文明之一。通过跨文化能力培养,我们可以更好地向世界传播中华优秀传统文化,促进中外文化的互鉴互学,共同推动人类文明的进步。此外,跨文化能力培养还有助于加强国际合作。在全球化的大背景下,各国之间的利益已经紧密相连,单边主义行不通,只有加强国际合作才能实现共同发展。通过培养跨文化能力,我们可以更好地与其他国家开展政治、经济、科技、教育等领域的合作,共同应对全球性挑战,实现共赢发展。在中共二十大报告中，国际传播能力建设视域下跨文化能力培养的重要性不言而喻。我们应该重视跨文化能力的培养，努力提高我国在国际舞台上的话语权，推动中外文化交流与互鉴，加强国际合作，为实现中华民族伟大复兴的中国梦贡献力量。

随着全球化的加速发展以及与世界各国合作交流日益增加，尤其是国家"一带一路"倡议和人类命运共同体建设的持续推进，中国与世界各国在政治、经济、文化等方面的交流与合作日益增多，社会各个行业对具有跨文化能力的国际化人才需求也随之增加（彭仁忠等，2020）。例如，跨国企业管理者需要如何增强员工在跨文化工作环境下熟练地进行跨文化交际或进行谈判协商的能力；驻外工作人员/留学人员需要如何更好地适应国外文化环境，克服交际困难；政府外交人员需要如何更好地处理国际事务，与他国进行外交，维护国家和人民的利益；医务工作者需要如何更好地参与全球合作与资源共享来遏制疫情恶化。同样地，教育工作者们需要如何帮助学生在多元文化世界中做好工作准备；在国外，《加拿大语言基准》和《欧洲共同语言参考框架》强调培养学生的跨文化能力应被视为外语教学的主要目标（Kirkgoz, 2003）。在国内，《大学英语教学指南（2020版）》和《普通高等学校本科外国语言文学类专业教学指南》（2020年版）中明确指出"需要培养学生了解外国社会与文化，增进对不同文化的理解、对中外文化异同的意识，培养较强跨文化能力"。基于以上指南或框架文件，社会各领域已对作为未来主要的跨文化交际群体的大学生的跨文化能力提出了明确的要求。

此外，基于网络的跨文化教学在外语教育中越来越普遍，尤其是在线技术的快速发展为"互联网"时代的跨文化研究开辟了一个全新的领域。例如，MOOCs（Sandeen, 2013; Manuela & Allison, 2015）、电影教学（Peter, 2010; Josep, 2015）、大学英语视听说（高洁, 2017；孙彬斌, 2018）和远程网络（O'Dowd, 2013; Barron & Black, 2015）等网络多媒体教学模式被纳入外语教学，同时结合在线自主学习，面对面教学使学生能够更好地了解外国文化、积累丰富的跨文化知识，以拓宽他们的跨文化视野。随着智能手机的普及，特别是 iPhone 和 Android 设备的广泛应用，新媒体平台（如微信、抖音、微博等）社交媒体蓬勃发展，催生了自媒体时代的到来。这使得学生能够有更多的机会和途径接触到不同国家的文化，整个文化体验过程均不受时间和空间的限制。由此，大学生的跨文化接触是否有助于其跨文化能力的提升已经成为当前学界重点关注的话题之一。

二 研究目的和意义

随着经济全球化和互联网技术的发展，人们与来自不同文化背景的人的跨文化交流越来越频繁，使得学者们开始重视跨文化能力研究，尤其关注大学生这个主要的跨文化接触群体，如何提高大学生的跨文化能力已经成为当前的研究热点。由此，如何培养具有国际视野和跨文化沟通能力的人才，成为当前高校人才培养模式变革的重要内容。而且，目前随着大学生参与国际跨文化交流和接触的机会越来越多，他们不同的跨文化接触路径和方式对其跨文化能力的影响作用如何仍需要学界深入分析和探讨。近几十年来，关于跨文化接触的研究不多见，尤其是探讨跨文化接触对跨文化能力的影响机制研究。本书以大学生为研究对象，基于国内外跨文化能力和跨文化接触理论构建符合中国情境本土化的跨文化接触量表和跨文化能力量表，可以为国内外跨文化研究同行提供理论参考；跨文化接触对跨文化能力的作用机理模型可以为高校国际化培养计划制定人才培养模式提供理论和方法的借鉴；同时，通过结构方程模型实证分析大学生跨文化接触对其跨文化能力发展的作用机理，为国内跨文化能力研究提供研究思路和理论参照，具有重要的理论意义；同时，也为目前高校国际化教育培养计划制订提供借鉴，具有积极的现实意义。

第二节 国内外文献综述

一 跨文化能力相关研究

(一) 国外研究

通过阅读大量文献发现,为了定义跨文化能力,学者们对该术语进行了一系列界定和解释,例如跨文化交际能力、跨文化能力、跨文化敏感性、文化能力、全球能力和跨文化适应等(Chen & Starosta, 1996; Byram, 1997a; Wen, 1999; Fantini, 2003; Deardorff, 2004; Yang, 2009; Xu, 2011; Behrnd & Porzelt, 2012)。尽管这些术语的表达方式不同,但学者们对其内在含义基本上持相同看法,即跨文化能力指的是与不同文化的人进行交际时所具备的动机、知识和技能等方面的能力,有助于他们进行有效而得体的互动和交流(Imahori & Lanigan, 1989)。在能力构成要素方面,Gudykunst(2004)提出跨文化能力构成要素包括知识、动机和技能,三者不可或缺。Wiseman(2004)在总结前人研究成果之后提出,跨文化能力指有效而恰当地与不同文化背景的人交流时所必备的知识、动机和技巧。此外,Spitzberg 和 Changnon(2009)将跨文化能力定义为一种特殊的人际交往能力,并指出了五个基本构成要素,即动机、知识、技能、情境和效果。从国际化人才培养视角出发,Perry 和 Southwell(2011:455)指出,跨文化能力是指与来自不同文化背景的人们进行有效而适当互动交际的能力。事实上,这一观点仍在强调交际在跨文化能力发展中的重要性。以上所有观点均未从特定情境下分析跨文化能力,如果将跨文化能力一词置于商务语境中时,对此又有另一番解读。例如,Lenartowicz 和 Apud(2006)从国际商务的角度将跨文化能力定义为使用一套知识、技能和个人特质成功与来自不同文化背景的人们合作的能力。由此发现,国际商务中的跨文化能力更侧重于个体移情能力发展,需要个体快速理解文化差异，达成合作，促进国际事务圆满完成。因此，跨文化能力还会受到具体不同情境的影响，需要不同文化背景的成员之间相互理解与配合，才能得以完整体现。此外，交际双方应具备动机、知识和沟通技巧，有助于他们表现出与社会规范相一致的行为。对此，Ting-Toomey（2007）提出，跨文化能力可以被认为是一种方法，通过该方法，交际者可以利用自己对跨文化知识的敏感性而有意识地与他人进行沟通。从以上这些定义来看，跨文化能力作为一个抽象概念，主要由态度、知识和技能构成，是通过人与社会环境相互影响而产生的内在和外在结果。美国著名跨文化学者 Deardorff（2006：247—248）通过德尔菲调查后发现，跨文化交际领域的国际知名学者最认同的跨文化能力定义是："交际者基于自身跨文化知识、技能和态度在跨文化环境下进行有效和得体交际的能力"。也就是说，在跨文化情景下，需要交流双方了解彼此的文化知识，摆正态度，并能够运用适当的语言和非语言技能以完成交际活动。这个观点同之前的学者们的提法不谋而合。但是，跨文化活动不仅仅是外部行为的体现，还应包括交际者心理活动的变化过程。所以，为了进一步对跨文化能力进行阐述与评估，Deardorff（2006；2009；2015）在后续研究中提出了跨文化能力金字塔模型。该模型把交际者心理变化过程显性化，分层解释不同阶段所要达到的能力级别。在她的模型中，从塔底到塔尖分别是态度、知识与理解及技能、理想的内在结果、有效得体的跨文化交际，前两层是互动关系，如果在第三层具备了适应性、灵活性、民族文化相对观念和移情能力就能到达塔尖。对该模型进行深层解读，不难发现，态度被放置在首要位置，旨在强调跨文化能力培养要从态度入手，因为积极的态度能促进跨文化知识和技能的掌握，而丰富的知识储备和熟练的技能反过来又会进一步激发积极的跨文化态度。由此，积极正面的态度会保障跨文化活动有效进行。关于知识一词的理解，知识不单单指语言知识，还应包括本国文化知识以及目标语文化知识。在跨文化交流活动中，学习目标语文化知识极为重要，因为它能帮助交际者规避不恰当行为，直接影响交流活动成功与否。而对于本国文化知识，需要指出的是，交际者代表了其背后整个群体，在交流过程中也会影响他人对该群体的判断，因此需要一定的本国文化背景作为支撑，以此弘扬和传播自己所属文化正面形象。所谓技能，主要强调交际者在跨文化活动中对文化冲突及差异问题的处理协调能力，一般会运用一定的语言或者非语言的策略达到交际者目的。由此，知识和技能相互补充，当知识储备不够时，交际者会调动一定技能去弥补知识上的不足，以帮助完成交际者活动。Byram（1997a：34）将文化教学与跨文化能力相结合，提出了由知识、技能和态度三要素组成的跨文化能力教学模型。此外，该模型进一步将跨文化交际能力与跨文化能力区分开来，并认为跨文化能力包含跨文化交际能力。在具备基本的跨文化能力之后，交际者仍需要精通语言知识、话语和社会语言知识，以形成跨文化能力。

纵观国外跨文化能力历时研究发现，关于跨文化能力的研究始于20世纪70年代初，其主要围绕以下四个方面展开。第一，对跨文化能力的内涵与构成要素进行了理论研究。虽然七八十年代国外学者们在跨文化能力定义认识上有分歧（Ruben，1976；Imahori & Lanigan，1989），但是最近二十年来学者们逐渐对跨文化能力内涵形成了较为一致的认识，即知识、技能、意识和态度等四要素被学者们普遍认为在跨文化能力构成中是必不可少的（Gudykunst，1993；Ting-Toomey，1994；Chen & Starosta，1996；Byram，1997a；Spitzberg，1997；Fantini，2000，2006；Kim，2001；Samovar & Porter，2004；Dodd，2006；Deardorff，2004，2006；Martin，2009；Scheitza，2009；Behrnd，2011；Deardorff，2015）。第二，探讨了如何将跨文化能力发展融入外语教学中。Salem 和 Roumi（2013）旨在将跨文化能力纳入黎巴嫩英语语言大学的强化英语课程（IEP），并探讨在 IEP 阅读技能 003 课程中，跨文化教学对学生英语语言/文化态度的影响，研究结果表明，跨文化教育可以提高学生的语言能力，发展他们的跨文化能力。Vo（2017）调查了越南南部高等教育背景下英语教师对 ELT 跨文化能力的看法和实践，强调了在 ELT 课堂中加强跨文化能力参与的必要性。第三，探讨了跨文化能力的各种评价模型与模式。其模型研究可归结为以下三种类型。（1）成分模型，如 Byram（1997a）设计了以知识、态度和技能等三个维度为主要成分的 ICC 模型。Fantini（2000）构建了以意识为核心成分的知识、态度和技能 ICC 模型。（2）发展模型，如 Bennett（1993）构建了跨文化敏感度发展模型（DMIS）。Hammer & Bennett（2001）改进设计了跨文化发展模型（IDI V2）。（3）互动模型，如 Deardorff（2004）提出了 ICC 过程模型，其中包括跨文化能力发展的内部结果和外部结果等互动层面。第四，从跨学科和不同的研究对象探讨了跨文化能力的培养。其主要围绕教育（Fantini，2000；Gudykunst，2005；Byram，2015）、管理（Cameron & Quinn，1998；Hofstede，2013）、医疗保健（David，1999；Alan，2002）、媒介传播（Earley，2003；Hofstede，2007；Kim，2013）、国际关系（David，2014）等领域探讨了跨文化能力的培养。例如，国际模式（TIP）有助于管理人员和专业人员发现自己在国际性工作中所具备或缺乏的技能，帮助他们培养在跨文化情景中继续展示领导、管理和专业等方面的能力。另外，在跨大西洋护士教育项目中，Koskinen 和 Jokinen（2004）调查了护士跨文化能力发展的影响因素。Ziyatdinova 和 Osipov（2012）强调运用集成方法从跨学科合作、跨文化交际者师资发展和大学的国际一体化三个方面提高了工程教育学生的跨文化能力。迄今为止，国外跨文化能力研究成果比较多，如在跨文化能力的内涵、构成、评价、发展和培养等方面进行了较为广泛的理论与实证研究。目前被国内外学者引证较多的跨文化理论就有 17 种之多，在理论研究基础上，研究广度和深度也有很大发展。

关于跨文化接触对跨文化能力发展的重要性研究，国外学者从跨文化直接接触和间接接触等方面探讨跨文化能力发展已有十多年历史。一方面，围绕直接接触对大学生跨文化能力的提高进行了调查与分析

(Campbell, 2003; Kormos & Csizér, 2007; Yashima, 2010; Campbell, 2012; Vezzali et al., 2015; Peng, 2016), 尤其是探讨国际交换生和微博对学生跨文化态度和技能方面的研究 (Bewick & Whalley, 2000; Campbell, 2003; Jackson, 2006; Elola & Oskoz, 2008)。另一方面, 探讨了间接接触影响大学生跨文化能力发展的研究, 涉及间接接触中各种文化产品和媒介, 如电影、书籍、杂志和音乐等方面 (Clément & Kruidenier, 1983; Kormos & Csizér, 2007)。同时, 探讨了在线阅读环境和电子论坛等间接接触有利于提高大学生对本国文化与外国文化的理解能力 (Liaw, 2006; Gómez & Fernando, 2012)。目前, 国外受到最广泛关注的研究是 Kormos 和 Csizér (2007) 提出的跨文化接触模型, 该模型从跨文化视角探讨了跨文化接触在培养大学生跨文化能力方面的重要性, 该模型包含与讲目标语的本族语者或非本族语者的直接接触和间接接触, 还包含使用目标语言通过文化类产品进行接触 (主要是通过不同类型的电子类或者印刷类媒介进行接触)。综合来看, 国外学者围绕跨文化接触对跨文化能力发展的影响机制进行了大量的探索性研究, 研究成果颇多, 重点关注在线媒体平台和国际交流活动如何提升大学生的跨文化交际能力, 包括文化态度、交际技能和跨文化知识储备。

(二) 国内研究

国内关于跨文化能力的研究与国外有很多相似之处, 包括跨文化能力的内涵和定义、跨文化能力的构成要素以及外语教学与跨文化能力的关系等。

国内有一些学者在早期围绕跨文化能力的内涵进行了广泛的探讨, 例如, 文秋芳 (1999) 认为跨文化能力是跨文化交际能力的一部分, 交际能力与跨文化能力交织在一起, 共同形成跨文化交际能力。毕继万 (2005) 认为跨文化交际能力是一种必要的综合能力, 包括语言交际能力、非语言交际能力、语言规则和交际规则转换能力以及跨文化交际环境中的文化适应能力。杨盈和庄恩平 (2007) 将跨文化交际能力等同于跨文化能力，因为这有利于在培养跨文化能力的同时注重培养语言交际能力、跨文化意识、思维能力、非语言交际及交际策略等方面。胡文仲（2013：4）也赞同这两个概念是等同的，认为其具有理论说服力；由于这两种能力在前期大部分相关学术文献中没有区分，因此他将两个概念视为同一种能力。同时，对跨文化能力的解释还衍生出一系列适应中国教育环境的跨文化能力模型，其大多数与 Byram（1997a）的跨文化能力教学模型相似。例如，胡文仲和高一虹（1997）将跨文化能力发展与外语教学相结合，提出一种教学模型，强调跨文化能力应当被视为语言教学的一部分。胡文仲和高一虹（1997：76）将外语教学目的分为三个层面：微观、中观和宏观。（1）微观层面，培养学生"语言能力"，包括语音、词汇、语法、篇章等语言知识和听、说、读、写、译等语言技能；（2）中观层面，培养学生"交际能力"，主要是指语用能力培养，如社会语言能力、语篇能力和策略能力；（3）宏观层面，培养学生"社会文化能力"，包括语言能力、语用能力和扬弃贯通能力（包括理解能力、评价能力和整合能力）。该培养模式以语言知识为本，层层递进，最终完成对学生跨文化能力培养的目标。许力生和孙淑女（2013）强调以计算机作为教师辅助工具，从建构主义理论出发，设置特定文化情景，让学生进行自主学习，培养跨文化能力。黄文红（2015）利用实证研究探讨了过程性文化教学对大学生跨文化能力的培养，通过调动学生学习积极性，让他们主动参与到文化教学活动中来。李艳和张卫东（2013）把 CDIO 教育理念引入跨文化能力培养体系，从理论上分析了跨文化能力教学方案的设计。顾晓乐（2017）论述了国内跨文化能力培养模型，提出了跨文化能力实践模型，期望能把理论与实践相结合，给我国大学生跨文化能力培养提供教学思路。在探讨了如此多跨文化能力教学模型之后，教师应如何评估学生跨文化能力水平已成为另一个亟待解决的问题。吴卫平等（2013）在对中国大学生跨文化能力现状进行了实证调查之后，基于 Byram（1997a）跨文化能力理论模型构建了中国大学生跨文化能力评估量表（AIC-CCS），从六个方面对跨文化能力进行评估，分别是本国文化知识、外国文化知识、态度、跨文化交流能力、跨文化认知能力和意识。到目前为止，该量表得到跨文化领域学者的一致认可，并被广大学者采用，能对当前大学生跨文化能力发展进行合理评估。

通过梳理国内跨文化能力研究文献发现，国内从事跨文化能力研究始于20世纪90年代初，其主要集中在外语教学中如何进行能力培养和评估方面。从历时角度综合梳理来看，国内学者对跨文化能力的研究主要涉及三个方面。

第一，探讨了跨文化能力与外语教育的关系。在外语教学中，跨文化能力培养目标包括认知（知识）、感情（态度）和行为（技能、能力）三个层面的内容（胡文仲，2013），教师需要将这些目标内容与具体的语言教学内容有机结合（张红玲，2012）。教学原则方面，孙有中（2016）提出的CREED教学原则包括思辨、反省、探究、共情和体验等。类似的观点有，王艳（2018）认为跨文化能力和思辨能力有共通之处，主张在听力课堂上让学生在听的过程中进行思辨，对材料信息和观点进行比较、判断，在提高学生思辨能力的同时可以培养其跨文化能力。关于教学模式和方法，研究者从听力、口语、阅读、写作、翻译等语言技能课程方面探讨了培养跨文化能力的教学模式和方法（赵伟，2016；杨桂华、赵智云，2018；孙永春，2019）。研究者从外语课堂教学和基于网络多媒体外语教学等视角探讨了跨文化能力的培养（贾玉新，1997；许力生，2000；钟华、樊葳葳，2000；高一虹，2002；杨盈、庄恩平，2008；韩晓蕙，2014；付小秋、顾力行，2015；孙有中，2016）。一方面，一些学者从外语课堂教学的角度探讨跨文化能力的培养。例如，杨盈和庄恩平（2008）提出外语教学中应采用以下几种教学方法提高学生的跨文化能力：介绍文化背景知识、探索文化内涵、跨文化案例分析、角色扮演和情节模仿、收集跨文化实例。黄文红（2015）提出了基于电子档案袋技术的过程性文化教学模式，鼓励学习者探索、反思和对比中西文化，旨在提高他们在情感和行动方面的跨文化能力。顾晓乐（2017）构建了跨文化能力发展的理论模型和实践模型。其中，理论模型专注于探讨教授哪些跨文化能力，如态度、知识和技能；实践模型侧重于探讨如何教授跨文化能力，如跨文化语言的教学目标、教学程序和教学活动。实证研究表明，这两种模式的结合有利于提高学生的跨文化知识、态度和技能。张红玲等（2018）以学生为主体，邀请教师引导学生作为民族志研究者融入某文化群体，以此设计民族志外语教学项目，并对该群体的语言、行为、文化等进行观察、访谈、记录，撰写民族志研究报告。对学生的民族志报告、师生问卷调查和访谈结果的数据分析显示，民族志跨文化外语教学法是提升语言能力与跨文化能力的有效教学方法。另一方面，研究者从慕课和网络视听说资源库构建（韩海燕，2011；牟为姣、吕美嘉，2013；索格飞、迟若冰，2018）等方面探讨了跨文化能力培养的重要性。另外，一些学者探讨了外语教学中存在一些影响跨文化能力培养的因素，并指出知识、态度、动机、跨文化敏感性和价值观在提高跨文化能力方面的重要性。许力生（2000）强调了语法和交际能力在跨文化交际中的重要性。

第二，围绕培养学生跨文化能力的课程设置、评估与教材建设等问题进行了探讨。研究者主要从培养跨文化能力的课程建设、教学内容、教学方法等角度进行了理论探讨并提出了一些建议（牛桂玲，2002；李娟、柳青军，2006；郭继荣、王非，2009；汤岩，2010；胡文仲，2010；何牧春，2010；陈欣，2012；张媛媛，2016）。一方面，研究者从外语课程目标设置、内容和设计方法（夏纪梅，2004）、课程范式设置（潘崇堃，2006）等方面探讨了跨文化能力培养的重要性。曹德明（2011）指出，跨文化课程应满足国际化外语教学的需求，跨文化课程设置应以目标原则、制度原则、国际化原则和实践原则为标准（袁振国，2004）。胡文仲（2006）对比中美跨文化交际教学课程，指出跨文化交际教学应鼓励学生的参与，并在课程中应用各种教学方法如案例研究、讨论、电影教学等。王雪梅和徐璐（2011）指出跨文化培养应针对不同的跨文化人才建立不同的培养方案。他们还指出，学术型人才需要培养其跨文化科研能力；专业型人才需要培养其跨文化能力；技能型人才需要培养其跨文化语言技能。陈欣（2012）提出跨文化课程应包括语言文化课程、国际课程和交际实践课程。其中，语言和文化课程培养了大学生听、说、读、写、译和跨文化交际等基本技能；国际课程拓宽了学习者的视野，提高了其国际意识；交际实践课程有助于学习者在实践中培养跨文化能力、创新能力、学习和研究的能力。另一方面，研究者从教学反思与评估视角探讨了英语技能课程跨文化评估与影响因素研究（廖鸿婧、李延菊，2017，2018）、外语综合课程中反思性跨文化教学行动（常晓梅、赵玉珊，2012；郑萱、李孟颖，2016）和过程性跨文化教学实验效果（黄文红，2015）等。

第三，从跨学科角度探讨了跨文化能力的重要性。研究者从管理学（蔡艳玲，2005；王艳红、刘彩虹，2007；窦卫霖，2008；吴显英，2008；王宇航，2015；周琦，2016）、医学（章越松，2005；党俊卿，2010；任希，2015；赵艳，2016）、旅游（李蕾蕾，2000；张宣，2006；孙洪波，2009；童明佳，2015；刘杨，2016）等不同领域分析了跨文化能力培养的重要性。目前国内学者关于跨文化能力内涵与培养模式的研究主要以引介和评述为主，而针对外语教学中跨文化能力培养和课程设置与教材建设等方面的研究也多采用定性分析，实证研究相对较少。

国内学者关于跨文化接触与跨文化能力发展之间关系的研究，始于21世纪初。我国著名跨文化学者胡文仲（1999）曾指出，与说英语本族语的人进行直接口语接触和交流或者通过直接接触方式学习他们的文化，是提高跨文化能力的最佳途径之一。一些国内学者主要围绕跨文化直接接触诸如使用社交媒体聊天工具、参与外教英语培训课程和国外大学交换生项目与跨文化间接接触（如观看英文电影或选修英美影视课程等方面）进行了一系列的研究。具体包括以下四个方面。第一，涉及社交媒体在线聊天工具等直接接触的研究，如通过实证调查微博和Skype等聊天工具对大学生跨文化能力的影响作用（周乐乐，2006；丁璇，2006；曾真，2011；余晓辰，2013；张力丹，2016），尤其是探讨微博作为一种新媒体，在跨文化交际活动中的重要作用（田婉卿，2013，2016）。第二，探讨了在国内与外籍教师进行的跨文化交际活动等直接接触的研究，如祝永胜（2009）通过实证研究外籍教师的语言教学对外国语言文化习得的作用，促进大学生跨文化能力的提高。何芸（2010）从利用外籍教师的潜能和优势角度讨论和分析学生跨文化交际意识和能力的培养。第三，探讨了国外跨文化交际活动等直接接触的研究，包括参加国外带薪实习（刘慧云，2008；叶璇，2009；李灵珠，2013；陈四诗，2014；龙波宇、刘莉，2015；张丽娜，2015；梁玉静，2016）、国际学术会议（骆洪，2012；徐李荣，2014；吕雯钰、李连博，2016）、国外大学交换生（黄园园，2012；崔宁，2013；张梦然，2014；赵悦，2015；黄倩，2015；卢旺等）、国际夏令营（严樨，2012；周敏，2013；褚静，2015；王玉，2015）和国际志愿者活动（李翠英、孙倚娜，2006；倪树干、亓华，2012；叶晨、许继伟，2013；李盛曦，2015；郑云丹，2016）等方面促进大学生跨文化敏感度和适应性能力的提高。第四，围绕多媒体与文化类课程等跨文化间接接触对跨文化能力的影响作用进行了分析，如在国内通过观看英文电影（张家荣、刘丹，2007；莫海文，2008；胡学艳，2008；李彦，2009；张莉，2010；郝东平，2010；楼琼，2011；王雪，2014；刘洋，2013；卢云、宋红波，2015；谢丽莎，2015；吴新丽，2016）、听英文歌曲（沈椿萱、李玲，2010；刘长艾，2011；季霞，2015；李凤菊，2015；张妍，2016）和文化类课程（李瑶，2010；刘霞光、陈枫，2012；张洪霞，2015；李星，2016）等方面的间接接触有助于学生跨文化能力的发展。以上这些研究多聚焦于强调跨文化接触对跨文化能力发展的必要性和重要性，忽视了跨文化接触对跨文化能力发展的作用机理是否有效,缺少理论基础和实证数据支撑,理论研究与定性分析较多,系统实证研究较少。

二 跨文化接触相关研究

(一)国外研究

国外跨文化接触研究范围较广,主要集中在跨文化接触的质量、频率、路径、影响因素以及其与跨文化能力的关系等方面。例如,Mak 等(2014)揭示了跨文化接触是如何影响本土学生对待国际学生态度的,结果表明,积极的跨文化接触和较低的群际焦虑,会提升本土学生对国际学生积极的态度。换句话说,跨文化参与者的焦虑越少,跨文化接触的质量就越高。因此,有必要为跨文化参与者营造一种轻松愉悦的氛围(Samochowiec & Florack, 2010)。另外,Van Bakel 等(2016)采用纵向历时研究探讨了居住在荷兰的外国人士与本地人之间跨文化接触的质量,研究发现,跨文化接触质量越高,外国人享受的权益就越多。但是,跨文化接触的质量不高,却并不会对外国人产生显著的不利影响。同时,Eller 等(2012)的研究指出,当直接接触很少时,较高层次的间接接触可以更好地减少偏见,并且增强个体接触外部群体文化的意愿,但是,当直接接触较多时,间接接触则对群际关系的影响不大。另外,一些学者也对虚拟的跨文化接触进行了研究。例如,Vezzali 等(2014)研究发现虚拟群际接触更有利于改善社会关系,促进本土学生与国际学生之间的跨文化交流。同时,频繁的跨文化接触也有利于提升跨文化能力。例如,Vollhardt(2010)发现跨文化接触的频率越高、时间越长,就越易于增加对群外成员行为的不确定性解释,其表明接触越频繁,对群外成员的理解就越深入,就越不会像以前那样解释群外成员所做出的行为。此外,关于跨文化接触的影响因素,国外学者作出了一系列的研究。Dunne(2013)发现本土学生参加跨文化接触的动机主要来自其参加跨文化接触的行为所带来的好处，但是很少有人关注到跨文化接触的其他参与者，也很少有人意识到他们可能有一个同样的未来。因此，有必要对跨文化接触者的行为动机进行详细的研究，为促进积极的跨文化接触提供参考。最后，学者们还探讨了跨文化接触对跨文化能力的影响作用。例如，Campbell（2012）认为学校实施的"同伴互助项目"能够增强本土学生的理论学习，改变他们的文化刻板印象，以及提升他们的跨文化能力。Schwab 和 Greitemeyer（2015）指出，Facebook 作为一种直接接触路径，对跨文化接触态度有着积极的影响。Hebbani 等（2016）通过分析澳大利亚家庭六周内避难者就医的经历发现，这种直接接触有助于打破对避难者的偏见和恐惧，可以有效提升他们的跨文化认知能力。同时，在一定程度上跨文化直接接触路径打破了人们的传统思维模式，让人们有一种更加包容的心态，这些对跨文化能力的提升至关重要。

心理学界对群际接触理论的前期研究和探讨，为跨文化领域研究夯实了基础，而诞生于美国文化背景下的群际接触理论，其本身就具有跨文化特征。在一些跨文化接触对不同群体间交际活动影响的实证研究中，Deutsch 和 Collins（1968）对跨种族公寓和实施种族隔离的公寓分别进行了调查，他们发现住在混合居住社区的白人更有意愿同黑人进行跨种族交流。与此类似，Nesdale 和 Todd（2000）对一所澳大利亚大学宿舍里的 76 名澳大利亚学生和国际学生的跨文化接触活动进行了调查，通过干预措施，他们发现同一栋宿舍楼的跨文化接触会影响学生个人跨文化知识以及开放性程度。Halualani（2008）以定性的研究方法对美国一所多元文化大学里的 80 名学生进行了访谈，让学生自己描述他们对于跨文化接触的定义。通过调查发现，多元文化大学的氛围对学生的跨文化意识有所影响。Van Laar 等（2005）与 Shook 和 Fazio（2008）发现不同种族或信仰的学生，无论寝室是自愿选择还是随机分配，生活在同一寝室则有助于减少群体偏见，而且对室友的态度会随着年级的增加而逐渐好转。不仅是同为室友的这种直接接触有助于减少对其他群体的文化偏见，如果与其他种族的校友和室友长期相处，也会减少对非本族的其他学生的偏见，以更加包容的心态去接受更多种族文化（Pettigrew & Tropp，2000；Van Laar et al.，2005；Shook & Fazio，2008）。由此说明，如果学习者一直同其他文化背景的人一起生活，那么他对待其他外群体的态度也会有所变化，当现实生活中同更多文化群体的人一起交流时，他能更快地适应新的文化语境。在这个心理调适的过程中，外国室友就起到了一个中介作用，学习者把个人直接接触体验扩大到其他群体。

（二）国内研究

与国外研究相比，国内对于跨文化接触的研究较少。其主要涉及对跨文化接触理论的研究、接触现状的调查以及接触路径的探讨。例如，廖慈惠和李向奇在对美国英语的演变类型和机制的分析中，把文化接触同语言接触联系起来并做出解释。他们对文化接触进行了仔细分类：文化接触是指一方或双方体系因在不同文化传统的社会中相互接触而变化的过程，其包含涵化、同化以及融合三种类型：（1）涵化是指在两个群体接触过程中，一个群体直接或间接地对另一群体的物质文明、传统风俗、信仰、语言等进行干预；（2）同化是指移民或孤立的少数民族成员和群体在融入社会主流文化的过程中逐渐失去自身文化特色，与主流群体难以区分，但这种同化往往是不彻底的；（3）融合则是指双方群体的文化因素在接触过程中相互混合、融为一体的过程，最终状态是两种文化并存（廖慈慧、李向奇，2009）。此外，王天君（2010）调查了中国大学生的跨文化接触现状，发现中国大学生的跨文化接触仍然是浅层次的、频率较低的接触，这为国内跨文化接触研究提供了参考。关于跨文化接触路径的研究，国内学者主要从直接接触和间接接触展开。在直接接触领域，一些学者探讨了大学生在出国留学期间的跨文化能力和自我认同感的变化，研究发现，出国留学的经历增强了他们的跨文化敏感性，并形成了一种对文化更加包容的心态，在很大程度上提升了其跨文化能力（刘梅华、刘世生，2015）。在间接接触领域，以外国电影为媒介的研究最多。这种间接接触方式，由于其直观生动的视频呈现，学生们可以沉浸在这个虚拟世界中，使他们更好地理解外语国家的文化、语言、生活方式、风俗习惯和其他方面，以帮助学生发展他们的跨文化能力。同时，通过听英文歌曲和阅读外国文学作品等途径来提高学生的跨文化能力也受到关注。另外，彭仁忠和吴卫平（2016）运用实证方法探究了中国大学生跨文化接触路径。徐智鑫（2017）从跨文化接触角度分析大学生英语学习行为结构问题，他得出以下结论：（1）学习者认为跨文化接触能够提高动机；（2）跨文化接触能够帮助学习者了解英语本族语者；（3）跨文化接触能够缓解学习者互动交流的焦虑。总的来说，影响大学生跨文化能力发展主要包含直接接触和间接接触两种路径，并且间接接触是更重要的发展路径，其以文化产品、多媒体和课程为主，能有效促进跨文化能力发展。

国内对于跨文化接触的研究对象涉及中国大学生和外国留学生，研究方法兼顾理论研究和实证研究，并且前期研究成果已有证据说明跨文化接触对跨文化能力的影响作用显著，由此，有必要聚焦于跨文化接触对跨文化能力影响作用的探讨，探寻新时代大学生跨文化接触的主要方式，为高校国际化人才培养和教师教学发展提供一些理论参考和现实解决方案。

三　跨文化接触与跨文化能力相关关系研究

（一）跨文化直接接触对跨文化能力的影响

作为重要的跨文化接触路径，直接接触在很大程度上会影响学习者的跨文化能力，例如，通过使用在线聊天工具（如 QQ、微信、微博、Skype、Facebook 和 Twitter）与以英语为母语者进行交流、出国留学、参加国际志愿者活动等。对此，越来越多的学者开始探究跨文化直接接触路径对跨文化能力的影响作用。

国外相关研究主要集中于探讨海外经历和在线社交媒体在促进跨

文化能力发展方面的作用。首先，一些学者探讨了海外经历对跨文化能力发展的影响。例如，Ruben 和 Kealey（1979）通过调查被派往海外的技术人员及其配偶的跨文化交流行为及跨文化适应情况，结果发现，海外经历能够帮助他们更快地适应跨文化生活。Bewick 和 Whalley（2000）通过分析旅居日本三个月的加拿大学生撰写的日志，发现相对于那些没有海外经历的学生来说，拥有海外经历的学生在文化意识方面取得了更大的进步。Jackson（2006）通过对在英国交换五周的中国香港学生进行案例研究，发现海外经历产生了积极影响，提高了学生的跨文化敏感性。Campbell（2012）开展了一项"同伴互助项目"，让每位本土学生都能够在外国学生的帮助下学习西方文化，同时他们可以很好地合作学习以解决课堂中的一些问题。同时，Campbell（2012）研究发现该项目不仅可以加强本地学生的理论学习，而且可以帮助外国学生快速适应新的环境。Kormos 和 Csizér（2014）从第二语言习得的角度出发探讨出国留学对跨文化能力的影响，研究结果表明跨文化直接接触有利于改善学生之间的跨文化交流活动，并减少第二语言使用的焦虑，从而促进跨文化能力的发展。其次，一些学者还探讨了在线社交网络对跨文化能力发展的影响。例如，论坛为跨文化交际者提供了交流信息的平台（Wade，2005）。Campbell（2003）研究发现微博可以帮助学生提高外语学习中的阅读、写作技巧，积累丰富的跨文化知识。而且，一些远程协作项目有利于协调本族语者与非本族语者之间的语言和文化交流（Paige & Kramsch，2005）。Dowd（2007）通过电子邮件、在线论坛和视频会议等交流工具，在爱尔兰和美国合作课堂上进行了在线交流项目，结果表明这种虚拟的跨文化交流可以促进学生跨文化能力的发展。此外，一些研究证明，微博互动对学生的跨文化能力发展有着积极的影响（Campbell，2012）。

一些国内学者证实了海外跨文化接触经历对学生跨文化能力发展有正向积极的影响作用。例如，张丹和丁美萍（2010）设计了一份问卷以调查国际交流项目对医学教育国际化发展的影响,结果发现,具有国际交流经验的学生比没有国际交流经验的学生在跨文化意识、英语口语交际水平和学术研究等方面都做得更好。许旸(2009)调查了复旦大学生与外国人的跨文化交际情况,发现他们对跨文化交往表现出极大的兴趣。黄圆圆(2012)结合问卷与访谈,对有海外经历和无海外经历的非英语专业学生进行了对比,发现国际交际项目有利于学生跨文化能力的提高。刘怡兰(2013)对杰克逊国立大学的八名中国交换生的跨文化适应情况展开了调查,结果发现跨文化交流时间越长,跨文化适应性越强。刘梅华和刘世生(2015)调查了北京一所大学的两名三年制英语专业学生在参加了为期一年的海外学习后的跨文化能力和自我认同的变化,结果发现参与者更加了解本土文化与目标文化之间的差异,并对目标文化持开放态度,显著提升了其跨文化能力。吴建设、刘青、郎建国等(2017)对33名赴美或澳大利亚参加短期出国留学计划的中国研究生进行了调查,发现短期出国留学可以减少跨文化的情绪恐惧。郭蕾(2018)探讨了国际交换生的跨文化敏感性与语用能力之间的相关性,结果表明,国际交换生的跨文化敏感性处于较高水平,跨文化敏感性高的国际交换生具有较高的语用能力。因此,有必要提高国际交换生的跨文化敏感性,以提高他们的跨文化能力。此外,其他一些国内相关研究还表明基于网络的跨文化交际行为对跨文化能力发展也产生了积极的影响作用。例如,王小凤和肖旭华(2006)探讨了在现代多媒体网络教学环境中培养学生跨文化能力的重要性,并指出有必要组织学生与以英语为母语的学生进行在线跨文化交流,以便学习者能够分享他们的思想和观念。丁璇(2006)开展了一项实证研究,证实了交际工具Skype对跨文化能力发展的积极影响。任仕超和梁文霞(2014)探讨了国际远程合作课程对英语专业学生跨文化能力发展的影响,结果表明该课程通过提供真实的跨文化交际环境对学生的互动信心和互动享受产生了重大影响,并进一步提高了学生的跨文化敏感性和跨文化有效性。孙淑女和许力生

(2014)探讨了大学英语教学中计算机主导的跨文化能力培养策略，建议在学生的知识获取中采用网络合作学习的教学模式，为学生开展跨文化交流实践提供机会。张红玲（2005）开展了基于网络的跨文化外语写作交流项目，该计划通过互联网在具有不同文化背景的两个写作班之间实现，可以使学生借助互联网实时与外国学生进行交流和讨论，不仅可以巩固他们所学的知识和技能，还可以提高他们的跨文化能力。

（二）跨文化间接接触对跨文化能力的影响

国内外关于跨文化间接接触对跨文化能力影响的研究相对较少，且多数研究与外语语言学习密不可分。英国学者Kormos等（2014）在探究外语语言学习对匈牙利学生学习动机影响时发现跨文化间接接触起着重要调节作用。由此，他们将与目标语言文化产品（不同类型的电子媒体、印刷媒体等）的接触归为跨文化间接接触。他们的研究结果表明，此类跨文化间接接触能有效促进学生跨文化能力发展。同样，在此基础上，彭仁忠和吴卫平（2016）采用因子分析对中国大学生跨文化间接接触路径的主要成分进行探究，由此，跨文化间接接触分为两类，即间接人际接触和间接文化产品接触。结果表明，间接文化产品重要性明显高于间接人际交往的重要性。

一方面，全球一体化趋势不可逆转，国际间人口流动加速，在这样的国际环境背景下一些旅居国外人士通过生活、学习和工作中积累的大量海外经验提升他们的跨文化能力，与此同时，他们归国后把所经历的海外见闻讲述给其亲戚、家人、朋友等，而他们的亲戚、家人、朋友也通过这种间接接触方式在某种程度上提升他们的跨文化能力。Thomas等（2007）探索了间接人际接触所能影响的范围，研究发现间接人际接触方式对减少外部群体偏见有显著影响作用，但对于减少外部群体中个体偏见的影响并不显著。与直接接触相比，外部群体人员通过间接人际接触除了可以减少群体偏见，还可以减少人们在交流过程中的心理压力。Paolini等（2004）研究发现，替代性接触（朋友圈内群体友谊）可以减少群体间焦虑感。另外，即使与外部群体人员保持友好关系的圈内朋友，通过观察内部群体人员与外部群体人员之间的交流，同样能改善团体关系，消除偏见，达成有效沟通（Loris Vezzali et al.，2016）。简言之，间接人际接触能消除群体偏见，改善群体关系，提升内外群体意识，改善跨文化交际态度，从态度到知识和技能层层递进，最后逐步达成提升跨文化能力的目的（Deardoff，2006，2009，2015）。

另一方面，在在线技术和网络飞速发展的今天，文化产品开始通过多种形式呈现，包括社交媒体、自媒体、慕课、在线课程、电影、歌曲、电子书籍等。人们在接触并通过这些文化产品获取大量信息资源时，其自身跨文化能力在参与这些跨文化活动的过程中得到了某种程度的提升。国内一些关于文化产品对跨文化能力影响的研究开始层出不穷。例如，魏晓红（2009）提出在英语教学过程中，教师可以采取一些行之有效的多媒体和互联网在线策略帮助非英语专业研究生提高跨文化意识。比如，将视听媒介作为研究生间接获取文化信息的主渠道，通过让学生收听英语新闻广播（如 VOA、BBC）、英语电视新闻或专题节目、英语电视教学（如经典美国俗语、剑桥国际英语等）、英语经典影片、历史纪录片等了解英语实际应用环境中的社会状况、文化教育、民族习俗、价值观念、宗教信仰等知识以及英语环境中的新观念、新发展、新变化、新语汇，从而为学生提供最佳跨文化二语习得环境、地道的语言文化信息以及口语练习范本，最终有效提高学生英语跨文化能力。杨静（2013）在对大学生跨文化能力进行实证调查的研究中发现，缺乏通用的本国和外国文化知识会让学生无法顺利地与其同伴沟通和讨论，由此她建议学生应该通过文化知识讲座、大众媒体、杂志、报纸等途径获取更多的文化知识。与此同时，另外一些学者还强调互联网也可以作为接触大量文化事实的重要媒介，通过阅读电子书、电子杂志和电子报纸，了解更多的跨文化交际知识。大众媒体可作为接触手段，加强外国文化知识学习，但其作用不仅限于此。袁静雯（2017）有关中韩群际接触对中国大学生跨文化态度的影响研究中表明，通过大众媒体进行间接接触，总体上来说，大学生对韩国人偏见较少，在交流过程中也较少感觉到紧张感，表现出更为积极的跨文化态度。作为大众媒体之一，英文电影蕴含大量真实场景，更是培养跨文化意识的重要手段（莫海文，2008）。张莉（2010）也认为提高跨文化能力的主要途径之一是赏析英文原声电影。综合来看，在跨文化间接接触过程中文化产品对提高跨文化能力有着积极影响。但是，目前国内围绕间接接触方式对跨文化能力影响机制的研究不多。由此，有必要从间接人际接触与间接文化产品研究入手，对其进行详细分类，探讨其对跨文化能力的作用机制。

四 研究不足与未来研究方向

对照国内外学者关于跨文化接触与跨文化能力研究的理论与实践，归纳起来发现，目前国内学者的研究存在以下不足：（1）从理论基础看，对跨文化接触与跨文化能力的内涵与构成要素认识不充分，而且没有结合中国大学生的实际情况编制跨文化接触量表和跨文化能力量表，研究理论欠缺；（2）从研究方法看，针对跨文化接触与跨文化能力发展之间关系的研究多侧重定性分析，采用主观经验论述或者个案分析，比较零散，缺少系统而全面的实证数据支撑；（3）对照研究内容和研究结果看，局限于围绕跨文化接触对跨文化能力发展的必要性和重要性等进行了简单的主观经验论述或者个案分析，研究结果缺少代表性和学科共性。由此，本书研究主要围绕以下几个方面展开：首先，通过文献调研分析中国大学生跨文化接触和跨文化能力内涵与构成要素，并构建中国大学生跨文化接触量表和跨文化能力量表；其次，通过问卷和深度访谈法调查与分析中国大学生跨文化能力发展状况及其跨文化接触方式；再次，通过结构方程模型实证分析中国大学生跨文化接触影响其跨文化能力的作用机理；最后，探讨和分析跨文化直接接触和间接接触在促进中国大学生跨文化能力发展中各自的重要性程度,并结合其路径重要性探讨提高大学生跨文化能力的方法和策略。

第三节 研究设计

一 研究内容

1. 对跨文化能力与跨文化接触相关理论进行文献调研与分析。
2. 大学生跨文化能力量表构建。
3. 大学生跨文化接触量表构建。
4. 大学生跨文化能力发展现状调查。
5. 大学生跨文化能力影响因素调查。
6. 大学生跨文化接触路径调查。
7. 跨文化直接接触对大学生跨文化能力发展的作用机理。
8. 跨文化间接接触对大学生跨文化能力发展的作用机理。
9. 跨文化体验对大学生跨文化能力发展的影响路径研究。

二 研究问题

(一)量表构建
1. 大学生跨文化能力量表信度和效度如何?
2. 大学生跨文化直接接触量表/间接接触量表信度和效度如何?

(二)现状调查
1. 大学生跨文化能力发展现状如何?
2. 大学生跨文化能力影响因素有哪些?
3. 大学生跨文化体验方式是什么?
4. 大学生跨文化接触路径是什么?

(三)作用机理
1. 跨文化直接接触对大学生跨文化能力发展的作用机理如何?

2. 跨文化间接接触对大学生跨文化能力发展的作用机理如何？
3. 跨文化体验对大学生跨文化能力发展的影响路径如何？

三　研究对象

本书的样本来自全国综合性大学一至四年级学生。具体的研究对象将在本书中对各研究问题进行详细说明。各研究样本的选取均依照随机抽取样本原则进行，符合各项研究的实际需要，而且，样本均来自不同专业、年级和院系，具有普遍代表性，另外，所有样本参与研究均出于自愿，本书的研究绝对保护参与者的个人信息等隐私。

四　研究方法

本书根据当前跨文化接触和跨文化能力研究理论，其中包括 Kormos 和 Csizér、Byram、Deardorff、Fantini、Bennett 等权威学者的理论，结合当前大学生跨文化能力发展的现状及其跨文化接触方式，通过构建结构方程模型探索与分析跨文化接触对大学生跨文化能力的作用机理，同时，深入探讨和分析跨文化直接接触和间接接触在促进中国大学生跨文化能力发展中各自的重要性程度，并结合其路径重要性探讨提高大学生跨文化能力的方法和策略。具体内容有以下几方面。

（1）对大学生跨文化能力发展现状进行调查，主要涉及对大学生跨文化意识、态度、知识、技能等方面的发展情况的调查。

（2）对大学生跨文化能力发展过程中文化接触方式进行调查，其中包括对大学生跨文化直接接触的调查，如：国际交换生/出国短期交流，出国旅游，参加国际会议，电子邮件，微信/QQ/Skype/Blog/Twitter/LinkedIn/Facebook 等社交平台，等等；对大学生跨文化间接接触的调查，涉及目标语言中各种文化产品和媒介（电视、网络、书籍、电影、杂志和报纸）。

(3) 调查与分析跨文化接触对大学生跨文化能力的作用机理，主要包括分析跨文化直接接触和间接接触两种不同路径对大学生跨文化能力（知识、技能、意识和态度）的作用机理。

(4) 深入分析跨文化直接接触和间接接触在促进中国大学生跨文化能力发展中各自的重要性程度，其主要包括：一方面，分析跨文化直接接触中各路径在增强大学生跨文化能力发展的重要性；另一方面，分析跨文化间接接触中各路径在增强大学生跨文化能力发展的重要性。另外，结合其路径重要性探讨提高大学生跨文化能力的方法和策略。

基于以上研究内容，本书拟在文献检索、理论综述、问卷调查和深度访谈的基础上构建跨文化接触影响大学生跨文化能力发展的结构方程模型，并依据模型路径系数，判断跨文化接触不同路径对跨文化能力的作用机理。主要数据收集方法：问卷调查和深度访谈。主要数据分析方法：探索性因子分析、验证性因子分析、方差分析、多元回归分析、结构方程建模。主要研究工具为 SPSS 22.0 和 AMOS 22.0。具体方法如下。

(1) 通过文献调研、检索、分类、分析并结合专家访谈，构建大学生跨文化接触量表和大学生跨文化能力量表，主要借鉴 Kormos 和 Csizér（2007）的跨文化接触量表、Fantini（2001）的跨文化能力量表和 Bennett（1993）构建的跨文化敏感度量表。同时，采用探索性和验证性因子分析，检验量表的信度和效度。

(2) 通过问卷调查与深度访谈，获取 10 所不同城市（北京、上海、广州、武汉、深圳等）的大学的 2000 名大学生在跨文化知识、态度、技能和意识等能力方面的发展现状及其跨文化接触方式的数据资料。

(3) 通过构建横截面模型及多元回归模型，探究跨文化接触与大学生跨文化能力发展之间的相关关系模型。同时，借助方差分析和最小二乘法检验，进一步确定跨文化接触促进大学生跨文化能力发展的关键性因素。

（4）在（2）和（3）的数据调查的基础上，建立跨文化接触对大学生跨文化能力发展的影响结构方程模型，依据模型相关参数、路径系数及误差，判断跨文化接触对跨文化能力的作用机理，并进一步调查和分析跨文化直接接触和间接接触在促进中国大学生跨文化能力发展中各自的重要性程度。

（5）进一步探究和调查中国大学生跨文化体验的主要路径，并构建了中国大学生跨文化体验对其跨文化能力发展的影响路径结构方程模型。

第四节　创新点

本书主要有四个创新之处。

1. 构建大学生跨文化接触量表和大学生跨文化能力量表是对国外已有测评量表本土化的一次有意义的实践。

2. 对大学生跨文化能力影响因素的调查和分析，为跨文化研究学者提供了一些新的影响跨文化能力的因素和研究视角，同时，为高校教师跨文化外语教学和课程设计带来一些启示作用。

3. 构建的跨文化直接接触和间接接触对大学生跨文化能力发展的作用机理模型在跨文化理论研究方面具有拓展与创新意义。

4. 构建的跨文化体验对大学生跨文化能力发展的影响路径结构方程模型为大学生通过跨文化接触和体验，促进其跨文化能力发展提供了路径和方法借鉴，同时，为高校国际教育管理者和跨文化外语教育者提供了一些数据支撑和建设性建议。

第二章 相关理论基础

第一节 跨文化接触理论综述

一 跨文化接触内涵

Allport 于 1954 年开始了对跨文化接触的研究。他第一次提出了群际接触理论（也被称为群际接触假说）。他指出，群际接触在有利条件下有助于减少偏见的发生，并在此基础上提出只有具备同等地位、共同目标、群际合作和权威、法律的支持后，才能促进群际关系。之后，Pettigrew（1998）将友谊的潜力包含在五种减少群际偏见的有利条件中，并指出内群体成员与外群体成员的友谊能够促进其良好的关系发展，使两个群体之间的接触越来越密切。此外，Dörnyei（2005）的研究表明，跨文化接触在很大程度上有利于促进群体间的关系发展和改善其语言态度。但是，这些学者中没有一个能明确地给出跨文化接触的定义。Kormos 和 Csizér（2007）首次提出了跨文化接触的定义，"跨文化接触包含直接和间接地与说目标语言的本族人和非本族人的接触，同时也包含与目标语言下的文化产品（电子和印刷媒体等）相接触"。其中，他们区分了跨文化接触的两种类型，即直接接触和间接接触。直接接触指的是与目标语言中本族和非本族人进行的口头或书面形式的交流；间接接触主要指的是通过父母、兄弟姐妹、老师

(有出国经历)等与目标语文化之间的互动以及通过各种电子和印刷媒体与目标语文化产品进行接触。同样,学者们也都普遍采用了Kormos和Csizér(2007)对跨文化接触的分类,即直接接触与间接接触。例如,Eller等(2012)指出,跨文化接触包括直接人际接触和间接接触。此外,直接人际接触是减少群际偏见和冲突的有效途径,在没有直接接触的情况下,间接接触也是一种不错的替代;当内群体成员与外群体成员进行交流时,间接人际接触更有利于减少群际偏见。基于学者们对跨文化接触的划分,在目前的研究中,跨文化接触被分为四个维度,即直接口语接触、直接书面语接触、间接人际接触、间接文化产品接触(Kormos & Csizér, 2007)。本书对跨文化接触进行了定义,即直接和间接地与说目标语言的本族人或非本族人接触,同时也涉及与目标语言中各种文化产品和媒介(电视、网络、书籍、电影、杂志和报纸)接触(Clément & Kruidenier, 1983; Kormos & Csizér, 2007; Pettigrew, 2000; Campbell, 2003; Liaw, 2003, 2006)。

二 跨文化接触理论

随着全球一体化进程的加快,世界人民逐渐生活在同一个村落——地球村。但是各种族之间大体上还是处于相对隔离的状态中。为了更加了解彼此,需要频繁的交流与接触以期实现该目标,因为只有在不断接触中,才能使各族人民从陌生到熟悉,再到亲密无间,建立良好友谊关系。

自从第二次世界大战以后,美国作为一个多民族国家就深深意识到要实现整个国家的团结统一就必须解决民族内部的矛盾问题,消除各种族之间的成见,防止分裂活动的发生。为此,早在20世纪50年代,美国著名心理学家Allport在其经典著作 *The Nature of Prejudice* 一书中提出了著名的群际接触理论。在他看来,不同群体成员间的积极接触可以增进群际关系,减少消极群际偏见,即群际接触假说。该假说认为:与外群体的接触若满足平等地位、共同目标、群际合作和权威、法律的支持这四个最佳条件,则可以减少群际偏见,外群体指的是他人属于但自己所不属于的群体 Allport(2009)。在 Allport 群际接触理论基础上,后来的学者对这四个条件进行了补充说明,具体可以分为以下几方面。

(1)平等地位:群际接触的参与双方都期待获得平等地位(Cohen & Lotan,1995),与外群体在平等基础上进行的接触效果更为显著(Brewer & Kramer,1985)。

(2)共同目标:只有当接触双方目标一致、齐心合力、具备良好的合作态度,才能减少接触偏见。例如,处于同一支队伍的运动员们,虽然民族背景不同,但只要他们目标一致、相互配合、团结协作,就能取得共同胜利。实现共同目标的过程进一步增强了成员的团结意识(Chu & Griffey,1985)。

(3)群际合作:只有当接触群体双方抱着合作而非竞争的态度时,共同目标才得以确立并发挥作用(Gaertner et al.,1999)。

(4)权威、法律的支持:对于接触双方而言,如果权威和法律为群际接触提供的支持更易获取,则接触效果更为显著(Pettigrew,1998)。

随着研究不断深入,学者们对最佳接触条件、接触作用机制、接触方式等进行了相关讨论。比如,Pettigrew 和 Tropp(2006)认为群际接触的确有利于减少偏见,但最佳条件并不是良好群际接触的必要条件,在没有这些条件的情况下,群际接触依然可以起到减少群际偏见的作用。可是,Amir(1969,1976)却认为在不利条件下的接触可能会增加偏见和群际关系紧张度。正如 Stephan(1987)所说,群际接触会潜在地减少偏见,但群际接触和偏见之间复杂的因素都会影响接触结果。由此说明,交际本身具有复杂性,需要结合整个社会环境看待群际接触所带来的影响。除了针对群际接触假说的最佳条件进行探究,也有学者研究了接触对偏见减少的作用机制。Dovidio(2003)认为减少接触偏见有赖于四个因素:群体间的依存关系、群际互动、情绪因素以及认知因素。首先,群体间的相互依存关系直接影响群体间的态度和行为（Dovidio et al.，2003）。其次，积极的群际互动促使群际接触双方以积极的态度面对整个外部社区，并且会加快双方适应新环境的速度（Dovidio et al.，2003）。情绪因素有正面情绪和负面情绪两个层面，Pettigrew 和 Tropp（2000，2006）通过相关元分析指出正面情绪因素能有效地减少接触偏见，即情绪因素对接触偏见有重要的调节作用（李森森等，2010）。Pettigrew（1998）指出，促进群际关系得益于双方的相互了解。所以，认知因素指的是人们在互相了解过程中会慢慢减少刻板印象，调节自己的行为。以上观点陈述了在面对面交流情境下，群际接触理论对交际双方产生的效果，但实证调查中发现，人们很少有意愿进行直接交流接触。就拿美国来说，黑人和白人有各自的活动领域和轨迹，居住环境和教育环境都存在较大差异。基于此现象，学者们对群际接触方式进行拓展，最初的接触多强调面对面的直接接触，而最近的研究表明间接接触也能减少群际偏见。比如，内群体成员里有人直接接触过其他群体成员，那么内群体成员在跟此类人群接触的过程中也会减少对他群体的偏见。更有甚者，让被试想象与外群体成员的接触都能降低群际偏见（Stathi & Crisp，2008）。Blair 等（2001）将心理想象界定为"有意识、有目的地对人、物体或事件形成心理表征"。不少学者研究发现，对于个体而言，心理想象能够触发和真实经历相同的情感和动机反应（Dadds et al.，1997）。对此，Taylor 等（1998）发现心理想象无论是对学习成绩还是运动表现都有促进作用。Crisp 和 Turner（2009）提出想象群际接触会对群际态度产生积极影响：率先进行想象接触能够为接下来的步骤提供铺垫，从而有效地缓解和减少偏见。事实上与面对面的真实接触相比，想象接触在性质上更间接，并且这种间接性使想象拓展到群际接触理论的适用范围（于海涛，2013）。

从最佳接触条件到接触方式的改变，相关研究均表明，群际接触对减少偏见具有显著影响，能有效改善群体关系，防止分裂活动发生。但是，交流双方的意愿仍占据主导位置，需要更多的有效手段加强双方交流，达成共识，维持内群体与外群体的良好友谊关系。

心理学界对群际接触理论进行了一些探讨，为跨文化领域研究夯实了基础，而诞生于美国文化背景下的群际接触理论，其本身就具有跨文化特征。在对有关群际接触对不同群体间交际活动影响的实证研究中，Deutsch 和 Collins（1968）对跨种族公寓和种族隔离的公寓分别进行了调查，他们发现住在混合居住社区的白人更有意愿同黑人进行跨种族交流。与此类似，Nesdale 和 Todd（2000）对一所澳大利亚大学的宿舍里的 76 名澳大利亚学生和国际学生的跨文化接触活动进行了调查。通过干预措施，他们发现同一栋宿舍楼的跨文化接触会影响学生个人跨文化知识以及开放性程度。Halualani（2008）以定性的研究方法对美国一所多元文化大学里的 80 名学生进行了访谈，让学生自己描述他们对于跨文化接触的定义。通过调查发现，多元文化大学的氛围对学生的跨文化意识有所影响。Van Laar 等（2005）、Shook 和 Fazio（2008）发现无论是随机分配还是自愿选择，让不同种族和信仰背景的同学集体住宿有助于减少群体偏见，而且随着年级的增加他们之间的态度会日趋友善。跨文化接触研究主要集中在跨文化接触的质量、频率、跨文化接触路径、影响跨文化接触的各种因素以及跨文化接触对跨文化能力的影响等方面。例如，Mak 等（2014）揭示了跨文化接触是如何影响本土学生对待国际学生的态度，结果表明，较少的群际焦虑，积极的跨文化接触，会引发本土学生对国际学生更积极的态度。也就是，跨文化参与者的焦虑越少，跨文化接触的质量就越高。Eller 等（2012）的研究指出，当直接接触很少时，较高层次的间接接触可以更好地减少偏见，并且增强个体接触外部群体文化的意愿；但是，当直接接触较多时，间接接触是不会影响群际关系的。另外，一些学者也对虚拟的跨文化接触进行了研究。例如，Vezzali 等（2014）分析了两项研究，发现虚拟群际接触更有利于改善社会关系，促进本土学生与国际学生之间的跨文化交流。同时，频繁的跨文化接触也有利于提升跨文化能力。例如，Vollhardt（2010）发现跨文化接触的频率越高、时间越长，就越增加了对外成员行为的不确定性解释，其表明接触越频繁，对外成员的理解就越深刻，就越难像以前那样解释外成员所做出的行为。此外，关于跨文化接触的影响因素，国外学者作出了一系列的研究。Dunne（2013）发现本土学生参加跨文化接触的动机主要来自其参加跨文化接触的行为所带来的利益，但是很少有人关注到跨文化接触的其他参与者，也很少有人意识到他们可能有一个同样的未来。因此，有必要对跨文化接触者的行为动机进行详细的研究，为促进积极的跨文化接触提供参考。此外，学者们还展开了跨文化接触对跨文化能力的影响研究。例如，Campbell（2012）探讨了在学校实施的"同伴互助项目"，研究发现该项目能增强本土学生的理论学习，挑战他们的文化刻板印象，以及提升他们的跨文化能力。Schwab 和 Greitemeyer（2015）指出 Facebook 作为一种直接接触路径，对跨文化接触态度有着积极的影响。此外，Hebbani 等（2016）通过分析澳大利亚家庭六周内避难者就医的过程，发现这种直接接触是打破对避难者的偏见和恐惧，提升他们的跨文化认知能力的有效途径。在一定程度上，跨文化直接接触路径打破了人们的传统思维模式，让人们有一种更加包容的心态，这些对跨文化能力的提升至关重要。与国外研究相比，国内对于跨文化接触的相关研究较少。其主要涉及对跨文化接触理论的研究，接触现状的调查以及对接触路径的探索。例如，基于 Kormos 和 Csizér（2007）的跨文化接触理论，彭仁忠和吴卫平（2016）结合中国大学生的实际情况，构建了完整的中国大学生跨文化接触量表。研究表明，跨文化接触的六个维度都有利于提高学生的跨文化交际能力。其中，直接接触涉及四个维度：国内社交媒体、国外社交媒体、国内跨文化交流活动、国外跨文化交流活动；间接接触涉及两个维度：文化产品接触、多媒体和课程接触。这是第一个适合中国大学生的跨文化接触量表，但其广泛的应用还有待于今后进一步的验证和分析。廖慈惠和李向奇（2009）在对美国英语的演变类型和机制的分析中，把文化接触同语言接触联系起来，做出解释。他们对文化接触进行了仔细分类：文化接触，指因不同文化传统的社会互相接触而导致一方或双方体系改变的过程。它包括涵化、同化和融合三种类型。（1）涵化是指在两个群体接触过程中，一个群体直接或间接地对另一群体的物质文明、传统风俗、信仰、语言等进行干预。（2）同化是指移民或孤立的少数民族成员和群体在融入社会主流文化的过程中逐渐失去自身文化特色，与主流群体难以区分，但这种同化往往是不彻底的。（3）融合则是指双方群体的文化因素在接触过程中相互混合，融为一体的过程，最终状态是两种文化并存（廖慈慧、李向奇，2009）。陈慧、车宏生以及朱敏（2003）对生活在国外的人进行了跨文化适应性述评。在研究中，他们说到了文化距离相关问题（Babiker et al., 1990）。文化距离假说认为文化距离与跨文化难度呈正相关，当旅居者的文化与居住国文化存在较大差异时，就很难适应他国文化。那么，在进行跨文化交际时，如果同是属于亚洲文化圈的交流者会相比亚洲人同欧洲人进行交流时，更具有效性。徐智鑫（2017）从跨文化接触角度分析大学生英语学习行为的结构问题，他得出以下结论：（1）跨文化接触能有效激发学习者的学习动机，促进其主动学习行为。（2）跨文化接触能够帮助学习者了解英语本族语者；（3）跨文化接触能够缓解学习者互动交流的焦虑。国内对于跨文化接触的研究既涉及本国大学生，也包含国际留学生，既有理论研究，也涵盖实证研究。无论是何种调查，跨文化接触对跨文化能力影响显著，因此，有必要聚焦于跨文化接触对跨文化能力的探讨，找出跨文化接触主要方式，为跨文化能力培养提供相应解决方案。

第二节　跨文化能力理论综述

一　跨文化能力内涵

跨文化能力概念的起源可以追溯到20世纪70年代。国内外学者普遍将美国人类学家爱德华·霍尔 1959 年出版的《无声的语言》看作跨文化交际学的奠基之作。在跨文化研究领域，学者们对跨文化能力内涵的界定各有不同。Ruben（1976）将跨文化能力定义为个人在跨文化行为中表现出的知识、态度或理解能力。Chen（1989）提出，跨文化能力由个性力量、交际技巧、心理调适能力和文化知觉力四个方面构成。Lusting 和 Koester（1996）将跨文化能力定义为在跨文化背景下成功进行跨文化交际，并具备丰富的知识、合理的动机和巧妙的行动能力。Byram（1997a）提出了一种被学者们广为接受的四因素跨文化能力模型：态度、知识、技能（解释和联系的技能；发现和互动的技能）和批判性文化意识，并指出跨文化能力可以被视为在不同文化情景下进行跨文化交流和互动的能力。Spitzberg（2000）认为特定环境下有效得体的交际行为便是跨文化能力。张红玲（2005）指出跨文化能力可以定义为：掌握并运用特定的文化和交际知识，并且能够主动、积极、愉快地接受挑战，对不同文化表现出包容和欣赏。Deardorff（2006）的跨文化能力金字塔模型将跨文化能力分为态度、知识和理解、技能三个维度以及外部、内部两种效果层次。Fantini（2006）指出其是在与自己语言和文化上不同的人进行互动时所需要表现出的有效、得体的能力。杨盈和庄恩平（2007）从全球意识、文化适应、知识和交际实践四个维度构建了跨文化能力框架。吴卫平等（2013）指出跨文化能力包括态度、意识、知识和技能四个层面，知识层面包括本国知识和外国知识，技能层面则包括跨文化交际技能和认知技能。高永晨（2014）从知和行两个互动维度出发提出跨文化能力发展二维体系，包括由知识、意识和批判性思维能力组成的知识能力体系，以及由态度、技能和策略组成的行动能力体系。彭仁忠等（2017）对跨文化能力的定义为凭借自身已有的跨文化内在和外在特质（如知识、态度、技能和意识），能够在跨文化交际语境中与来自不同文化背景的人进行有效而恰当的交流和互动。不难发现，上述定义中都提及了两个要素：特定环境、有效得体。综上所述，知识、态度、技能和意识被认为是评价跨文化能力不可缺少的组成部分。

然而，还有一些跨文化研究学者们对跨文化能力的定义及构成要素提出了一些不同看法。Hanvey（1976）在其开创性著作《可行的全球视角》中从五个维度概述了全球教育交叉学科的本质，从而提出了"跨文化能力"的概念，这一概念当时在学术界被学者们普遍引用，这五个维度具体包括：(1) 视角意识，即对世界其他国家事务的认识和欣赏；(2) 全球意识，即对全球问题和事件有深刻的了解；(3) 跨文化意识，即对世界文化的特征有整体认知并且注重不同文化间的对比；(4) 系统性意识，即对系统的本质熟悉，对复杂的国际系统有初步认识（国家行为体以及非国家行为体以各种形式相互依存于各个领域）；(5) 参与选择，即对运用于国家、地区、国际社会事件的各种策略进行重新探讨。

值得一提的是，Hanvey 在跨文化能力定义中提到的参与国家、地区、国际社会事务所面临的困难在他后来的定义中并未提及，但是，Hanvey（1976）认为"全球化意识"与跨文化能力密切相关。Hanvey 使用"全球教育"一词，而其他学者则用"跨文化教育"表述，Finkelstein、Pickert、Mahoney、Barry（1998）总结前期相关文献时提出跨文化教育要实现三个目标：①多元文化意识；②国际视野；③促进文化与民主。在定义跨文化教育及跨文化能力时，这些学者提出了四种特征：视野、知识、交际性格（在不同环境中有效交际）以及团体组织能力。

Lustig 和 Koester（2003a）使用"跨文化能力"这一术语，同时强调了跨文化能力的三个重要组成部分：人际关系和环境背景，互动适当性和有效性的程度，以及相关的知识、动机和行为。他们特别强调这种能力依赖于"交际发生时的关系和情境"（Lustig & Koester, 2003b）；而且对跨文化能力的评价也取决于"对人们交流的背景或环境下所要求的行为的文化预期"，此外，Lustig 和 Koester（2003a）认为跨文化能力体现的并非个体本身的特质或特征，而是个体交际的特征。由此他们总结出能够确保个体在跨文化关系和交流中展现能力的所有特征是不可能的（Lustig & Koester, 2003c），这让跨文化学者在探索跨文化能力组成部分时面临了更多的挑战。

　　Paige（1993）在谈到跨文化能力时使用的是"跨文化有效性"一词，并指出对有效性的研究在跨文化能力研究领域一直是重要的议题，在对该领域的重要著作（Bennett, 1993; Dinges, 1983; Grove & Torgiorn, 1993; Kim, 1988; Kim & Gudykunst, 1988; Martin, 1989）进行详细探讨之后，Paige（1993）认为跨文化能力主要受到六种因素的影响：（1）关于目标文化的知识；（2）个人的品质（如灵活性、模糊容忍度、幽默感、开放度）；（3）行为技能（如交际能力）；（4）自我意识（如个人的价值和信仰）；（5）技术能力（如完成任务的才能）；（6）情境因素（包括对期望、心理压力的分类等）。在 Paige 对跨文化能力的有效性影响因子分析中，"技术能力"最为特殊。

　　Samovar 和 Porter（2001）指出"一名合格的交际者意味着能够对周围环境加以分析，并且选择正确的行为模式，同时，他们还发现多数跨文化能力的定义均涉及动机、知识以及交流技能，而且，包括跨文化交际中特定的文化、特定的环境（如商业、医疗），或者普遍的文化等（Samovar et al., 2010），Gudykunst 和 Nishida（1994）还增加了影响跨文化能力的知识、技能和动机等重要成分。

　　Fantini（2000, 2006）认为，跨文化能力是指和来自不同语言和文化的人进行有效、适当的交流时所需的综合能力，他提出了跨文化能力五要素模式，并对跨文化能力的构成要素作出了如下详细的阐释。（1）特质和个性，即有必要区分特质（即先天的个人特质）与后天获得并在后期生活中得以发展的个性（涉及一个人的文化和情境语境）是"先天与后天"的差别，这种差别在培训和教育方案中尤为重要，有些能力来自个体内在人格的一部分，有些能力可以通过培训和教育方式提高或改进，在他的理论中普遍提到的跨文化能力特质和/或个性包括：灵活性、幽默、耐心、开放性、兴趣、好奇心、换位思考和容忍模糊等。(2) 三类能力，即跨文化能力涉及三个方面或领域的能力：一是建立和保持关系的能力；二是将损失或误解降到最小进行沟通的能力；三是通过协作完成涉及共同利益的事情的能力。(3) 四个维度，即知识、态度、技能和意识。其中，意识是最主要的，是跨文化能力发展的关键维度，它可以通过反思和内省的方式得以加强，其反思和内省的内容涉及对比母语文化和其他语言文化的差异，意识不同于知识，它最终有助于阐释什么与个体身份的最深层次相关，意识会随着知识、态度和技能的提高而得到加强，反过来，意识也促进知识、态度和技能的发展。(4) 母语水平，即母语的沟通和交流能力可以大大增强跨文化能力的发展，源自母语的感知、概念化、自我表达等能力会贯穿到外语学习的全部过程当中，并且在此过程中会促进跨文化交际中替代策略的发展，这种独具挑战性的学习过程往往促进学习者对世界的认识发生超越和转变。(5) 跨文化能力纵向发展的不同水平或者等级，即跨文化能力通常有一个漫长而持续的演变过程，其发展等级分为如下：Ⅰ级，即教育旅行者——从事短期交流项目的参与者（1—2个月）；Ⅱ级，即旅居者——从事长期文化交流的参与者，例如，更长的实习期，包括服务项目（3—9个月）；Ⅲ级，即专业——适合在跨文化或多元文化语境中工作的个人，例如，国际机构或组织中的聘用人员和跨国公司员工；Ⅳ级，即跨文化/多元文化专家——适合从事多国学生的培训、教育、咨询或建议的教员和教育工作者。

Deardorff（2004）认为，跨文化能力是基于个人的跨文化知识、技能、意识和态度，在跨文化情景下进行的有效而得体的交流的能力，同时，她还指出，"有效"与"得体"极为重要，她认为是否有效可以由个体本身决定，而是否得体只能由他人评判确定，并且"是否得体"与他人的文化敏感性和其文化规约直接相关。Deardorff（2004, 2006）提出了一个全新的跨文化能力框架，该框架包括以下几方面。(1) 态度，即一些基本态度，如尊重、开放性、好奇心和发现等。开放性和好奇心意味着愿意冒险，在表达对他人的尊重时，重要的是要表现出别人受到你重视的程度。这些态度是跨文化能力知识和技能进一步发展的前提。（2）知识，即关于跨文化能力的必备知识，跨文化学者就以下内容达成共识：文化自我意识（即个人对自身文化如何塑造其身份认同和世界观的认知）、特定文化知识、深层的文化知识，包括了解世界观、社会语言学意识等。（3）技能，即观察、倾听、评估、分析、解释和联系等技能。（4）内部结果，由态度、知识和技能所产生的理想化的内部结果有：灵活性、适应性、文化相对观和换位思考，个体能够从别人的角度出发并以对方期望的方式来对待他。（5）外部结果，即态度、知识和技能以及内部结果全部通过个体的行为和交流表现出来，这是跨文化能力的可观察的外显结果。

纵观学者们多年来在跨文化能力方面的研究成果不难发现，他们分别从各自的研究领域或者从不同的研究视角对跨文化能力进行了广泛的研究，虽然在 20 世纪七八十年代国内外学者们对跨文化能力定义的认识有分歧，但是最近二十年来他们逐渐对跨文化能力内涵形成了较为一致的认识，例如，Chen 和 Starosta（1996）将跨文化能力定义为，在特定环境中有效、得体地完成交际行为以获得预期回应的能力。Byram（1997）在欧盟模式中指出，培养跨文化能力则要求学生获得跨文化交流方面的知识、技巧、态度和批判性跨文化意识。Spitzberg（1997）认为跨文化能力由知识、动机、技巧三个因素构成，三者相互影响、相互依存。Fantini（2000）指出跨文化能力包括四个方面——知识、技能、态度和意识，他认为"行为有效"与交际能力有关，而"行为得体"则与认知能力有关。Kim（2001）认为跨文化能力由认知能力、情感能力和行为能力构成，三者相互联系、相互影响，不可分割。Lustig 和 Koester（2003a）使用了"跨文化能力"这一术语，并认为跨文化能力包括：交际和环境，适当性和有效性，知识、动机和行动。他们还特别强调跨文化能力依赖于"交际发生时的相互关系和环境"。Samovar 和 Porter（2015）将跨文化能力归纳为动机、知识和技能三个方面。Deardorff（2004，2006）认为跨文化能力包括两个层面：个人层面涉及知识、理解、技能和态度；互动层面涉及预期的外在结果和内在结果。Spitzberg 和 Changnon（2009）从 Spitzberg 和 Cupach（1984）的跨文化能力模型中提炼出核心要素，即知识、技能、动机、有效性和得体性等。综上所述，大多数学者们在对跨文化能力的定义中均提到两个基本要素——特定环境与有效得体，而且，他们在对跨文化能力构成要素的理论探讨中同时也认为知识、技能、意识和态度等能力维度在跨文化能力中占据主导地位（Ponterotto & Rieger，1994；Chen & Starosta，1996；Spitzberg，1997，2000；Fantini，2000；Lustig & Koester，2003a；Wiseman，2003；Deardorff，2004，2006；Samovar & Porter，2015；Spitzberg & Changnon，2009），见图 2-1。

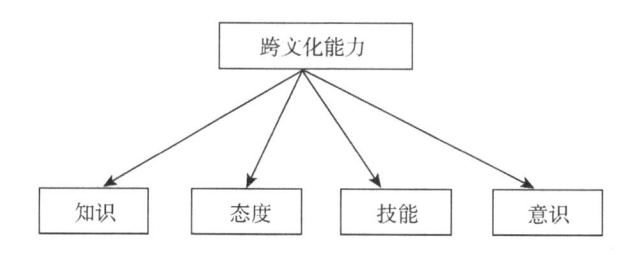

图 2-1 跨文化能力构成要素（Fantini，2000，2006）

而且，美国杜克大学知名跨文化学者 Deardorff（2004）运用德尔菲专家调查法经过多次反复意见征询，对九种跨文化能力的定义进行了调查，结果发现 Byram（1997a）的跨文化能力定义专家认可度最高，得到了 90%以上的跨文化研究专家的赞同，其内容概括如下，"他国文化知识，本国文化知识，解释和联系技能，发现和互动技能，重视不同文化的价值观，信仰和行为，自我意识，语言能力起着关键作用"（Byram，1997a：34）。基于国内外知名跨文化专家的研究成果，本书对跨文化能力作了如下定义：通过成功运用自身的跨文化资源（如知识、技能、意识和态度），在各种跨文化情景下与来自不同语言和文化的人进行有效而恰当的交流和互动的综合能力（Chen & Starosta，1996；Byram，1997a；Spitzberg，1997；Fantini，2000；Kim，2001；Samovar & Porter，2015；Deardorff，2004，2006；Behrnd，2011）。

二 跨文化能力理论

美国社会语言学家 Dell Hymes（1972）在《论交际能力》一文中最早提出交际能力的概念，他认为个体的潜在能力包括语言知识和语言使用能力。他还指出交际能力由以下要素构成：（1）语法性，即语言使用是否（以及在多大程度上）符合形式准确；（2）适当性，即语言使用是否（以及在多大程度上）符合恰当可行性；（3）得体性，即语言使用是否（以及在多大程度上）符合礼仪习惯；（4）现实性，即语言使用是否（以及在多大程度上）符合现实情景。Hymes 关注交际能力观的核心内容，即语言的适当性，其强调特定的社会文化情境需要特定的语言使用，交际能力也属于文化能力。

最初关于跨文化交际能力的研究主要集中在对能力预测变量的界定，Lustig 和 Koester（1993）总结了四种不同的研究跨文化交际能力的方法：特质法（个体的性格特征和特质）、感知法（态度与动机）、行为法（在特定交际情境中的行为与表现）以及特定文化法（在特定文化中产生的行为和感知）。另外，对跨文化交际能力的研究通常还会围绕一系列定义、构成要素和模式展开。Chen 和 Starosta（1996）认为跨文化交际能力是在不同的文化情景中能够成功跨越交际双方的文化身份，从而有效而得体地完成交际行为的能力。他们列出了跨文化交际能力的三种重要组成部分（见图 2-2）：跨文化敏感度（情感）、跨文化意识（认知）和跨文化技能（行为）。跨文化敏感度能力即情感能力，指的是理解和接受文化差异的动机和态度等，跨文化意识即认知能力，包括了解相关的文化知识与文化意识等，跨文化技能即行为得体能力，指的是在跨文化背景环境下具备完成交际任务和达到交际目标的能力,这种三元模式理论是以心理学理论为基础来探讨跨文化交际能力的构成的。

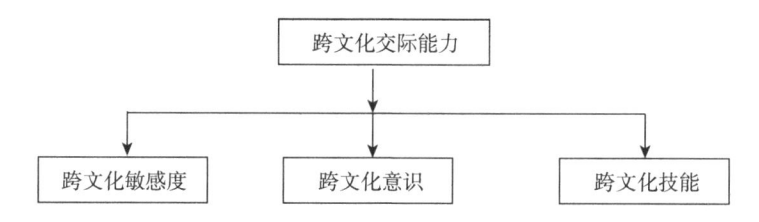

```
            跨文化交际能力
         ┌──────┼──────┐
      跨文化敏感度  跨文化意识  跨文化技能
```

图 2-2 Chen 和 Starosta (1996) 跨文化交际能力三元论

Byram (1997a) 指出跨文化交际能力和跨文化能力是不同的,跨文化能力的构成要素是技能、态度与知识,而跨文化交际能力的形成除了这些要素,还包括一定的语言能力、篇章能力与社会语言能力。在 Byram (1997a) 的跨文化交际能力模型中,他着重于语言(语言能力)并在其概念定义中纳入了文化认同和文化理解,他指出要对跨文化交际能力有一个全面的定义就要强调某些因素(如社会情景及非语言交际),而且他还强调跨文化交际能力五要素模式,其中包括技能、态度、知识等要素(见图 2-3),具体内容如下:(1)解释和联系的技能,即解释另一种文化的文件或事件,理解它并将其与自身文化中的文件或事件相联系的能力;(2)知识,即本国知识和他国知识、交互知识、个人和社会知识、关于自己和对话者国家中社会团体及其产物和习俗的知识、关于社会和个人交互的一般过程的知识等;(3)发现和互动的技能,即获取一种文化及其习俗中新知识的能力,在实时沟通和互动的情景下运用知识,态度和技能的能力;(4)态度,即相对自我、重视他人,好奇心和开放性,包容和接受其他文化,而不是一味固恋自身文化;(5)批判性文化意识/政治教育,即基于明确的标准观点,批判性评价自身文化及其他文化和国家的习俗与产物的能力。在这五大要素中,态度是最根本的构成要素,在 Ruben (1989) 和 Gudykunst (1994) 跨文化交际理论的基础上,Byram (1997a) 对其进行了深入研究并构建了跨文化交际能力模型,并作出了相关论断:

要综合定义和评价跨文化能力需要考虑更多其他因素,如关注跨文化交际技能和跨文化非语言交际,对比跨文化心理特征和行为特征以及社会、政治因素对跨文化交际能力的定义和评价的影响(Byram,1997)。

	跨文化交际能力	
	技能:解释和联系	
知识:本国知识和他国知识	批判性文化意识/政治教育	态度:相对自我、重视他人
	技能:发现和互动	

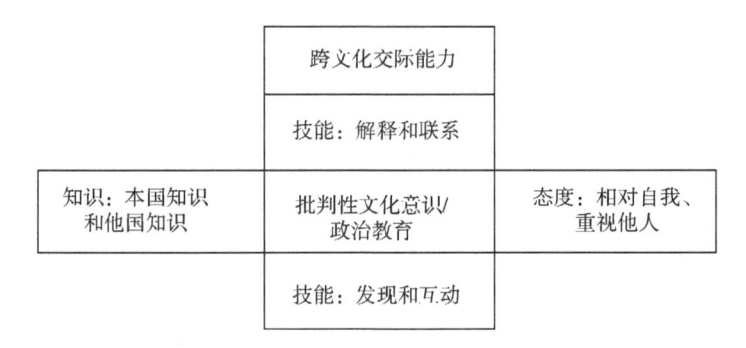

图 2-3　Byram(1997)跨文化交际能力模型

Wiseman(2001)认为,跨文化交际能力是与来自其他文化的成员进行得体、有效交际所需具备的知识、动机与技能(见图 2-4),和其他定义不同的是,这里的动机是一种独特的成分,Wiseman(2001)指出知识、动机和技能是跨文化交际能力中最根本的构成要素,知识是指了解有关跨文化交际行为规范的必要信息(如交际规则、交际对象、规范预期和语境等信息),它们同时影响跨文化交际的成功与否,如果上述信息出现缺失,交际个体可能会出现交际策略运用不恰当,触犯礼仪原则或给交际双方丢面子的现象。动机是指与跨文化交际的预期或实际参与相关的一套情感、意愿、需求或动力,交际话语和行为的选择会受到民族优越感、社会距离感、焦虑、吸引力和偏见等因素的影响。另外,由于厌恶、焦虑和恐惧而产生的消极被动对跨文化交际有负面的影响,反之,由于兴趣、爱好、信心和良好的意图而产生的积极主动对跨文化交际有正面的影响。技能是指在不同文化语境中有效和恰当交际行为的实际表现,知识、动机和技能三者关系相互补充、缺一不可,Wiseman(2001)认为任何一个条件的缺失都可能会使交际者的跨文化交际能力水平显著降低。

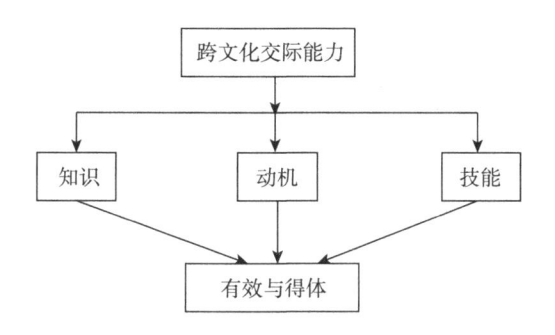

图 2-4　Wiseman（2001）跨文化交际能力模型

第三节　本章小结

本章详细探讨了跨文化接触和跨文化能力的理论框架，为后续研究跨文化交际的关键因素提供了重要的理论支撑。首先，跨文化接触理论从 20 世纪中叶开始逐步发展，提出了不同群体在平等地位、共同目标、合作等条件下积极接触的必要性，认为这种接触有助于减少偏见，改善群际关系。随着研究深入，跨文化接触理论逐渐扩展了接触的方式，直接接触与间接接触并存，其中包括通过语言、交流、媒体等途径的间接接触，这在现代虚拟空间中的应用尤为广泛。跨文化接触模式的多样化体现了社会技术发展对跨文化理解和交流的积极影响。

其次，本章回顾了跨文化能力的相关理论，分析了跨文化能力在跨文化交际中不可或缺的作用。跨文化能力涵盖了知识、技能、态度和意识等多个维度，作为个体在不同文化情境中实现有效、得体交际的综合素质。跨文化能力理论的模型不仅强调知识和技能的获取，更加关注情感态度的开放性、文化意识的提升以及应对不同文化情境的适应能力。这些理论将跨文化能力构建为一个动态发展的过程，强调其在跨文化交流中的实用性。

在国内外研究现状方面，国外学者较早关注跨文化接触的效果和路径，而国内的研究逐步结合中国文化背景，在跨文化能力培养上提出了本土化的研究工具和测量方法。国内研究发现，跨文化接触和跨文化能力的培养不仅需要知识获取，更依赖情感动机和适应策略的共同作用，只有将这些因素有效结合，才能在多元文化情境中实现更为流畅的沟通与理解。

综上所述，本章通过系统梳理跨文化接触和跨文化能力的理论基础，强调了跨文化接触在减少群际偏见、提升跨文化理解中的重要性，并从多维度构建了跨文化能力的框架。这些理论为进一步探索跨文化交际中的问题和实践路径提供了理论支持，同时为后续研究提供了清晰的方向。

第三章 跨文化能力量表研究

第一节 引言

纵观近四十年的跨文化理论研究，国内外学者们对跨文化能力的定义、构成要素、评价量表进行了大量的研究，虽然其相关的研究成果不少，但是有影响力的、获得普遍认同的成果并不多见。然而，最近二十年国内外学者们对跨文化能力的定义基本上形成了一些共识，如 Chen 和 Starosta（1996），Byram（1997a，1997b），Spitzberg（1997），Campinha-Bacote（1998），Fantini（2000），Lustig 和 Koester（2003），Samovar 和 Porter（2015），Deardorff（2004，2006）等学者在其跨文化能力定义中曾指出特定交际环境，有效性和得体性（适当性），知识、技能、态度（动机）和意识等组成部分的重要性。同时，他们还特别强调跨文化能力依赖于"特定的文化环境"。他们认为，跨文化能力可归纳为知识、技能、态度/动机、意识四个构成要素（维度）。国际分析师（International Profiler，TIP）是一种评估工具，用于衡量专业人员和管理者在跨文化环境中的核心能力，包括其专业素养、管理技能和领导才能等关键维度。美国心理学家 Taibi Kahler 于 20 世纪 70 年代设计了过程交际模式（Process Communication Mode，PCM），并认为，这种交际模式与年龄、教育背景和文化背景无显著相关性。各种文化的表现有相对不同的强度，其体现在心理需求、沟通渠道和行为动机等方面。国际管理评估模式（International Management Assessment，IMA）的目的是帮助国际经理人了解其自身在国际工作中所需基本能力的优势与劣势。

学者们从不同的研究视角和领域对跨文化能力进行了广泛研究，最近二十年来他们对跨文化能力维度提出了各自的看法，并且各有侧重。英国学者 Michael Byram 提出的跨文化能力模型最具影响力，该模型将跨文化能力分为知识、技能、态度和意识四个能力维度，其中态度维度包括尊重、开放性、好奇心、乐观接受和包容等（Byram, 1997a; Deardorff, 2004; Risager, 2007）；知识维度包括本国文化知识和他国文化知识（如社会政治、宗教、历史和地理、社交礼仪、行为规范、生活习俗与价值观等）（Byram, 1997a）；技能维度被细分为两类，一类是解释与联系，即具有解释、理解、联系、观察、分析和评价文化差异或冲突并对其进行有效的协调和解决的能力，另一类是发现与互动，即借助语言、非语言交流和互动学会新的文化知识、态度和意识的能力（Byram, 1997a; Deardorff, 2004）；意识维度包括批判性文化意识、自我意识、社会语言学意识等（Byram, 1997a; Fantini, 2001）。后来，有些学者认为，不同文化的人相互间进行有效得体交流的动机在其跨文化能力中尤其重要，他们在 Byram 的欧盟模式基础上用动机代替态度提出了由知识、动机、技能组成的三维度跨文化能力模型（Spitzberg, 1997; Samovar & Porter, 2015; Gudykunst, 2003; Spitzberg & Changnon, 2009）。从发展过程的视角来看，Bennett（1993）和 Pedersen（1994）等提出跨文化能力的发展是一个动态的持续学习过程，这一过程涵盖跨文化意识、跨文化知识和跨文化技能三个递进式维度。这三个维度相互关联，共同构成了跨文化能力发展的连续统一体。

关于跨文化能力量表研究最早有 Koester 和 Olebe（1989）的跨文化能力的行为评价量表（the Behavioral Assessment Scale for Intercultural Competence, BASIC）以及 Bhawuk 和 Brislin（1992）的跨文化敏感度

量表（the Intercultural Sensitivity Inventory，ISI）；后来发展起来的非常有影响力的 Hammer 和 Bennett（1993）的跨文化发展量表（the Intercultural Development Inventory，IDI）、Kelley 和 Meyers（1995a）的跨文化适应量表（the Cross-Cultural Adaptability Inventory，CCAI）以及 Fantini（2000，2006）的跨文化能力评价量表（the Assessment of Intercultural Competence，AIC）。这些量表在西方国家得到了广泛使用。同时，也有许多学者对这些量表的可信度提出了一些质疑。另外，还有一些评价量表。如 Redden（1975）设计了文化休克评价体系，其中的评价量表为跨文化沟通评价量表（Intercultural Communication Inventory，ICI），该量表采用了 25 个指标评价跨国企业员工的跨文化知识与意识，其中包含了文化习俗与惯例、文化误解、民族中心主义、工作多样性、文化休克、沟通误解等内容。Koester 和 Olebe（1989）在 Ruben 著作的基础上提出了跨文化能力的行为评价量表（BASIC），他们指出跨文化能力由 8 个部分组成：尊重他人、知识取向、移情、互动管理、任务角色行为、关系角色行为、模糊容忍度以及互动态度。Bhawuk 和 Brislin（1992）提出的跨文化敏感度量表（ISCI）是利用自我报告形式来评价个人在跨文化情境中进行交流及对其行为进行解释的能力。基于跨文化敏感度模式，Hammer 和 Bennett（1998）提出了包括 44 个描述项的跨文化能力发展量表（IDI），主要用于评价个人或团体的跨文能力发展水平。Kelley 和 Meyers（1995a）提出了跨文化文化适应量表（CCAI），该量表是衡量跨文化有效性的自我评价工具，是为了满足衡量跨文化适应性的需要。Ponterotto 和 Rieger（1994）提出了一套由跨文化态度、知识、意识和技能等构成的跨文化能力评价量表，并且他们以此量表为基础通过因子评分法对个体的跨文化能力（尤其是对个体的跨文化咨询能力）进行评价。Earley 和 Mosakowski（2004）提出了文化智力评价量表，该量表评价三个部分的能力，即行为、情感、认知等方面的能力。

而关于跨文化能力评价模型的研究，国外最常见的模型有 Byram

(1997a) 的以知识、态度和技能三个维度为主导的 ICC 成分模型，Fantini（2000）的以意识为核心成分的知识、态度和技能的 ICC 成分模型，Bennett（1993）的跨文化敏感度发展模型（Developmental Model of Intercultural Sensitivity，DMIS），Deardorff（2004）所创造的互动模型和过程模型等，以上模型都在实际应用中得到较好的实证检验，并且被广泛地应用到医疗、教育和商业等领域。本书从东方文化的视角结合中国大学生的实际情况，基于国内外已有的最有影响力的 ICC 量表，设计并构建适合中国大学生的本土化 ICC 量表，本书运用因子分析等方法来检验和分析中国大学生跨文化能力量表的信度和效度。

第二节 研究方法

一 研究问题

本章的研究主要围绕以下三个问题展开。
1. 中国大学生跨文化能力量表的信度如何？
2. 中国大学生跨文化能力量表的效度如何？
3. 中国大学生跨文化能力的主要路径及其重要性如何？

二 研究对象

本章的研究选取 2400 名来自全国 25 所大学（来自武汉、海口、上海、沈阳、北京、广州、郑州、兰州、南京、哈尔滨、南昌、天津和苏州等城市的大学）的本科生参加了正式量表的调查。

三 研究工具

本章的研究基于吴卫平等（2013）中国大学生跨文化能力自评量

表，其主要涉及6个维度、28个描述项：本国文化知识（ic1—ic3）、外国文化知识（ic4—ic10）、态度（ic11—ic13）、跨文化交流技能（ic14—ic22）、跨文化认知技能（ic23—ic25）和意识（ic26—ic28）。另外，ICC代表"跨文化能力"，KN1代表"本国文化知识"，KN2代表"外国文化知识"，SK1代表"跨文化交流技能"，SK2代表"跨文化认知技能"，AT代表"态度"，AW代表"意识"。

四 数据收集与分析

通过课堂面对面、邮寄、问卷星的方式共发放问卷2400份，共回收实际有效问卷2128份，有效率为88.7%（见表3-1）。首先，运用SPSS 22.0和AMOS 22.0对回收的数据进行处理和分析。其次，通过信度分析Cronbach α系数检验中国大学生跨文化能力量表的内部一致性。再次，通过因子分析对中国大学生跨文化能力量表结构效度进行检验。最后，通过路径分析探讨中国大学生跨文化能力的主要路径及其重要性。

表3-1　　　　　　　　　正式研究样本信息

信息	类别	人数（人）	百分比（%）
性别	男生	957	45.0
	女生	1171	55.0
专业	理科	1179	55.4
	文科	949	44.6
年级	大一	1157	54.4
	大二	386	18.1
	大三	306	14.4
	大四	279	13.1

第三节 结果与讨论

一 信度分析

为了确保研究工具的可靠性和有效性,对中国大学生跨文化能力量表进行了信度检验,即检验量表内在一致性 Cronbach's α 系数,其结果(见表 3-2)表明,量表中 6 个维度因子的 Cronbach's α 系数均介于 0.877—0.943 之间,整体量表的 Cronbach's α 系数为 0.962;无论是量表整体还是其包含的 6 个维度,其 Cronbach's α 系数均高于信度检验临界值 0.7,表明该量表的内在一致性强,具有良好的信度。

表 3-2　　　　　中国大学生跨文化能力量表的信度分析

因子	描述项	Cronbach's α 系数	
		部分	整体
本国文化知识(KN1)	3	0.929	0.962
外国文化知识(KN2)	7	0.911	
态度(AT)	3	0.936	
跨文化交流技能(SK1)	9	0.930	
跨文化认知技能(SK2)	3	0.877	
意识(AW)	3	0.943	

二 效度分析

通过 KMO 和 Bartlett 球形检验、探索性因子分析(EFA)和验证性因子分析(CFA)对中国大学生跨文化能力量表进行效度分析。

(一)探索性因子分析

首先,进行 KMO 和 Bartlett 球形检验,观察数据是否适合做因子分析。根据表 3-3 中 KMO 和 Bartlett 球形检验的结果,该量表中样本的 KMO 值为 0.937，表明变量间的相关性很强，非常适合作因子分析。Bartlett 球形检验的近似卡方值为 24915.055，显著性水平的 p 值接近于 0，且小于 0.05，说明不符合球形假设，因此应拒绝各变量独立的假设，表明变量间存在较强的相关性，适合进行因子分析。

表 3-3　　　　　　　　KMO 和 Bartlett 球形检验

KMO		0.937
Bartlett 球形检验	近似卡方值	24915.055
	自由度	378
	显著性（p 值）	0.000 ***

其次，采用主成分分析法（最大方差旋转），提取解释中国大学生跨文化能力的主要因子。采用主成分分析法提取量表中 6 个因子，6 个因子共解释了累计方差贡献率的 78.458%（见表 3-4），总体上，较全面地解释了量表中各主要因子的特征。

表 3-4　　　　　　　　　解释的总方差

因子	初始特征值			提取平方和载入			旋转平方和载入		
	合计	方差百分比（%）	累计百分比（%）	合计	方差百分比（%）	累计百分比（%）	合计	方差百分比（%）	累计百分比（%）
1	12.963	46.297	46.297	12.963	46.297	46.297	6.998	24.994	24.994
2	3.732	13.329	59.626	3.732	13.329	59.626	5.486	19.594	44.588
3	1.734	6.194	65.819	1.734	6.194	65.819	2.500	8.929	53.517
4	1.406	5.022	70.841	1.406	5.022	70.841	2.420	8.641	62.158
5	1.262	4.507	75.348	1.262	4.507	75.348	2.331	8.325	70.483
6	0.871	3.110	78.458	0.871	3.110	78.458	2.233	7.975	78.458
7	0.773	2.760	81.218						
8	0.642	2.293	83.511						
9	0.432	1.542	85.053						
10	0.416	1.485	86.537						
11	0.409	1.462	87.999						
12	0.367	1.312	89.312						
13	0.313	1.119	90.431						

续表

因子	初始特征值			提取平方和载入			旋转平方和载入		
	合计	方差百分比（%）	累计百分比（%）	合计	方差百分比（%）	累计百分比（%）	合计	方差百分比（%）	累计百分比（%）
14	0.301	1.073	91.504						
15	0.276	0.985	92.489						
16	0.256	0.914	93.403						
17	0.241	0.861	94.264						
18	0.218	0.778	95.042						
19	0.217	0.775	95.818						
20	0.197	0.704	96.521						
21	0.183	0.655	97.176						
22	0.170	0.605	97.782						
23	0.150	0.535	98.317						
24	0.135	0.482	98.799						
25	0.110	0.394	99.193						
26	0.082	0.292	99.485						
27	0.078	0.279	99.763						
28	0.066	0.237	100.000						

注：提取方法：主成分分析法。

通过主成分分析法和方差最大旋转法进行正交旋转，旋转在6次迭代后收敛，提取6个主要因子。从表3－5的旋转成分矩阵可知各描述项的载荷值，所有描述项分别聚合在6个主要因子中：本国文化知识（ic1—ic3）、外国文化知识（ic4—ic10）、态度（ic11—ic13）、跨文化交流技能（ic14—ic22）、跨文化认知技能（ic23—ic25）和意识（ic26—ic28）。量表累计解释的总方差百分比为78.458%，所有描述项的因子载荷在0.674—0.868，说明以上6个主要因子较全面地反映了跨文化能力中知识、态度、技能和意识等四个维度的内容，由此，该量表结构效度较高。

表 3-5　　　　　　　　　　旋转成分矩阵

	成分					
	1	2	3	4	5	6
icc1				0.819		
icc2				0.833		
icc3				0.795		
icc4		0.750				
icc5		0.852				
icc6		0.826				
icc7		0.844				
icc8		0.836				
icc9		0.773				
icc10		0.766				
icc11					0.705	
icc12					0.759	
icc13					0.738	
icc14	0.763					
icc15	0.795					
icc16	0.682					
icc17	0.864					
icc18	0.807					
icc19	0.850					
icc20	0.830					
icc21	0.748					
icc22	0.838					
icc23			0.674			
icc24			0.860			
icc25			0.868			
icc26						0.766
icc27						0.757
icc28						0.726

注：提取方法：主成分分析法。
旋转法：具有 Kaiser 标准化的正交旋转法。
a. 旋转在 6 次迭代后收敛。

（二）验证性因子分析

结构方程模型（SEM）基于变量的协方差矩阵来分析变量与变量之间的关系，是研究中广泛采用的一种多元数据分析工具。采用 AMOS 22.0 进行验证性因子分析，对中国大学生跨文化能力量表进行模型拟合度评价。分析结果（见表 3-6）表明，卡方与自由度之比（$\chi^2/df = 1.788$）、拟合优度指数（GFI = 0.926）、调整后的拟合优度指数（AGFI = 0.911）、比较拟合指数（CFI = 0.966）、均方根残差（RMR = 0.065）和均方根近似误差（RMSEA = 0.027）等拟合度指标均在可接受范围之内，符合整体模型适配度的评价标准，表明中国大学生跨文化能力量表结构方程模型路径图（见图 3-1）与其实际观测数据具有良好的适配度，表明所得因子结构合理。由此，证实了中国大学生跨文化能力量表结构效度分析良好。

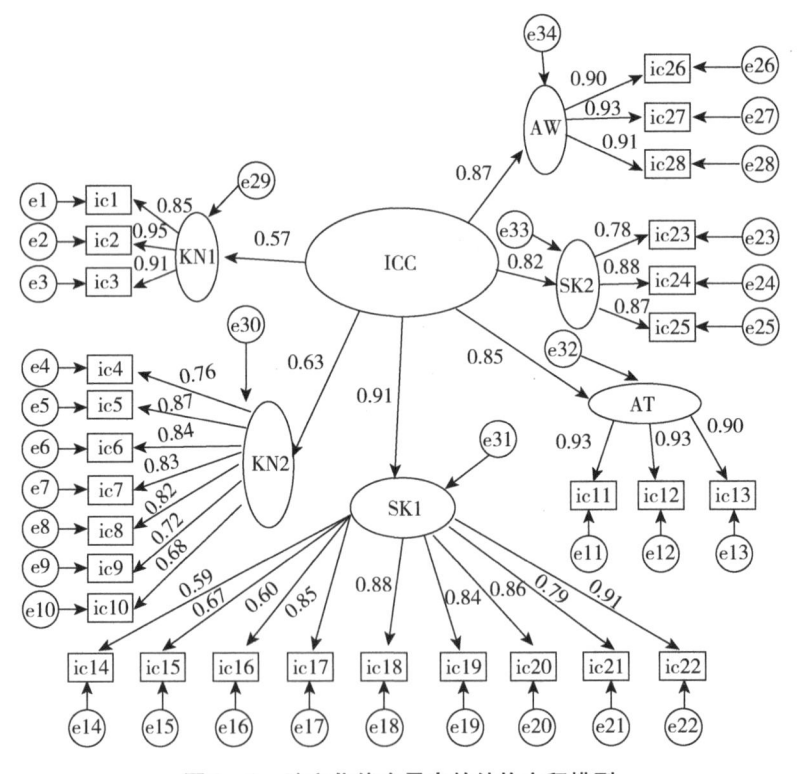

图 3-1　跨文化能力量表的结构方程模型

表 3-6　　　　　中国大学生跨文化能力量表的模型拟合度

	χ^2/df	GFI	AGFI	CFI	RMR	RMSEA
临界值	≤5	≥0.90	≥0.90	≥0.90	≤0.10	≤0.08
模型拟合度	1.788	0.926	0.911	0.966	0.065	0.027

以上通过运用信度分析、探索性因子分析和验证性因子分析以评估该量表的信度和效度，其结果表明中国大学生跨文化能力量表具有良好的信度和效度。

三　路径分析

从图 3-1 和表 3-7 可以看出，中国大学生跨文化能力的主要路径为本国文化知识（KN1）、外国文化知识（KN2）、态度（AT）、跨文化交流技能（SK1）、跨文化认知技能（SK2）和意识（AW）。跨文化能力（ICC）6 个因子的标准化路径系数分别为 0.574、0.631、0.852、0.914、0.818 和 0.865，各个因子路径系数均大于 0，其显著性值均小于 0.001，即各组潜在变量和观察变量的路径系数所对应的显著性均低于 0.001，说明各潜在变量对观察变量存在显著影响，也就是说 KN1、KN2、AT、SK1、SK2、AW 对 ICC 有显著的正向影响。ICC 各组路径对模型均具有解释意义，各个潜在变量对应的所属题目具有较高的代表性。

从表 3-7 可以看出，中国大学生跨文化交流技能和跨文化意识最为重要，标准化路径系数分别为 0.914 和 0.865。从行为层面来看，跨文化交流技能是确保有效跨文化互动的基础（Chen & Starosta, 1996; Byram, 1997a; Fantini, 2009）。

首先，跨文化意识保证了适当得体的跨文化行为，因为意识到跨文化差异可以有效避免跨文化冲突。其次，中国大学生跨文化态度和跨文化认知技能相对重要，标准化路径系数分别为 0.852 和 0.818。态度和认知的转变对于有效的跨文化互动至关重要，这种互动需要对其他文化更加热切、开放、好奇和持有灵活的态度。其他学者也认同将态度视为影响跨文化能力发展的因素（Deardorff，2004）。一些学者强调在跨文化交际中要从不同角度培养学生理解本国文化与异国文化差异的态度。再次，外国文化知识对中国大学生跨文化能力的重要性一般，标准化路径系数为0.631。熟悉异国文化可以保证顺畅的沟通交流，避免不同文化背景的对话者之间的误解和冲突。例如，Doganay 和 Yergaliyeva（2013）探索了基于文化的跨文化活动对外语教学的影响，调查表明基于文化的跨文化实践对于提高学生的跨文化能力有着显著的影响，通过加深对外国文化的理解能够有效避免跨文化冲突。最后，本国文化知识对中国大学生跨文化能力的重要性较弱，标准化路径系数为0.574。掌握外国文化知识和本国文化知识与跨文化能力的发展都有着密切的相关关系，后者是因为缺乏对本国文化知识的了解也可能会加剧沟通困难。但是，跨文化交流中更多地关注跨文化实践中的外国文化、价值观和规范，这使得大多数跨文化学者倾向于在外语教学中倡导外国文化知识的积累（高一虹，2000；束定芳、庄智象，2008；胡文仲，2013）。

表3-7　　　　　跨文化能力的路径关系和标准化路径系数

路径关系	标准化路径系数	p
KN1←ICC	0.574	***
KN2←ICC	0.631	***
AT←ICC	0.852	***
SK1←ICC	0.914	***
SK2←ICC	0.818	***
AW←ICC	0.865	***

注：*** 即 $p<0.001$。

中国大学生跨文化能力的本国文化知识主要涉及3个描述项：了解本国的历史知识、了解本国的社会规范知识和了解本国的价值观知识。三个描述项与本国文化知识之间具有较强的相关性，均能有力促进本国文化知识的发展。该结论也得到了其他学者的理论支持。Byram

(1997a)指出，有关本国社会团体及其文化知识（例如着装、问候方式、历史、文化习俗、行为规范和价值观等），也应包括在跨文化知识中。通过对比本国文化知识与外国文化知识的异同，了解本国的社会规范和价值观有助于更好地培养跨文化敏感性。同时，掌握本国文化知识不仅可以确保顺畅的交流，还能够在跨文化互动中传播优秀的中国文化。

表3-8　　　本国文化知识的路径关系和标准化路径系数

路径关系	标准化路径系数	p
ic1←KN1	0.853	***
ic2←KN1	0.950	***
ic3←KN1	0.912	***

注：*** 即 $p<0.001$。

从表3-9可以看出，中国大学生跨文化能力的外国文化知识主要涉及7个描述项：了解外国的历史知识、了解外国的社会规范知识、了解外国的价值观知识、了解外国的文化禁忌知识、了解外国人的言论行为知识、了解跨文化交流与传播等概念的基本知识、了解一些成功进行跨文化交流的策略和技巧。7个描述项与外国文化知识有着显著的相关关系。首先，了解外国的社会规范知识、了解外国的价值观知识、了解外国的文化禁忌知识和了解外国人的言语行为知识很重要。其次，了解外国的历史知识和了解跨文化交流与传播等概念的基本知识重要性一般。最后，了解一些成功进行跨文化交流的策略和技巧的重要性较弱。尤其是，增强跨文化理解在避免跨文化冲突方面变得越来越重要，因为跨文化交际者倾向于根据给定的文化（例如价值观、信仰和社会规范）进行互动，而这些文化容易受到不同沟通方式和不同理解方式的阻碍。同时，在拓展交际话题和确保顺利交际方面，了解外国的历史知识也是必要的。同样地，深入访谈也证明了其重要性：

我喜欢通过观看外国电影、视频、新闻等来积累一些外国文化知识,尤其是文化禁忌知识。在这个互联网时代,积累外国文化知识是很容易的。但是,由于跨文化实践的局限,我们很难获得成功的跨文化交流策略。

表3-9 外国文化知识的路径关系和标准化路径系数

路径关系	标准化路径系数	p
ic4←KN2	0.756	***
ic5←KN2	0.872	***
ic6←KN2	0.838	***
ic7←KN2	0.828	***
ic8←KN2	0.819	***
ic9←KN2	0.721	***
ic10←KN2	0.679	***

注:*** 即 $p<0.001$。

从表3-10可以看出,中国大学生跨文化能力的态度主要涉及3个描述项:愿意和来自不同文化的外国人进行交流和学习;愿意尊重外国人的生活方式和习俗;愿意学好外国语言和文化。三个描述项与态度有着显著的相关关系,且对态度的影响至关重要。该结论也得到了其他跨文化学者的一致认可。例如,Deardorff(2004)认为,态度是唯一得到所有跨文化专家赞同的评价跨文化能力的影响因子(Byram,1997;Lustig & Koester,1999)。此外,态度,不仅是积极的态度,而且是对其他文化的好奇心、意愿和开放的态度,都是保证成功跨文化交际的前提(Byram,1997a)。

表3-10 态度的路径关系和标准化路径系数

路径关系	标准化路径系数	p
ic11←AT	0.929	***
ic12←AT	0.934	***
ic13←AT	0.896	***

注:*** 即 $p<0.001$。

从表 3-11 可以看出，中国大学生跨文化交流技能主要涉及以下 9 个描述项：出现跨文化交流误解时和对方协商的能力；出现语言交流障碍时借助身体语言或其他非语言方式进行交流的能力；使用外语和来自不同社会文化背景和领域的人进行成功交流的能力；在与外国人交流时礼貌对待他们的能力；在与外国人交流时尽量避免用不恰当的语言和行为冒犯他们的能力；在与外国人交流时尽量避免对他们产生偏见的能力；在与外国人交流时避免提到与他们有关的隐私话题的能力；具有对待跨文化差异敏感性的能力；看待其他国家发生的事件时会从对方文化和角度看问题的能力。9 个描述项与跨文化交流技能有着显著的相关关系。其中，在与外国人交流时礼貌对待他们的能力、在与外国人交流时尽量避免用不恰当的语言和行为冒犯他们的能力、在与外国人交流时尽量避免对他们产生偏见的能力和在与外国人交流时避免提到与他们有关的隐私话题的能力相对重要。具有对待跨文化差异敏感性的能力和看待其他国家发生的事件时会从对方文化和多角度看问题的能力重要性一般。出现跨文化交流误解时和对方协商的能力、出现语言交流障碍时借助身体语言或其他非语言方式进行交流的能力和使用外语和来自不同社会文化背景和领域的人进行成功交流的能力重要性较弱。这意味着大学生掌握了一些跨文化交流技巧，具备了一定的社会规范、价值观和文化禁忌等外国文化知识，并能以此来避免跨文化冲突。但是，他们在跨文化实践中在应对跨文化冲突和误解方面做得不好。

表 3-11　　跨文化交流技能的路径关系和标准化路径系数

路径关系	标准化路径系数	p
ic14←SK1	0.591	***
ic15←SK1	0.674	***
ic16←SK1	0.604	***
ic17←SK1	0.847	***
ic18←SK1	0.882	***

续表

路径关系	标准化路径系数	p
ic19←SK1	0.843	***
ic20←SK1	0.863	***
ic21←SK1	0.789	***
ic22←SK1	0.814	***

注：*** 即 $p<0.001$。

从表 3-12 可以看出，中国大学生跨文化认知技能主要涉及 3 个描述项：具备通过与外国人的接触直接获取跨文化交际相关知识的能力；具备运用各种方法、技巧与策略帮助学习外国语言和文化的能力；出现跨文化冲突和误解时进行反思和学习并寻求妥善解决途径的能力。3 个描述项与跨文化认知技能之间存在着显著的相关关系。其中，具备运用各种方法、技巧与策略帮助学习外国语言和文化的能力和出现跨文化冲突和误解时进行反思和学习并寻求妥善解决途径的能力比较重要。具备通过与外国人的接触直接获取跨文化交际相关知识的能力重要性一般。互联网的飞速发展使大学生有更多的机会和途径来掌握跨文化交际策略和积累更多的外国语言和文化。但是，通过与外国人的直接交流和接触来了解外国语言文化的机会还是比较有限的。

表 3-12　跨文化认知技能的路径关系和标准化路径系数

路径关系	标准化路径系数	p
ic23←SK2	0.782	***
ic24←SK2	0.884	***
ic25←SK2	0.866	***

注：*** 即 $p<0.001$。

从表 3-13 可以看出，中国大学生跨文化意识主要涉及 3 个描述项：意识到与外国人交流时彼此存在文化相似性和差异性；意识到与外国人交流时文化身份的差异性；意识到要基于不同文化视角审视跨文化交流情境。3 个描述项与跨文化意识存在着显著的相关关系，且都对跨文化意识比较重要。该结论也得到了其他学者的认可。Fantini

(2000)在构建意识、态度、技能和知识四维度模型时将意识置于跨文化能力模型的中心位置。其他学者也认为,培养跨文化意识对于理解和接受跨文化互动中的文化差异性至关重要(Sellami,2000)。

表 3-13　　　　　　　意识的路径关系和标准化路径系数

路径关系	标准化路径系数	p
ic26←AW	0.897	***
ic27←AW	0.931	***
ic28←AW	0.907	***

注:*** 即 $p<0.001$。

第四节　本章小结

通过以上信度和效度检验及路径分析发现,中国大学生跨文化能力量表具有良好的信度和效度,可以用来测评中国大学生的跨文化能力发展的实际情况,借助于测评的实证调查数据可以帮助大学生预测自己的跨文化能力的实际水平,从而使他们更好地意识到自身跨文化能力的强弱。同时,可以为国内各高校培养国际化人才并开设相关文化能力培养课程提供参考。另外,中国大学生跨文化能力量表作为能力评价工具,其收集到的数据对其他学习者和训练者也有重要参考价值,例如,可以起到帮助其他学习者了解其跨文化能力水平的作用,也可以为跨文化咨询师、培训师们提供有价值的测评信息参考,帮助他们更好地了解客户需求并采用相应策略去帮助客户培养在某些特定情景领域进行跨文化交流的能力。简言之,中国大学生跨文化能力量表可以较好地帮助中国学习者测量和预测自身的跨文化能力发展。

第四章 跨文化接触量表研究

第一节 引言

不同民族和文化的人之间经常发生跨文化接触和交流（Gudykunst，2002）。跨文化接触主要发生在两个层面：人际（关注身份和他人之间的关系）和群体间（关注所代表群体之间的身份和关系）（Gudykunst，2005；Ni et al.，2015）。过去60年的大量研究成果证明，直接面对面的群体接触对群体之间的关系有促进作用（Allport，1954；Hodson et al.，2013；Pettigrew & Tropp，2006）。然而，通过直接接触来改善态度的干预措施有时可能会难以实施。例如，直接接触不能用于隔离环境或接触机会稀缺的情况。此外，当需要接触大量属于不同群体的人时，直接接触干预可能存在成本高昂、不切实际且难以实施等问题。研究表明，内群体成员与外群体成员之间的积极互动能够显著改善群际关系和群际态度。Mazziotta等（2011）通过实证研究发现，直接接触是促进跨文化理解与消除偏见的有效途径。

Brislin（2001）认为跨文化接触是21世纪人们生活中不争的事实，强调全球化在社会生活各个方面的作用。跨文化接触是指与自己文化以外的任何文化以任何形式的接触（Peng & Wu，2016）。这种接触可以是直接的，无须任何媒介，例如作为移民或游客居住在外国，也可以是间接的,例如看电影或电视剧(Csizér & Kormos,2008)。跨文化接触研究是由 Allport(1954)在接触假设理论中首先提出,该假设包括四个接触标准,这些标准被认为可以减少对另一个族群成员的偏见和敌意。随着近几十年信息技术的发展,在外语学习环境中跨文化间接接触的机会也显著增加。如通过网络在线轻松访问英语"媒体",包括英语国家的电视节目、电视剧、电影和音乐(Clément et al.,2001),以及通过社交网络、远程协作和其他形式的计算机介导的在线交流;O'Dowd(2007)、Elola 和 Oskoz(2008)与 Warschauer(1996)等学者强调跨文化间接接触在语言学习和跨文化交际能力培养中的重要作用。同样,Kormos 和 Csizér(2007)调查了匈牙利英语和德语学习者跨文化接触的来源。他们发现了间接跨文化接触在匈牙利等环境中的重要作用,在匈牙利,与德语或英语社区的直接接触机会很少。需要进一步研究语言学习者与伊朗等非西方社区的目标语言社区的间接接触。Kormos 和 Csizer(2007)指出,直接接触主要由直接口语接触和直接书面语接触构成,间接接触主要由人际接触和文化产品类接触构成。同时,在这一理论的基础上,众多学者采用了这一定义和分类,并且进行了一系列研究来探索跨文化能力和跨文化接触的关系(Csizer & Kormos,2008,2009;Kormos & Csizer,2007;Kormos et al.,2014;Peng & Wu,2016)。另外,还有一些学者主要研究了特定的跨文化接触途径,如出国访学项目(例如,蒋玉梅、刘勤,2015;唐小波,2015)、国外留学课程(Marx & Moss,2011;Paik et al.,2015)、教学交流课程(Hamel et al.,2010)、海外沉浸式课程(Lee,2009)、国际教学实习(Kabilan,2013)、国际旅行(Santoro,2014)以及网上交流(Jauregi et al.,2012;Spiro,2011)等。综上所述,有必要进行跨文化接触量表构建及其信度检验和效度检验。

第二节 研究方法

一 研究问题

本章主要围绕以下六个问题展开。
(1) 跨文化直接接触量表信度如何？
(2) 跨文化直接接触量表效度如何？
(3) 跨文化直接接触主要路径及其重要性如何？
(4) 跨文化间接接触量表信度如何？
(5) 跨文化间接接触量表效度如何？
(6) 跨文化间接接触主要路径及其重要性如何？

二 研究对象

先导研究随机挑选110名负责人所在单位的学生作为试测研究对象，旨在初步了解中国大学生跨文化直接接触和间接接触路径。其中，从该样本中随机抽取10名学生作为半结构化访谈对象，借助他们分享的跨文化直接接触和间接接触经历，以建立大学生跨文化直接接触和间接接触初始量表。试测中，通过课堂面对面的方式共发放初始量表110份，共回收实际有效问卷101份，有效率为91.8%。本科生（男生46人，占45.5%，女生55人，占54.5%；大一12人，大二48人，大三24人，大四17人）中具有理工科背景的学生占50.5%，文科背景的学生占49.5%。

三 研究工具

本章的研究回顾相关文献，基于彭仁忠等（2016）的跨文化接触分类作为问卷题项设计的理论范式,采用定性研究(半结构化访谈)和定量研究(问卷调查)相结合的研究方法,构建中国大学生跨文化直接接触和间接接触两份量表。

(一)半结构化访谈(见附录1.1和附录1.2)

在访谈中,通过微信和QQ采访了10名参与试测研究的大学生。采用在线访谈的目的是减轻受访者心理压力,使整个过程在轻松愉快的氛围中进行,并确保获得真实可靠的信息,具体内容包括:(1)参与者的背景信息,包括性别、专业和年级;(2)参与者的跨文化直接接触和间接接触经历;(3)参与者对跨文化直接接触和间接接触经历的感知。访谈数据显示,研究参与者主要通过HelloTalk语言学习平台、电子邮件、Instagram社交媒体及国际服务器的在线游戏等数字平台开展跨文化交际活动。其他一些跨文化交际活动如参加世界博览会、与留学生一起上课等被补充到初始题项中。关于间接接触,受试者认为除了最常见的包括书籍、报纸和杂志在内的文化产品外,广告也是提高跨文化能力的一种方式。而且,关于间接人际接触,受访者谈到,认真聆听他人外国经历有助于学习外国文化知识。在试测研究中,通过半结构化访谈初步了解中国大学生跨文化直接接触和间接接触经历,从而构建大学生跨文化直接接触和间接接触两份初始量表。

(二)大学生跨文化直接接触量表(见附录3.1和附录3.2)

初始量表用于对大学生跨文化直接接触主要路径进行试测调查,然后采用探索性因子分析,构建大学生跨文化直接接触正式量表。初始量表主要包括两个部分:第一部分是有关受试者的基本信息;第二部分是大学生跨文化直接接触相关描述项,涉及4个维度(国内社交媒体、国内跨文化交际活动、国外社交媒体和国外跨文化交际活动)、34个描述项。

试测通过课堂面对面的方式随机收集了来自负责人所在单位100名学生的问卷,共回收了91份有效问卷。其中,数据显示只有12名学生拥有海外经历,这意味着大多数学生没有国外跨文化交际活动的经历。因为很少有学生有足够的条件参与到海外交换项目中。因此,本书仅探讨中国语境下跨文化直接接触对中国大学生跨文化能力的影响。经过探索性因子分析,删除了13项因子载荷值低的描述项,构建了中国大学生跨文化直接接触正式量表,即中国语境下大学生跨文化直接接触量表(见附录3.2)。该量表包含4个维度[国内主流社交媒体(dc1—dc6)、国外主流社交媒体(dc7—dc11)、校内跨文化交际活动(dc12—dc15),以及校外跨文化交际活动(dc16—dc21)]、21个描述项。

(三)大学生跨文化间接接触量表(见附录3.3和附录3.4)

初始量表用于对大学生跨文化间接接触主要路径进行试测调查,同时运用探索性因子分析构建大学生跨文化间接接触正式量表。初始量表包括两个部分:第一部分是有关受试者的基本信息,例如性别、年级和专业等;第二部分是跨文化间接接触量表相关描述项,涉及4个维度(线下交流、文化产品、多媒体和课程、课内和课外活动)、17个描述项。

试测通过课堂面对面的方式随机收集了来自负责人所在单位100名学生的问卷,共回收了91份有效问卷。经过探索性因子分析,删除了1个因子载荷值低的描述项,构建了大学生跨文化间接接触正式量表(见附录3.4)。该量表包含4个因子、16个描述项:线下交流(OC1,OC2,OC3)、文化产品(CP1,CP2,CP3,CP4,CP5)、多媒体和课程(MC1,MC2,MC3,MC4)、课内和课外活动(IEA1,IEA2,IEA3,IEA4)。

四 研究步骤

运用SPSS 22.0和AMOS 22.0对回收的数据进行处理和分析,通过信度分析、探索性因子分析和验证性因子分析对中国大学生跨文化直接接触和间接接触量表进行信度和效度检验。首先，通过信度分析 Cronbach's α 系数检验中国大学生跨文化直接接触和间接接触量表的内部一致性。其次，通过因子分析对大学生跨文化直接接触和间接接触量表结构效度进行检验。最后，通过路径分析探讨大学生跨文化直接接触和间接接触各自不同的路径及其重要性。

第三节 结果与讨论

一 跨文化直接接触量表的信度和效度分析

（一）信度分析

为了确保研究工具的可靠性和有效性，对中国大学生跨文化直接接触量表进行了信度检验，即检验量表内在一致性 Cronbach's α 系数，其结果（见表4-1）表明，量表中4个维度因子的 Cronbach's α 系数均介于 0.761—0.885 之间，整体量表的 Cronbach's α 系数为 0.891；无论是量表整体还是其包含的4个维度，其 Cronbach's α 系数均高于信度检验临界值 0.7，表明该量表的内在一致性强，具有良好的信度。

表4-1　　　　大学生跨文化直接接触量表的信度分析

因子	描述项	Cronbach's α 系数	
		部分	整体
国内主流社交媒体	6	0.885	
国外主流社交媒体	5	0.788	0.891
校内跨文化活动	4	0.761	
校外跨文化活动	6	0.816	

（二）探索性因子分析（EFA）

首先，进行 KMO 和 Bartlett 球形检验，观察数据是否适合做因子分析。由表4-2中 KMO 和 Bartlett 球形检验结果可知，该量表中样本的 KMO 值为 0.860 > 0.5，表明变量间的相关性很强，非常适合作因子分析。Bartlett 球形检验的近似卡方值为 2599.593，自由度为 210，显著性水平的 p 值为 0.000，小于 0.01，不服从球形检验，应拒绝各权变量独立的假设，即变量间有较强相关，非常适合作因子分析。

表 4 - 2　　　　　　　　KMO 和 Bartlett 球形检验

KMO		0.860
Bartlett 球形检验	近似卡方值	2599.593
	自由度	210
	显著性	0.000

其次，采用主成分分析法（最大方差旋转），提取解释大学生跨文化直接接触的主要因子。

通过主成分方差最大法进行正交旋转，旋转在 7 次迭代后收敛，并提取了 4 个主要因子。4 个因子的特征值均大于 1.0，累计方差贡献率为 61.098%，在很大程度上描述了所有项目的特征（见表 4 - 3）。

表 4 - 3　　　中国大学生跨文化直接接触量表的总体方差解释

总体方差解释			
	旋转载荷平方和		
因子	合计	方差百分比（%）	累计百分比（%）
1	3.716	17.909	17.909
2	3.447	16.557	34.466
3	3.416	14.982	49.448
4	2.447	11.650	61.098

由表 4 - 4 中因子载荷值可以看出，中国语境下大学生跨文化直接接触正式量表，主要涉及 4 个因子、21 个描述项。根据不同因子中变量的含义，将这 4 个因子分别命名为国内主流社交媒体（DMSM）、国外主流社交媒体（FMSM）、校内跨文化交际活动（IICA）和校外跨文化

交际活动（EICA）。累计方差贡献率为61.098%，所有描述项的因子载荷值在0.599和0.825之间，说明4个主要因子比较全面地反映了跨文化直接接触中国内主流社交媒体、国外主流社交媒体、校内跨文化交际活动和校外跨文化交际活动等4个维度的内容。

表4-4　　　　　　大学生跨文化直接接触量表的因子载荷

描述项	因子载荷			
	DMSM	FMSM	IICA	EICA
dc1	0.775			
dc2	0.825			
dc3	0.757			
dc4	0.803			
dc5	0.721			
dc6	0.621			
dc7		0.632		
dc8		0.698		
dc9		0.602		
dc10		0.599		
dc11		0.739		
dc12			0.669	
dc13			0.727	
dc14			0.624	
dc15			0.769	
dc16				0.651
dc17				0.730
dc18				0.693
dc19				0.608
dc20				0.661
dc21				0.745

（三）验证性因子分析（CFA）

采用AMOS 22.0进行验证性因子分析，对中国语境下大学生跨文化直接接触量表进行模型拟合度评价。分析结果（见表 4-5）显示，卡方与自由度之比（$\chi^2/df = 3.488$）、拟合优度指数（GFI = 0.897）、调整后的拟合优度指数（AGFI = 0.893）、比较拟合指数（CFI = 0.930）、均方根残差（RMR = 0.111）和均方根近似误差（RMSEA = 0.053）等部分拟合度指标在可接受范围之内，表明中国大学生跨文化直接接触量表的模型（见图 4-1）拟合度一般。因此，应基于跨文化直接接触理论范式和模型修正指标对模型进行修正。模型应满足以下五项原则：（1）将协方差修正指标作为检验标准；（2）选取协方差修正指标中最大的 MI 值所对应的两项；（3）对于处在同一等级且在理论上也符合逻辑的两个项目，用双箭头连接；（4）对于不在同一等级的两项，若其中一项为观测变量的误差项，需考虑删除这个误差项及其观测变量；（5）每次模型的修正只能针对 MI 值最大的一组项目进行（Xu, 2019）。

表 4-5　　　　中国大学生跨文化直接接触量表的模型拟合度

	χ^2/df	GFI	AGFI	CFI	RMR	RMSEA
临界值	≤5	≥0.90	≥0.90	≥0.90	≤0.10	≤0.08
模型拟合度	3.488	0.897	0.893	0.930	0.111	0.053

通过查阅修正指标（MI），第一次修正应用双箭头连接 e3 和 e4 的误差项，这两个描述项（微信打字交流和微信语音交流）都强调使用社交媒体微信以口头或书面的形式与外国人交流。第二次修正应用双箭头连接 e1 和 e2 的误差项，这两个描述项（QQ 打字交流和 QQ 语音交流）都强调使用社交媒体 QQ 以口头或书面的形式与外国人交流。修正后，模型拟合度的结果显示，卡方与自由度之比（$\chi^2/df = 2.556$）、拟合优度指数（GFI = 0.908）、调整后的拟合优度指数（AGFI = 0.904）、比较拟合指数（CFI = 0.947）、均方根残差（RMR = 0.067）和均方根近似误差（RMSEA = 0.049）等拟合度指标均在可接受范围之内。表明中国语境下大学生跨文化直接接触量表具有良好的效度。

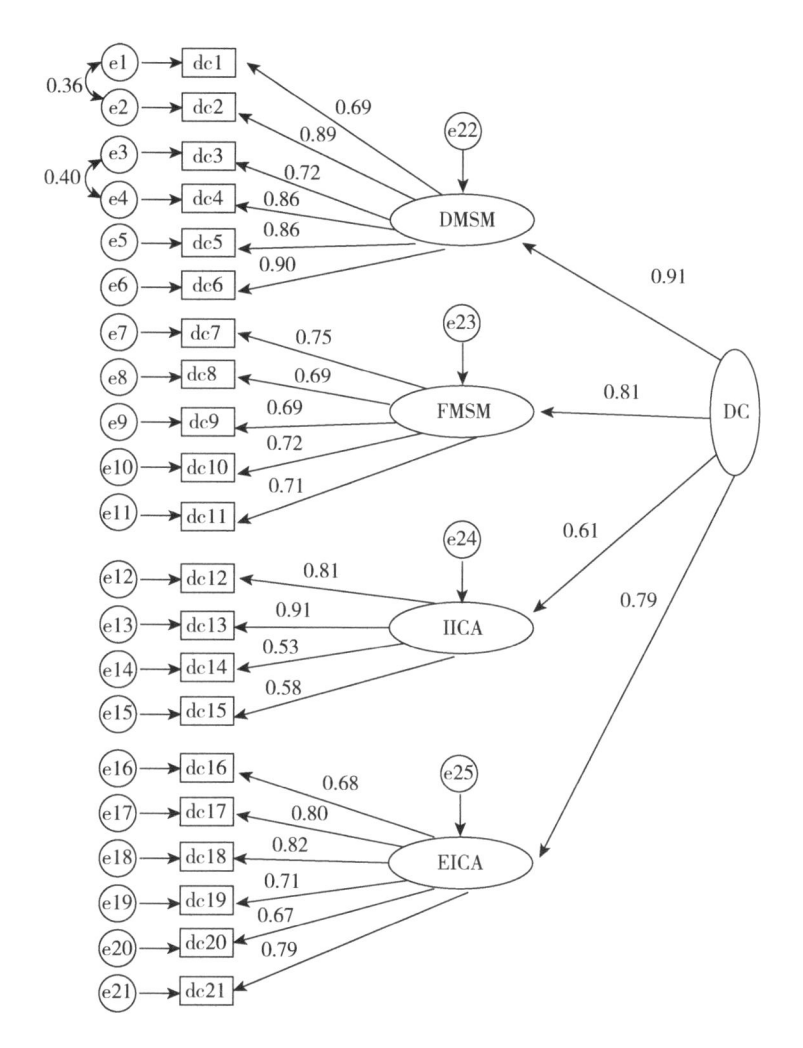

图4-1 大学生跨文化直接接触二阶模型（初始）

此外，对模型进行复核效化检验以评估中国语境下大学生跨文化直接接触模型的模型稳定性和效度延展性。其结果（见表4-6）表明，卡方与自由度之比（$\chi^2/df = 2.596$）、拟合优度指数（GFI = 0.905）、调整后的拟合优度指数（AGFI = 0.901）、比较拟合指数（CFI = 0.946）、均方根残差（RMR = 0.078）和均方根近似误差（RMSEA = 0.047）（McDonald & Ho，2002）均在可接受的范围内，表明大学生跨文化直接接触二阶模型（交叉复核）（见图4-2）与其实际观测数据具有良好的适配度，所得因子结构合理。由此，证实了大学生跨文化直接接触量表结构效度分析良好。

表4-6 修正后的中国大学生跨文化直接接触量表的模型拟合度

	χ^2/df	GFI	AGFI	CFI	RMR	RMSEA
临界值	≤5	≥0.90	≥0.90	≥0.90	≤0.10	≤0.08
模型拟合度	2.556	0.908	0.904	0.947	0.067	0.049
模型复核效化	2.596	0.905	0.901	0.946	0.078	0.047

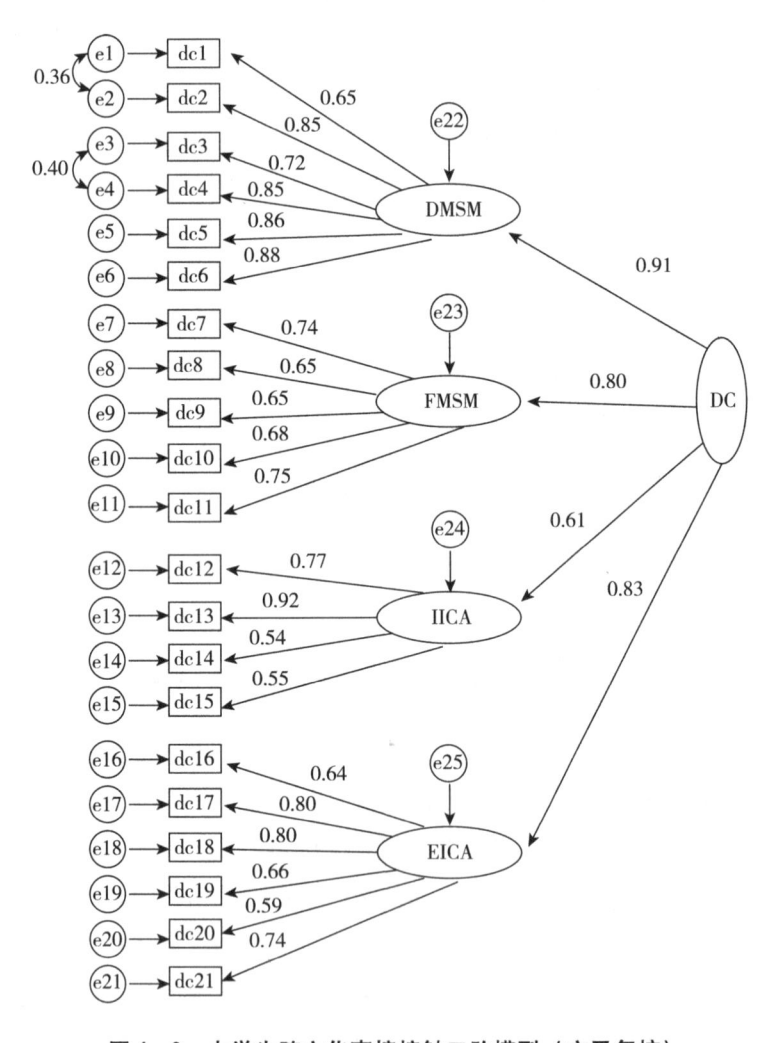

图4-2 大学生跨文化直接接触二阶模型（交叉复核）

(四) 路径分析

从图 4-1 和图 4-2 可以看出，中国语境下大学生跨文化直接接触（DC）能够很好地被 4 个因子反映和解释：国内主流社交媒体（DMSM）、国外主流社交媒体（FMSM）、校内跨文化交际活动（IICA）和校外跨文化交际活动（EICA）。其标准化路径系数分别为 0.910（0.91）、0.811（0.80）、0.612（0.61）和 0.792（0.79），表明 4 个因子与中国语境下大学生跨文化直接接触有着显著的相关关系。其中，国内主流社交媒体是解释力和影响力最强的因子。国外主流社交媒体和校外跨文化交际活动两个路径的解释力和影响力较强，相比之下，校内跨文化交际活动是解释力和影响力最弱的因子。

从表 4-7 可以看出，四个主要路径与中国大学生跨文化直接接触之间的关系显著。首先，国内主流社交媒体对跨文化直接接触非常重要，因为中国大学生更喜欢比较易于访问的国内社交通信工具，如QQ、微信、微博和电子邮件。尤其是，一些国内社交媒体，如微博已被证实对大学生的跨文化能力发展有着积极的影响（Campbell，2012；Elola & Oskoz，2008）。其他社交媒体（如电子邮件和微信）也被认为是获得与来自不同文化背景的人们进行在线交流的机会的重要途径（Liaw，2003；Olga，2015）。其次，国外主流社交媒体和校外跨文化交际活动重要性一般。国外社交媒体（尤其是国际版网络游戏和 HelloTalk）可满足大学生诸如跨文化娱乐和外语学习等各种需求（Wu，2019）。此外，跨文化校外活动为学习者提供了一种文化多元化的环境，使其体验跨文化学习，包括语言学习、跨文化交际等，让学习者无须跨越国门就可发展跨文化能力（Liu，2016）。最后，校内跨文化交际活动重要性较弱。尽管长期以来跨文化学者和教育者们一直强调在校园内开展跨文化交际活动的重要性，但大多数高校受各种条件的限制仍无法为学生提供参与跨文化实践的平台，致使学生校内跨文化实践能力较弱。但参与校内跨文化交际活动对发展学生跨文化能力的重要性也得到了其他学者的支持。例如，Zhu（2009）证实，外国教师的教学作为培养学生跨文化能力的直接的有效途径,其语言教学能够明确地纠正目标语言文化习得并向学习者提供持续的社会语言环境接触,促进其跨文化能力的提高。

表4-7　　　　跨文化直接接触的路径关系和标准化路径系数

路径关系	标准化路径系数	p
DMSM←DC	0.910	***
FMSM←DC	0.811	***
IICA←DC	0.612	***
EICA←DC	0.792	***

注:***即 $p<0.001$。

从表4-8来看,国内主流社交媒体主要包括6个描述项:使用QQ与英语本族语者进行打字交流、使用QQ与英语本族语者进行语音交流、使用微信与英语本族语者进行打字交流、使用微信与英语本族语者进行语音交流、使用微博与英语本族语者进行打字交流和使用电子邮件与英语本族语者进行打字交流。6个描述项与国内主流社交媒体有着显著的相关关系。在国内主流社交媒体平台中,QQ和微信提供的语音通信功能,以及微博平台和电子邮件等文字交流方式,都是大学生进行跨文化交际的重要渠道。这意味着国内主流社交媒体是大学生与英语本族语者直接联系的重要途径。此外,使用QQ和微信进行打字交流的重要性一般。社交媒体QQ和微信因其强大的社交功能备受大学生青睐,其能够满足学生不受时空限制随时随地与英语本族语者进行语音沟通交流的需求。访谈中的大学生也表达了类似的观点:

> 通过QQ和微信了解外国文化是非常有趣的。我在网上交了很多外国朋友。通常,我比较喜欢与他们进行语音交流,因为它比打字更为方便,同时,语音交流也能够帮我更好地认识到自己发音上的不足,提高语言能力。

同样地，电子邮件也是大学生与外国学者或外国客户在学习和工作中保持联系的重要交流工具。

表4-8 国内主流社交媒体的路径关系和标准化路径系数

路径关系	标准化路径系数	p
dc1←DMSM	0.692	***
dc2←DMSM	0.888	***
dc3←DMSM	0.716	***
dc4←DMSM	0.864	***
dc5←DMSM	0.862	***
dc6←DMSM	0.895	***

注：*** 即 $p<0.001$。

从表4-9来看，国外主流社交媒体主要涉及5个描述项：使用INS与英语本族语者进行打字交流、使用Skype与英语本族语者进行打字交流、使用Skype与英语本族语者进行语音交流、使用HelloTalk与英语本族语者进行打字交流和通过国际版网络游戏与英语本族语者进行语音交流。5个描述项与国外主流社交媒体有着显著的相关关系。其中，使用Skype与英语本族语者进行打字交流、使用HelloTalk与英语本族语者进行打字交流和通过国际版网络游戏与英语本族语者进行语音交流的重要性一般。使用Skype与英语本族语者进行语音交流和使用INS与英语本族语者进行打字交流的重要性较弱。由于外网的限制，大多数国外主流社交媒体的使用在国内并不常见，尽管外国社交媒体在提高学生的跨文化能力方面起着重要作用。例如，丁璇（2006）进行了一项实证研究探讨Skype对跨文化能力发展的影响，结果表明，这种社交工具可以极大地提高学习者的跨文化能力。

表4-9 国外主流社交媒体的路径关系和标准化路径系数

路径关系	标准化路径系数	p
dc7←FMSM	0.752	***
dc8←FMSM	0.693	***

续表

路径关系	标准化路径系数	p
dc9←FMSM	0.689	***
dc10←FMSM	0.723	***
dc11←FMSM	0.710	***

注：*** 即 $p<0.001$。

从表 4-10 可以看出，校内跨文化交际活动主要包括 4 个描述项：通过参加英语角活动了解外国文化、通过参加外国学者主讲的文化类讲座活动了解外国文化、通过学校里的外教了解外国文化以及与留学生一起完成学业课程了解外国文化。4 个描述项与校内跨文化交际活动关系显著。其中，通过参加英语角活动来了解外国文化和通过与外教的交流了解外国文化很重要。通过参加外国学者的文化类讲座了解外国文化以及与留学生一起完成学业课程了解外国文化的重要性较弱。尽管参加外国学者主讲的文化类讲座活动以及与留学生一起完成学业课程在跨文化直接接触中起着重要的作用，但与研究生相比，本章研究的学生主要来自本科阶段，其与外国学生的接触以及通过参加外国文化类讲座与外国学者进行沟通交流的机会都很少。

表 4-10　校内跨文化交际活动的路径关系和标准化路径系数

路径关系	标准化路径系数	p
dc12←IICA	0.813	***
dc13←IICA	0.910	***
dc14←IICA	0.533	***
dc15←IICA	0.575	***

注：*** 即 $p<0.001$。

从表 4-11 来看，校外跨文化交际活动包含 6 个描述项：通过参加出国培训机构的宣讲活动了解外国文化、通过参加外国文化交流日活动了解外国文化、通过参加国际志愿者活动了解外国文化、通过参加外资或合资企业的实习了解外国文化、通过参加世界博览会了解外国文化和通过参加外国节日庆典活动了解外国文化。6 个描述项与校外跨文化交际活动的关系显著。其中,通过参加外国文化交流日活动了解外国文化、通过参加国际志愿者活动了解外国文化和通过参加外国节日庆典活动了解外国文化很重要。通过参加外资或合资企业的实习了解外国文化的重要性一般。通过参加出国培训机构的宣讲活动了解外国文化和通过参加世界博览会了解外国文化的重要性较弱。国际志愿服务已经成为大学生参与跨文化实践,并通过志愿服务充分履行职责的非常重要的活动。同样地,外国文化交流日和外国节日庆祝活动也是大学生较为青睐的了解外国文化的平台。对于在跨国公司工作的学生,他们有更多的机会与外国人进行交流。

表4-11 校外跨文化交际活动的路径关系和标准化路径系数

路径关系	标准化路径系数	p
dc16←EICA	0.679	***
dc17←EICA	0.804	***
dc18←EICA	0.820	***
dc19←EICA	0.707	***
dc20←EICA	0.668	***
dc21←EICA	0.787	***

注:*** 即 $p<0.001$。

二 跨文化间接接触量表的信度和效度分析

(一)信度分析

为了保证量表的可靠性和有效性,对大学生跨文化间接接触量表进行了信度检验,即检验量表内在一致性 Cronbach's α 系数,其结果(见表4-12)表明,量表中四个维度因子的 Cronbach's α 系数均介于0.752—0.926之间,整体量表的 Cronbach's α 系数为0.947;无论是量表整体还是其包含的4个维度,其 Cronbach's α 系数均高于信度检验临界值0.7,表明该量表的内在一致性强,具有良好的信度。

表 4-12　　　　大学生跨文化间接接触量表的信度分析

因子	描述项	Cronbach's α 系数	
		部分	整体
线下交流	3	0.752	0.947
文化产品	5	0.926	
多媒体和课程	4	0.905	
课内外活动	4	0.895	

（二）探索性因子分析（EFA）

首先，进行 KMO 和 Bartlett 球形检验，观察数据是否适合作因子分析。

从表 4-13 中 KMO 和 Bartlett 的检验结果可知，该量表中样本的 KMO 值为 0.889＞0.5，表明变量间的相关性很强，非常适合做因子分析。Bartlett 球形检验的近似卡方值为 3029.854，自由度为 120，显著性水平的 p 值为 0.000，小于 0.01，不服从球形检验，应拒绝各权变量独立的假设，即变量间有较强相关，非常适合作因子分析。

表 4-13　　　　KMO 和 Bartlett 球形检验

KMO		0.889
Bartlett 球形检验	近似卡方值	3029.854
	自由度	120
	显著性	0.000

其次，采用主成分分析法（最大方差旋转），提取解释大学生跨文化间接接触的主要因子。

将数据输入 SPSS 22.0 后，对跨文化间接接触量表数据进行探索性因子分析，并使用主成分分析和方差最大旋转进行正交旋转，旋转在 6 次迭代后收敛。通过主成分分析，共提取 4 个主要因子。如表 4-14 所示，4 个因子特征值均大于 1，累计方差解释为 69.116%，说明 16 个描述项提取的 4 个因子对于原始数据解释度较为理想。

表 4-14　　中国大学生跨文化间接接触量表的总体方差解释

因子	总体方差解释		
	旋转载荷平方和		
	合计	方差百分比（%）	累计百分比（%）
1	3.280	20.502	20.502
2	2.985	18.654	39.157
3	2.895	18.096	57.253
4	1.898	11.863	69.116

由表 4-15 中因子载荷值可以看出，中国语境下大学生跨文化间接接触量表，主要涉及 4 个因子、16 个描述项。根据不同因子中变量的含义，将这四个因子分别命名为：文化产品，包括 5 个描述项（CP1，CP2，CP3，CP4，CP5）；多媒体和课程，包括 4 个描述项（MC1，MC2，MC3，MC4）；课内和课外活动，包括 4 个描述项（IEA1，IEA2，IEA3，IEA4）；线下交流，包含 3 个描述项（OC1，OC2，OC3）。累计方差贡献率为 69.116%，所有描述项的因子载荷值在 0.507 和 0.863 之间，说明四个主要因子比较全面地反映了大学生跨文化间接接触量表中文化产品、多媒体和课程、课内和课外活动和线下交流等 4 个维度的内容。

表 4-15　　大学生跨文化间接接触量表的因子载荷

描述项	因子载荷			
	CP	MC	IEA	OC
CP1	0.828			
CP2	0.777			
CP3	0.762			
CP4	0.669			
CP5	0.608			
MC1		0.847		
MC2		0.814		
MC3		0.681		
MC4		0.553		

续表

描述项	因子载荷			
	CP	MC	IEA	OC
IEA1			0.863	
IEA2			0.857	
IEA3			0.726	
IEA4			0.571	
OC1				0.819
OC2				0.734
OC3				0.507

（三）验证性因子分析（CFA）

采用 AMOS 22.0 进行验证性因子分析，对中国语境下大学生跨文化直接接触量表进行模型拟合度评价。分析结果（见表 4 – 16）显示，卡方与自由度之比（$\chi^2/df = 1.039$）、拟合优度指数（GFI = 0.989）、调整后的拟合优度指数（AGFI = 0.983）、比较拟合指数（CFI = 0.999）、均方根残差（RMR = 0.051）和均方根近似误差（RMSEA = 0.002）等拟合度指标在可接受范围之内，表明大学生跨文化间接接触二阶模型（见图 4 – 3）拟合度较好，即表明所得因子结构合理。由此，证实了大学生跨文化间接接触量表结构效度分析良好。

表 4 – 16　大学生跨文化间接接触量表的模型拟合度

	χ^2/df	GFI	AGFI	CFI	RMR	RMSEA
临界值	≤5	≥0.90	≥0.90	≥0.90	≤0.10	≤0.08
模型拟合度	1.039	0.989	0.983	0.999	0.051	0.002

（四）路径分析

从图 4 – 3 可以看出，中国语境下大学生跨文化间接接触（DC）能够很好地被 4 个因子反映和解释：文化产品（CP）、多媒体和课程（MC）、课内和课外活动（IEA）和线下交流（OC）。其路径系数分别为 0.99、0.86、0.73 和 0.75，表明 4 个因子与中国语境下大学生跨文化间接接触有着显著的相关关系。其中，文化产品是解释力和影响力最强的因子。多媒体和课程与线下交流两个路径的解释力和影响力较强，相比之下，课内和课外活动是解释力和影响力最弱的因子。

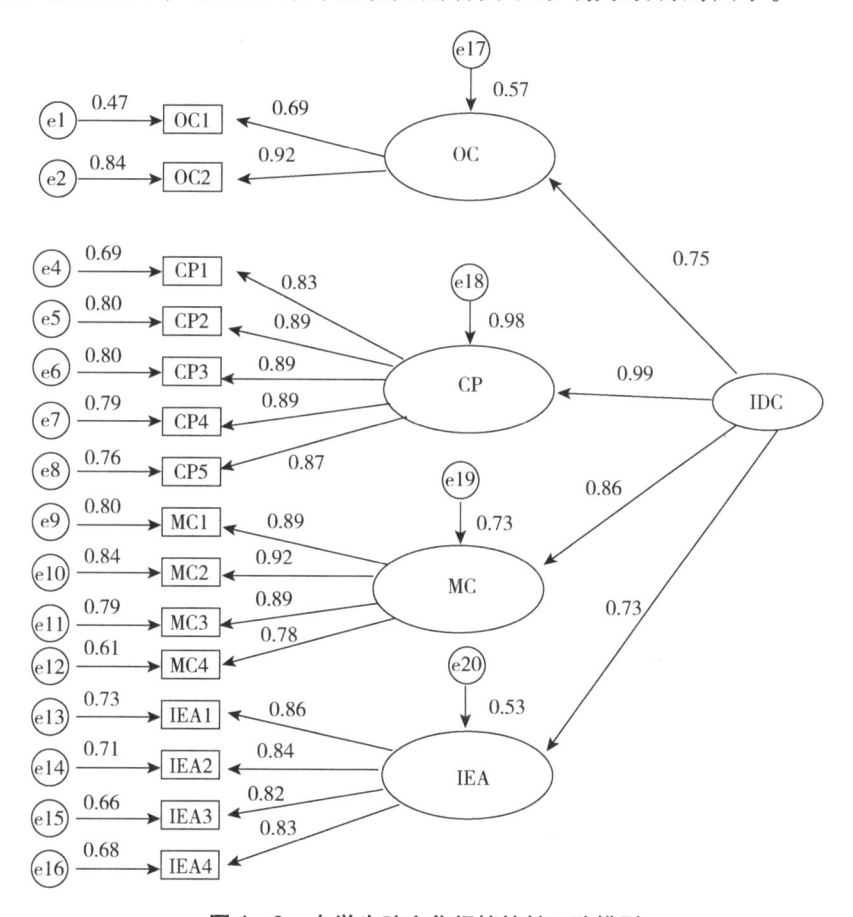

图 4-3　大学生跨文化间接接触二阶模型

同样，从表 4-17 看出跨文化间接接触四个路径的重要性。由表 4-17 可知，这四个路径与跨文化间接接触之间的关系在 0.001 的水平上显著。就路径重要性而言，文化产品是最重要的间接接触路径，路径系数值为 0.988。其次是多媒体和课程，重要性较强，路径系数值为 0.856。线下交流重要性一般，路径系数值为 0.752。课内和课外活动重要性最弱,路径系数值为 0.728。

表 4-17　　　　　　跨文化间接接触路径系数检验结果

路径			系数	p
OC	←	IDC	0.752	***
CP	←	IDC	0.988	***
MC	←	IDC	0.856	***
IEA	←	IDC	0.728	***

注:*** 即 $p<0.001$。

表 4-18 说明了线下交流及其两个描述项之间的关系。由表可知,线下交流与其两个描述项之间的关系在 0.001 的水平上显著。线下交流中两个题目的因子负载值均大于 0.6,表明这两个题目对线下交流具有较强解释力,但对线下交流的重要性存在差异。在国内通过朋友了解英语国家文化(OC2)重要性最强,因子荷载值为 0.915。在国内通过家人和亲戚了解英语国家文化(OC1)重要性一般,其因子荷载值为 0.687。为此,王润菲(2019)认为,聆听他人的外国生活经历可以使听众获得文化知识,并在出国留学之前具备解决问题和避免文化冲突的策略。

表 4-18　　　　线下交流与其两个描述项路径系数检验结果

路径			系数	p
OC1	←	OC	0.687	***
OC2	←	OC	0.915	***

注:*** 即 $p<0.001$。

表 4-19 说明了文化产品及其 5 个描述项之间的关系。由表 4-19 可知,文化产品与其 5 个描述项之间的关系在 0.001 的水平上显著。所有题目的因子负载值均大于 0.8,表明它们对文化产品具有较强解释力,但对文化产品的重要性存在差异。在国内通过阅读纸质书籍了解英语国家文化(CP2)以及在国内通过阅读电子书籍了解英语国家文化(CP3)重要性最强,因子荷载值为 0.892 和 0.894,接近 0.9。

在国内通过阅读纸质报刊了解英语国家文化（CP4）和在国内通过阅读电子报刊了解英语国家文化（CP5）相对重要，因子荷载值为0.887和0.872。在国内通过学习在线网络课程了解英语国家文化（CP1）重要性最弱，因子荷载值为0.828。

表4-19　　　　文化产品与其5个描述项路径系数检验结果

路径			系数	p
CP1	←	CP	0.828	***
CP2	←	CP	0.892	***
CP3	←	CP	0.894	***
CP4	←	CP	0.887	***
CP5	←	CP	0.872	***

注：***即p<0.001。

表4-20说明了多媒体和课程及其4个描述项之间的关系。由表可知，多媒体和课程与其4个描述项之间的关系在0.001的水平上显著。所有题目因子负载值均大于0.7，表明它们对多媒体和课程具有较强解释力，但对多媒体和课程的重要性存在差异。在国内通过观看英文电影了解英语国家文化（MC2）重要性最强，因子荷载值为0.917，大于0.9。英语电影作为一种重要的文化传播媒介，可以帮助学生通过真实生活场景了解文化知识（张莉，2010），并促进学生文化意识的发展。此外，在国内通过观看电视节目了解英语国家文化（MC1）以及在国内通过听英文歌曲了解英语国家文化（MC3）相对重要，因子荷载值为0.892和0.888。就英文歌曲而言，歌词蕴含大量外国文化知识。每首歌都具有时代创作背景，而那些广为传唱的歌曲本身就是与时俱进的代表，文化特色鲜明（王琴琴，2006）。学生听外国歌曲时，通过了解歌词，更好地汲取外国文化知识。在国内通过参加大学英语课程了解英语国家文化（MC4）重要性最低，因子荷载值为0.784。

表4-20 多媒体和课程与其4个描述项路径系数检验结果

路径			系数	p
MC1	←	MC	0.892	***
MC2	←	MC	0.917	***
MC3	←	MC	0.888	***
MC4	←	MC	0.784	***

注：*** 即 $p<0.001$。

表4-21说明了课内和课外活动及其4个描述项之间的关系。由表可知，课内外活动与其4个描述项之间的关系在0.001的水平上显著。所有题目因子负载值均大于0.8，表明它们对课内外活动具有较强解释力，但对课内外活动的重要性存在差异。在国内通过参加文化类讲座（中国人）了解英语国家文化（IEA1）以及在国内通过参加英语社团/协会（如莎士比亚戏剧社、英语辩论队等）了解英语国家文化（IEA2）重要性较强，因子荷载值为0.855和0.843。张佳妮（2019）充分肯定英语社团的重要性，认为英语社团有助于传播外国文化知识。在国内通过参加外国文化类型课程了解英语国家文化（IEA4）相对重要，因子荷载值为0.827。在国内通过参加学校英语角活动（中国人）了解英语国家文化（IEA3）重要性最弱，因子荷载值为0.815。

表4-21 课内和课外活动与其4个描述项路径系数检验结果

路径			系数	P
IEA1	←	IEA	0.855	***
IEA2	←	IEA	0.843	***
IEA3	←	IEA	0.815	***
IEA4	←	IEA	0.827	***

注：*** 即 $p<0.001$。

第四节 本章小结

本书通过信度分析、探索性因子分析以及验证性因子分析发现，中国语境下大学生跨文化直接接触量表经证实具有良好信度和效度。通过构建跨文化直接接触模型，探讨了中国大学生跨文化直接接触的主要路径及其重要性。结果表明，中国语境下大学生跨文化直接接触路径主要涉及国内主流社交媒体、国外主流社交媒体、校内跨文化交际活动和校外跨文化交际活动。其中，国内主流社交媒体最重要，国外主流社交媒体和校外跨文化交际活动的重要性一般，校内跨文化交际活动的重要性最弱。

同样，对跨文化间接接触量表进行信度和效度检验后发现该量表具有良好信度和效度。通过跨文化间接接触模型，探讨了大学生跨文化间接接触的主要路径及其重要性。结果表明，中国大学生跨文化间接接触主要包括四条路径，分别是线下交流、文化产品、多媒体和课程以及课内外活动。其中，文化产品对跨文化间接接触最重要，是最主要的路径。多媒体和课程对跨文化间接接触相对重要，是除文化产品外的另一条主要路径。线下交流对跨文化间接接触的重要性一般，课内外活动对跨文化间接接触的重要性最弱。

通过以上信度和效度检验及路径分析发现，大学生跨文化直接接触量表和间接接触量表均具有良好的信度和效度，可以用来调查和分析大学生跨文化直接接触和间接接触的现状，为探究大学生跨文化直接接触和间接接触分别对大学生跨文化能力的影响作用提供前期理论和实证数据支撑。在理论方面，对国内跨文化研究学者们有一些启示作用。同时，对跨文化接触量表的研究可以丰富国内跨文化研究的测量工具。

第五章　跨文化能力发展现状调查

第一节　引言

面对国家构建人类命运共同体、"一带一路"倡议和全球治理变革的新格局，习近平总书记强调，中国参与全球治理需要一大批熟悉党和国家方针政策、了解我国国情、具有全球视野、熟练运用外语、通晓国际规则、精通国际谈判的专业人才。而国际化人才在全球治理中扮演着重要角色。因为参与全球治理离不开国际谈判与协商，国际化人才的跨文化能力显得尤为重要（孙亚等，2021）。同时，联合国教育、科学及文化组织（UNESCO）和经济合作与发展组织（OECD）也强调了发展跨文化能力的重要性。联合国教科文组织（2009）指出，跨文化能力可以被视为年轻人在个人发展中获得的世界观、态度和能力的广泛工具包的一部分。中国对国际化人才的需求也日益增多，这对当前高等教育的人才培养模式提出了前所未有的挑战。当前各高校不仅需要培养较好的专业人才，而且必须培养具备较强跨文化能力的国际化人才。目前跨文化能力研究已成为学术界研究的核心话题，而如何评价和提高大学生的跨文化能力也成为各高校探讨国际化人才培养模式的焦点。由此，本书针对大学生跨文化能力情况进行实证调查与分析，不仅可以为高等教育国际化人才培养方案设计和制定提供一些实证数据支撑，也可以为国内学者或高校教师教学提供研究工具与方法借鉴。

第二节 理论基础

关于起源和定义方面，美国人类学家爱德华·T. 霍尔（Edward T. Hall）是跨文化研究的早期关键贡献者。Hall（1959）首先使用了跨文化交际这一术语，并将其定义为不同文化的人之间的交际。大部分关于跨文化能力的文献起源于20世纪60年代的美国（Arasaratnam-Smith, 2017）。在20世纪70年代后期，《国际跨文化关系期刊》为学者们分享他们跨文化能力的研究成果提供了一个重要的学术平台。20世纪80年代，研究人员专注于跨文化能力评估工具研究。从20世纪90年代至21世纪初，各种跨文化能力理论相继出现。跨文化能力被定义为来自不同认知、情感和行为取向的人在跨文化情境中进行适当和有效的互动（Deardorff, 2004；Spitzberg & Changnon, 2009）。学者们指出了跨文化能力的一些关键性构成要素：交际和环境、适当性和有效性、知识、动机和技能。同时，他们也强调关系和环境的重要性，强调知识、技能和动机对于跨文化能力构成是至关重要的（Gudykunst, 1993）。另外，欧洲跨文化能力多维模式的研究者们也对跨文化能力的关键组成部分（如态度和意识）进行了深入探讨，他们认为学生的跨文化能力应该包括跨文化知识、技能、态度和意识。由此可见，多数学者均认为知识、态度、技能和意识是跨文化能力的核心要素（Deardorff, 2006）。

关于跨文化能力评价理论模型，其主要包括五种类型的模型：成分型、互动型、发展型、适应型和关系路径型（Spitzberg & Changnon, 2009）。成分模型（Byram, 1997a；Deardorff, 2006；Howard-Hamilton et al., 1998；Hunter et al., 2006；Ting-Toomey & Kurogi, 1998）将个人特征和技能识别为跨文化能力的组成部分，但没有具体说明这些组件之间的关系。互动模型（Byram, 1997b；Fantini, 1995）强调交流的相互性和共享的意义。发展模型（Bennett，1986；Gullahorn & Gullahorn，1962；King & Baxter，2005）在跨文化互动的时间维度中占据主导地位，并强调随着时间的推移而发展的过程。适应模型（Berry et al.，1989；Kim，1988）强调多个交互者相互适应的过程，这是跨文化能力的一个标准。关系路径模型（Arasaratnam，2008；Deardorff，2006；Hammer & Bennett，1998；Ting-Toomey，1999）指出了跨文化能力发展中要素之间的相互关系。此外，随着全球化趋势的增强，还出现了一些混合模型，它们融合了个人特征、态度/世界观和能力（Bird et al.，2010；Hunter et al.，2006）。以上模型主要从高等教育和企业管理两个视角丰富和补充了跨文化能力评价理论模型。

关于跨文化能力测评方法和工具方面，国内外研究主要包括两类，一类是直接评价法，如表现评价（Byram，1997）、学习档案评价（Jacobson et al.，1999）、访谈（Fantini，2006；唐佳梅、洪宇，2020）、叙事法（Punti & Dingel，2021）和跨文化交际能力大赛（张红玲等，2018）等；另一类是间接评价法，以自评量表为主要测评工具（Fantini，2000；Deardorff，2006）。相比之下，直接评价法研究相对较少，而间接评价法研究最为广泛，众多学者从不同视角进行量表开发及测评实践研究，如从高等教育视角构建的量表有跨文化交际能力发展量表（Hammer & Bennett，1998）、跨文化交际能力评价量表（Fantini，2000）、跨文化交际能力六维度测评量表（钟华等，2013；吴卫平等，2013）和跨文化交际能力"知行合一"测评量表（沈鞠明、高永晨，2015）等，另有一些从企业视角设计的跨文化交际能力评估量表（Chen & Starosta，2000），也有一些基于以上工具改编的量表，如卫斯理跨文化能力量表（WICS）（Stemler et al.，2014）。以上研究提供了不少有说服力的测评量表，为后续从其他视角测评跨文化交际能力奠定了较好的理论和方法基础。

第三节 研究方法

一 调查对象

本章的研究在全国 20 所综合性大学共抽取 7200 名大学生参与问卷调查，平均每个学校 360 人。以上研究样本分别为管理、电子、医学、自动化、土木、物理、电信、历史、中文、英语、新闻、计算机、电气、能源、园林、艺术、经济、建筑、机械等学科的大学生，其中所选样本学科比例为：理工科为 64.5%，文科为 31.2%，其他学科占 4.3%。按年级来看，大一学生占 73.2%，大二学生占 21.2%，大三学生占 5.1%，大四学生占 0.5%。

二 研究工具

（一）跨文化能力量表

本章的研究主要基于吴卫平等（2013）的中国大学生跨文化能力模型（本国文化知识、外国文化知识、态度、跨文化交际技能、跨文化认知技能、意识）设计大学生跨文化能力自我评价量表。问卷包括两个部分：第一部分为大学生个人信息，包括性别，年级，专业，英语四级、托福和雅思分数，出国经历及跨文化接触经历等；第二部分为跨文化能力量表，包括 6 个主要因子（本国文化知识、外国文化知识、态度、跨文化交际技能、跨文化认知技能、意识）及 28 个描述项，采用李克特量表分级计分方法，从"1"到"5"依次计分，"1"代表"非常弱/些微"，"2"代表"较弱/一点"，"3"代表"一般/一些"，"4"代表"较强/较多"，"5"代表"非常强/非常多"。

（二）访谈

本章的研究设计了 10 道开放式访谈问题（见附录 1.3），主要围绕大学生跨文化能力发展的六个维度（本国文化知识、外国文化知识、态度、跨文化交际技能、跨文化认知技能、意识）展开。

三 数据收集与分析

本章的研究通过问卷星发放线上问卷，共收到问卷 7200 份，经过仔细甄别和筛选，剔除无效问卷 223 份，实际回收有效问卷 6977 份，有效回收率达 96.9%。将回收的实际有效问卷结果通过 SPSS 22.0 进行数据整理，并进一步对数据进行描述性统计分析。同时，为了验证问卷调查结果可信，本章的研究还选取 10 名学生进行了质性访谈，其主要通过与学生面对面或 QQ 在线视频形式进行访谈。每一次访谈的时间控制在 1 小时左右。结合问卷调查的定量数据和访谈等定性数据，本章的研究较全面地描述性分析和讨论了大学生跨文化能力发展的情况。

第四节 结果与讨论

一 对大学生本国文化知识的调查与分析

从表 5-1 可发现，大学生普遍认为他们对本国文化知识的了解较多，其中包括本国的历史、社会规范和价值观等方面的知识，尤其对中国文化价值观的知识了解最多。以上结果表明大学生对社会主义核心价值观的认识较好。

与一名学生线上访谈内容：平常对中国历史了解较多，比如阅读了《史记》和《资治通鉴》两部不同类型的史书；社会规范方面，非常了解各类社会行为规范，能够很好地适应当前社会文明发展；对社会核心价值观的知识了解较多，尤其认识到要树立文化自信、爱国主义和集体主义精神。

表 5-1　　　　　　　大学生本国文化知识的自我评价

变量因子	样本人数（人）	最小值	最大值	均值	标准差
了解本国的历史知识 ic1	6977	1	5	3.49	1.184
了解本国的社会规范知识 ic2	6977	2	5	3.49	1.178
了解本国的价值观知识 ic3	6977	1	5	3.49	1.196
有效样本	6977				

通过访谈发现，大多数大学生认为他们对中国文化知识了解较多，而且他们还认为当前新时代背景下传播中国文化知识、讲述中国故事非常重要。

二　对大学生外国文化知识的调查与分析

从表 5-2 发现，与本国文化知识相比，大学生普遍认为他们对外国文化知识的掌握不够，其中包括外国的历史、社会规范、价值观、文化禁忌、言语行为知识、跨文化交流与传播等概念的基本知识和跨文化交流的策略和技巧等方面，尤其对以下跨文化理论相关的交流策略和技巧等方面的知识认识最弱。

> 一位大学生在访谈中说道：我喜欢看英文电影和听英文歌曲，还有游戏和社交网站信息等，对国外的文化禁忌知识了解不够，西方社会主要是个人主义价值观，他们以个人为中心，任何事情注重个人喜好，不会去考虑别人；对外国的历史、社会规范了解不多，如果短期出国应该不会有太多不适应情况，现在网络发达，信息畅通，可以先看看攻略什么的。跨文化交流与传播理论知识较弱，未来这方面需要多多学习。

表 5-2　　　　　　大学生外国文化知识的自我评价

变量因子	样本人数（人）	最小值	最大值	均值	标准差
了解外国的历史知识 ic4	6977	1	5	2.30	1.125
了解外国的社会规范知识 ic5	6977	1	5	2.15	1.107
了解外国的价值观知识 ic6	6977	1	5	2.14	1.098
了解外国的文化禁忌知识 ic7	6977	1	5	2.02	1.055
了解外国人言语行为知识 ic8	6977	1	5	2.06	1.042
了解跨文化交流与传播等概念的基本知识 ic9	6977	1	5	2.10	1.094
了解一些成功进行跨文化交流的策略和技巧 ic10	6977	1	5	1.98	1.067
有效样本	6977				

通过访谈发现，大学生普遍认为他们对外国文化知识认识不够。目前，他们主要是通过看英文电影和听英文歌曲，以及游戏和社交网站了解西方文化知识。

三　对大学生跨文化态度的调查与分析

通过表 5-3 发现，大学生普遍认为他们的跨文化态度较强，其中包括愿意和来自不同文化的外国人进行交流和学习，愿意尊重外国人的生活方式和习俗，愿意学好外国语言和文化，等等。

表 5-3　　　　　　大学生跨文化态度的自我评价

变量因子	样本人数（人）	最小值	最大值	均值	标准差
愿意和来自不同文化的外国人进行交流和学习 ic11	6977	1	5	3.15	1.405
愿意尊重外国人的生活方式和习俗 ic12	6977	1	5	3.57	1.380
愿意学好外国语言和文化 ic13	6977	1	5	3.47	1.378
有效样本	6977				

在访谈中，一名大学生陈述：

我很想和外国人交谈，但是英语水平太差，和外国人交流有点紧张，但是我对西方文化很好奇很感兴趣，我觉得短期出国交流学习可以了解外国文化和风俗，我一定要学好英语，未来有机会想出去看看。我可以尊重他们的文化习俗，我非常赞同著名学者费孝通先生的观点"各美其美，美人之美，美美与共，天下大同"，包容和尊重是我们应该具备的态度。

通过访谈发现，大学生认为包容和尊重的态度是跨文化交流的前提和基础，而且，他们与不同文化的人交流的意愿较强，但是普遍认为应该加强外语学习，提升跨文化态度很重要。

四 对大学生跨文化交流技能的调查与分析

从表5-4可以看出，大学生普遍认为他们在跨文化交流技能方面的能力一般，尤其在出现跨文化交流误解时和对方协商的能力、出现语言交流障碍时借助身体语言或其他非语言方式进行交流的能力、使用外语和来自不同社会文化背景和领域的人进行成功交流的能力、具有对跨文化差异敏感性的能力、看待其他国家发生的事件时会从对方文化和角度看问题的能力等方面普遍较弱，相比之下，他们认为，在与外国人交流时礼貌对待他们的能力、在与外国人交流时尽量避免用不恰当的语言和行为冒犯他们的能力、在与外国人交流时尽量避免对他们产生偏见的能力、在与外国人交流时会避免提到与他们有关的隐私话题的能力等方面较强。

表5-4　　　　　　大学生跨文化交流技能的自我评价

变量因子	样本人数（人）	最小值	最大值	均值	标准差
出现跨文化交流误解时和对方协商的能力ic14	6977	1	5	2.45	1.272

续表

变量因子	样本人数（人）	最小值	最大值	均值	标准差
出现语言交流障碍时借助身体语言或其他非语言方式进行交流的能力 ic15	6977	1	5	2.56	1.258
使用外语和来自不同社会文化背景和领域的人进行成功交流的能力 ic16	6977	1	5	2.30	1.234
在与外国人交流时礼貌对待他们的能力 ic17	6977	1	5	3.04	1.370
在与外国人交流时尽量避免用不恰当的语言和行为冒犯他们的能力 ic18	6977	1	5	3.01	1.380
在与外国人交流时尽量避免对他们产生偏见的能力 ic19	6977	1	5	3.03	1.384
在与外国人交流时避免提到与他们有关的隐私话题的能力 ic20	6977	1	5	3.02	1.393
具有对跨文化差异敏感性的能力 ic21	6977	1	5	2.73	1.268
看待其他国家发生的事件时会从对方文化和角度看问题的能力 ic22	6977	1	5	2.82	1.286
有效样本	6977				

在访谈中，一位大学生陈述：

> 我在和外国人聊天时会尽量注意避免谈到一些隐私话题，在遇到交流困难时我会尽量用手势语进行交流，但是外国人好像也不是太懂，我知道我们和外国人之间有很多文化差异，我会尽可能做到有礼貌，避免冒犯他们，在英语角或一些校园活动中碰到留学生时，我会问他们一些关于中国食物、天气及生活方面的问题，也会问他们是从哪国来的，当交流出现误解时，我们会觉得很尴尬并赶紧转移话题。

通过访谈调查结果发现，大学生普遍认为，跨文化交流中能够较好地避免提到与外国人有关的隐私话题、礼貌对待他们、尽量避免用不恰当的语言和行为冒犯他们,但是与对方协商和使用非言语交际的能力较弱。

五 对大学生跨文化认知技能的调查与分析

从表 5-5 可以看出,大学生在跨文化认知技能方面的能力普遍偏低,其中包括具备通过与外国人的接触直接获取跨文化交际相关知识的能力,具备运用各种方法、技巧与策略帮助学习外国语言和文化的能力及出现跨文化冲突和误解时进行反思和学习并寻求妥善解决途径的能力等。

表 5-5　　　　大学生跨文化认知技能的自我评价

变量因子	样本人数（人）	最小值	最大值	均值	标准差
具备通过与外国人的接触直接获取跨文化交际相关知识的能力 ic23	6977	1	5	2.06	1.174
具备运用各种方法、技巧与策略帮助学习外国语言和文化的能力 ic24	6977	1	5	2.06	1.188
出现跨文化冲突和误解时进行反思和学习并寻求妥善解决途径的能力 ic25	6977	1	5	2.06	1.225
有效样本	6977				

在访谈中,有一位大学生这样说道:

> 习惯我不太懂,如见面时要拥抱我,甚至他们用的一些手势语和身体语言我不太懂,不知道原因。在和他们交流时,我觉得他们对我们说的话也会产生误会,但是我有的时候不知道如何更好地去表达自己,可能是因为文化差异的缘故吧。对一些和外国人相处和交往的方法不太了解,需要交流之后再去反思学习才行,而且有一些英文电影里面的片段看不懂。

访谈调查结果表明，大学生在出现跨文化冲突和误解时相关的评价和解释能力较弱，而且不能灵活运用一些跨文化方法、技巧与策略帮助学习外国文化。

六 对大学生跨文化意识的调查与分析

从表5-6发现，大学生普遍认为，他们的跨文化意识较弱，其中包括在与外国人交流时意识到彼此存在文化相似性和差异性、与外国人交流时意识到文化身份的差异性、在审视不同的跨文化交流情景时要从不同文化视角分析问题的意识等方面。

表5-6　　　　　　　　大学生跨文化意识的自我评价

变量因子	样本人数（人）	最小值	最大值	均值	标准差
意识到与外国人交流时彼此存在文化相似性和差异性 ic26	6977	1	5	2.72	1.314
意识到与外国人交流时文化身份的差异性 ic27	6977	1	5	2.74	1.295
意识到要基于不同文化视角审视跨文化交流情景 ic28	6977	1	5	2.79	1.336
有效样本	6977				

从访谈中，有一位大学生说道：

> 我在和外国人聊天时会讲我感兴趣的话题，按照我的思维方式和他们交流，但是我感觉他们好像不是太接受我的方式。我和学校里留学生碰到时会和他们聊食物之类的话题，但是他们好像不懂。偶尔在聚餐时，碰到外国人吃饭发现他们和我们一样什么菜都可以吃，但是在喝酒方面他们似乎不行。

通过访谈结果发现，受访的大学生普遍认为，与外国人交流时不能理解对方做出的回应，同时也没有意识到交流会产生误解和尴尬。

第五节　本章小结

本章调查结果表明，大学生普遍认为，外国文化知识、跨文化认知技能和意识三类能力存在明显不足，相比之下，他们认为，本国文化知识和态度两类能力较强。而在跨文化交流技能方面，部分技能如在与外国人交流时礼貌对待他们的能力、在与外国人交流时尽量避免用不恰当的语言和行为冒犯他们的能力、在与外国人交流时尽量避免对他们产生偏见的能力、在与外国人交流时避免提到与他们有关的隐私话题的能力等方面较强，其他跨文化交流技能均较弱。通过对当前大学生跨文化能力发展现状的调查和分析，各个高校可以参考相关数据结果为国际化人才培养方案制定提供一些政策参考，同时，这些研究发现可为高校教师提供教学设计思路，帮助其有针对性地开展促进学生跨文化交际能力发展的课堂活动。同时，在课程思政建设背景下，教师可通过精心设计的教学活动培养学生的跨文化主体意识和文化自信，从而提升其跨文化交际能力。为传播中国文化和进行国际协商和交际做好充分准备。

第六章 跨文化能力影响因素调查

第一节 引言

进入21世纪以来,随着我国在国际交往中的地位日益提升和推进人类命运共同体、"一带一路"倡议及参与全球治理工作需要,国家对精通语言和国际规则的国际化人才的需求也越来越大,由此,如何培养中国大学生的跨文化能力显得尤为重要。教育部高等学校大学外语教学指导委员会《大学英语教学指南(2020版)》指出:"大学英语课程重要任务之一是进行跨文化教育。语言是文化的载体,同时也是文化的组成部分,学生学习和掌握英语这一交流工具,除了学习、交流先进的科学技术或专业信息之外,还要了解国外的社会与文化,增进对不同文化的理解、对中外文化异同的意识,培养跨文化交际能力。"众所周知,语言和文化是密不可分的,语言是文化的载体和表征,文化是语言的内涵和本质,掌握语言技能和提高跨文化能力是外语教育的两个重要目标。Brown(2000)也曾指出,语言是文化的一部分,文化也是语言的一部分,两者复杂地交织在一起。一旦将两者分开,它们就失去了各自的意义。学习第二种语言就是习得第二种文化。大学外语教学应确立培养学生跨文化能力的新目标,以适应全球化世界的需要。由此可见,大学英语教学不能只关注于语言教学,还应注重培养大学生的跨文化能力,这也是新时代外语教育的主要任务。

跨文化交际在世界上也扮演着重要的角色。它是一种具有驱动力的交际活动，然而成功的跨文化交际并不容易。因此，探究提升跨文化能力发展的影响因素、培养跨文化交际意识的发展途径实属必要。目前，跨文化能力的研究已成为国内外学者研究的热点，如何提高大学生的跨文化能力已成为高校人才培养的核心内容，因此调查和分析影响中国大学生跨文化能力提高的主要因素至关重要。本章的研究以吴卫平等（2013）的跨文化能力模型理论为基础，采用定量与定性相结合的研究方法，对影响中国大学生跨文化能力的主要因素进行实证研究，并设计中国大学生跨文化能力影响因素量表，为高校教师在教学中培养大学生跨文化能力提供了理论依据，同时也为跨文化学者提供了一些与跨文化能力影响因素相关的研究视角和话题。

第二节 文献回顾

一 国外研究

国外学者对影响跨文化能力的因素进行了大量的研究。Digman（1990）认为性格是影响跨文化能力发展的一个重要个体因素，他提出了性格特质的"五因素模型"，即认知、随和、神经质、开放和外向。Stephenson（2002）认为跨文化能力的发展取决于许多因素，包括是否与寄宿家庭生活在一起、参与者的性格特点、是否与寄宿文化的成员有良好的关系，以及学生出国前是否接受过跨文化培训等。Yashima（2010）通过探究国际志愿者工作经验对跨文化能力的影响，发现团体（参与者和非参与者）、先前的跨文化经历和性别是影响跨文化能力的主要因素。Hismanoglu（2011）通过研究发现，影响学生跨文化能力发展的因素是学生的语言能力、海外经历和学校教育。Harrison（2012）认为学生的早期生活经历也会影响跨文化能力的发展，包括他们成长的地区、外语技能、外国旅行、就读学校的文化组合、家庭友谊和兴趣。Lily（2018）通过对被调查者的叙述进行分析，研究了影响在英国学习的中国博士生跨文化适应的因素，发现学生的外语水平和以往的经历对他们的跨文化适应和跨文化能力有非常重要的影响。

跨文化交际焦虑被许多学者认为是影响跨文化能力的重要因素之一。根据 Neuliep 和 McCroskey（1997）的观点，跨文化交际焦虑是指来自不同群体，特别是不同文化或种族的个体在实际或预期的交往中产生的恐惧或焦虑。Gudykunst（1993）认为，在跨文化交际过程中，人们可以选择最有利的交际渠道，根据他的焦虑/不确定性管理理论，焦虑和不确定性存在最大值和最小值，而实现有效的跨文化交际要求交际者的焦虑和不确定性介于两值之间。不确定情境下的焦虑通常会危及跨文化交际的有效性。Chen（2010）通过对美国学生的研究发现，跨文化焦虑与作为跨文化能力重要维度之一的跨文化敏感之间存在负相关关系。

跨文化能力与第二语言学习动机之间的关系得到了许多学者的关注和研究。例如，Mirzaei 和 Forouzandeh（2013）的研究表明，第二语言学习者的跨文化能力与他们的第二语言学习动机之间存在着积极的关系。Gaby 和 Kasumi（2015）通过实证研究也证实了全球能力与第二语言学习动机之间的积极关系。

另外，还有一些研究者调查了跨文化直接和间接接触对跨文化能力的影响。例如，Kormos 和 Csizér（2007）对学生在外语环境中的接触对语言学习的影响进行了研究，指出跨文化接触包括直接和间接地与目标语言的母语或非母语者接触，以及在目的语语境中与文化产品的接触，这两种接触都能在一定程度上提高学生的跨文化能力。此外，跨文化接触有助于降低学生进行跨文化交际时的语言使用焦虑。Cushner 和 Chang（2015）探讨了海外经历对跨文化能力发展的影响，发现它们之间存在着密切的关系。Dwyer（2004）发现，留学对跨文化能力的发展也有积极的作用。例如，Campbell（2003）发现，在外语教学中使用微博有助于学生提高写作技能和对不同文化知识的理解。Elola 和 Oskoz（2008）运用评估模型分析了留学生与国内学生通过微博互动的经历对他们跨文化能力的影响作用，结果表明，微博互动能够促进学生跨文化能力的发展。Liaw（2003）提出间接接触可以促进学生的跨文化能力，其中电子论坛、在线阅读等基于网络的跨文化间接接触对学生的跨文化能力有着积极的影响。Ruby（2020）的研究证实 Facebook 是促进学生跨文化能力发展的有效工具。

二 国内研究

国内许多学者和研究者从外语教育的角度探讨了影响中国学生跨文化能力的因素，如跨文化能力培养模式、课程设置、教材建设等。例如，钟华和樊葳葳（2000）就如何在外语教学中培养非英语专业学生的跨文化能力提出了一些建议，包括教学大纲、教材和课程三个方面。其中在课程设计方面，建议在现有的大学英语教学课程中增加一些专门教授目标语言文化的选修课，如《语言与文化》《跨文化交际》《英美概论》等课程，从而提高学生对文化差异的敏感度，丰富目标语文化知识。李智（2014）从大学生的内在因素、课程设计、教学方法等方面探讨了当代中国大学生跨文化能力的影响因素。陈欣（2012）从跨文化能力的角度探讨了国际化外语人才培养的课程设置，提出了课程设置的目标及体系化、国际化和实践性原则，并对课程设置问题进行了深入探讨。

一些学者则以教师为研究对象，探讨了影响教师跨文化能力的因素。例如，崔海英和王静（2016）发现影响大学教师跨文化能力的主要因素是被调查者的性别、是否接受过相关培训、是否具有出国经历、与外国人的关系和接触频率、职称和受教育程度。谢钦（2013）通过问卷调查研究了福州市外籍教师跨文化交际的影响因素。结果表明，人口因素、语言能力因素和文化差异是影响大学生跨文化能力的主要因素。韩晓蕙（2014）通过交际能力测试，从教学目的、教学活动、教学内容等方面考察了大学中的跨文化英语教学。

教师对学生跨文化能力培养的作用也受到许多研究者的关注。崔海英和王静（2016）指出教师是教学的主体，在教学中起主导作用。教师的跨文化能力在很大程度上决定着学生的跨文化能力。杨艳艳（2016）以实证研究的形式对非英语专业学生的跨文化能力及其影响因素进行了调查。她的研究表明，教师在课堂上教授的跨文化知识越多，学生的跨文化能力水平就越高。武文芳（2009）认为，外语教学中的文化导入是影响学生跨文化能力的重要因素。

语言能力与跨文化能力之间的关系也是许多学者研究的课题。高黎和王方（2007）对跨文化能力影响因素的研究表明，语言能力、文化知识、目的语文化和文化意识是影响跨文化能力的主要因素。白谦慧（2014）的研究证明了大学生的语言能力与跨文化能力之间存在显著的正相关关系，语言能力水平越高，大学生的跨文化能力越强。

跨文化焦虑是影响跨文化能力的重要因素之一。赵翔（2012）研究了跨文化交际焦虑是否会影响非英语专业学生的跨文化能力。结果表明，跨文化能力与跨文化交际焦虑呈显著负相关。杨艳艳（2016）指出在跨文化交际过程中，由于语言能力、文化差异、对文化差异缺乏理解等问题，跨文化交际中常常会产生焦虑。焦虑控制能力是培养大学生跨文化能力的七项能力之一，是提高大学生跨文化能力的关键。陈玲（2010）指出跨文化敏感度是跨文化能力的一个重要维度，他的研究证明跨文化交际焦虑、民族中心主义和跨文化敏感度之间存在显著的负相关关系。赵翔（2016）通过研究跨文化敏感度对民族中心主义和跨文化交际焦虑的影响，再次证实了陈玲（2010）的结论。

一些学者从动机、态度等维度探讨了影响大学生跨文化能力的因素。例如，胡艳（2011）和高永晨（2006）从文化敏感性和态度两个方面探讨了影响大学生跨文化能力的因素。根据高一虹等（2003）的研究，大学生英语学习动机有七种类型：内在兴趣、学业追求、学习情景、出国需求、社会责任感、个人发展需要和信息媒体影响。王东山和刘爱真（2010）采用定量方法分析了参与者的英语学习动机对他们跨文化能力的影响，并指出动机强度和内在兴趣动机会直接影响他们的跨文化能力。付明霞（2017）通过对非英语专业学生跨文化能力的调查，发现学生的跨文化能力与他们的学习动机、对跨文化能力发展的重视程度以及他们的跨文化经历有关。芮燕清（2016）发现影响英语专业学生跨文化能力的因素很多，其中性别、个性、动机和知识是最重要的内部因素，而经历和反思、跨文化氛围和教师对跨文化知识的输入是最重要的外部因素。尹爱华（2020）通过实证研究指出，学习动机是影响非英语专业学生跨文化能力的因素之一。

其他学者讨论了跨文化接触对跨文化能力发展的重要性。例如，胡文仲（2005）指出，直接与以英语为母语的人进行口头接触或通过直接接触学习他们的文化是提高跨文化能力的最佳途径之一。吴卫平等（2013）通过实证研究构建了跨文化能力模型，指出中国大学生的跨文化能力是多维的，跨文化间接接触对他们的跨文化能力有重要影响。彭仁忠（2017）基于吴卫平等（2013）的跨文化能力模型与Kormos和Csizér's的跨文化接触理论，通过对中国大学生跨文化接触现状的调查，探索了提升中国大学生跨文化能力的途径。他将跨文化接触分为跨文化直接接触和跨文化间接接触，认为这两种途径都能在一定程度上提高学生的跨文化能力。李晓英（2017）认为，培养学生跨文化能力的途径是多样化的，他还建议通过国内外社交媒体、国内跨文化交流活动、文化产品、多媒体、大学课程与教师的跨文化意识等途径来提升学生的语言能力和跨文化能力。邓芸（2019）发现，中国大学生在法国学习的时间越长，中国学生与法国人的接触就越深入，中国大学生的跨文化能力水平也会得到提高。李雄（2013）的研究表明，国外经历对学生的跨文化能力有积极的影响，出国留学生的跨文化能力水平明显优于未出国留学生。国外经验越长，其跨文化能力水平越高。刘伟和刘秀梅（2020）的研究表明，海外实习项目可以提高大学生的跨文化知识、跨文化意识和跨文化技能。以上研究表明，跨文化接触对大学生跨文化能力的培养起着重要的作用。

基于以上对国内外跨文化能力影响因素的相关研究，本章的研究拟对中国大学生跨文化能力影响因素进行调查和分析，并深入探讨其对大学生跨文化能力发展的影响程度。

第三节　研究方法

一　研究问题

本章的研究主要围绕以下两个问题展开。
1. 影响中国大学生跨文化能力的主要因素是什么？
2. 这些主要因素对中国大学生跨文化能力的影响作用如何？

二　研究对象

本章的研究的样本选择来自北京、天津、长春、兰州、武汉、南京、福州等17所综合性大学的904名一至四年级大学生。以上样本涵盖英语、新闻、管理、经济学、法学、计算机科学等专业，其中问卷所占比例代表学科所占比例。样本的基本信息见表6-1。其中，男生379人，女生525人，分别占41.9%和58.1%。大一、大二、大三、大四学生分别为499人、156人、203人和46人，分别占55.2%、17.3%、22.5%和5.1%。理工科专业331人、文史专业369人、艺术专业63人、医学专业15人、其他专业126人，分别占36.6%、40.8%、7.0%、1.7%、13.9%。半结构式访谈的研究对象是随机抽取的10名大学生。

表 6-1　　　　　　　　　　样本基本信息表

	类型	人数	百分比（%）
性别	男生	379	41.9
	女生	525	58.1
年级	大一	499	55.2
	大二	156	17.3
	大三	203	22.5
	大四	46	5.1
专业	理工科	331	36.6
	文史	369	40.8
	艺术	63	7.0
	医学	15	1.7
	其他	126	13.9

三　研究工具

（一）访谈

本章的研究从被试样本中随机抽取 10 名学生。为了便于交流，整个访谈过程中都使用中文。通过与学生面对面或 QQ 在线视频形式进行访谈（见附录 1.3）。用录音设备记录访谈内容，然后将访谈内容转写。在整个访谈过程中，受访者自愿并真实回答了研究者提出的所有问题，并且知晓和理解访谈数据仅作为研究使用。

（二）问卷

本章的研究基于 Mirzaei 和 Forouzandeh（2013）、Hismanoglu（2011）、Gudykunst（1993）、钟华和樊葳葳（2000）等人对跨文化能力影响因素的研究成果（对动机、情感、海外经历、跨文化课程等因素的归纳），同时，结合前期学生访谈结果，研究设计了影响中国大学生跨文化能力影响因素量表（见附录 4），包括动机、情感、海外经历和跨文化课程 4 个维度，共 25 个描述项。

问卷由三部分组成。第一部分是个人信息，包括性别、年级、专业、学校和英语水平及性格等。第二部分是影响中国大学生跨文化能力的因素量表，从动机、情感、海外经历和跨文化课程四个维度进行分析，其中动机（Motivation）有 5 个描述项（M1，M2，M3，M4，M5），情感（Emotion）有 8 个描述项（E1，E2，E3，E4，E5，E6，E7，E8），海外经历（Overseas）有 7 个描述项（O1，O2，O3，O4，O5，O6，O7），跨文化课程（CCs）有 5 个描述项（C1，C2，C3，C4，C5）。该量表用 5 个等级的分数来表示每个描述性项目的程度，其中"1"表示"非常少"，"2"表示"较少"，"3"表示"一般"，"4"表示"较多"，"5"表示"非常多"。第三部分采用吴卫平等（2013）的中国大学生跨文化能力自我评价量表（见附录 2）。该量表包括本国文化知识（KN1）、外国文化知识（KN2）、态度（AT）、跨文化交际技能（SK1）、跨文化认知技能（SK2）和意识（AW）6 个主要组成部分，共 28 个描述项。问卷采用李克特五级量表，学生从"1"到"5"中选择一个数字进行自我评分，对 28 个跨文化能力进行自我评价。其中，"1"代表"非常少"，"2"代表"较少"，"3"代表"一般"，"4"代表"较多"，"5"代表"非常多"。

四 数据收集与分析

本章的研究通过问卷星平台发放问卷，共回收 940 份问卷，其中剔除 36 份无效问卷，剩余有效问卷为 904 份，有效率 96.2%，并采用 SPSS 22.0 和 AMOS 22.0 对收集的数据进行统计分析。首先，对大学生跨文化能力影响因素量表进行信度和效度分析；其次，通过因子分析结果探讨影响大学生跨文化能力的主要因素；最后，通过结构方程模型和路径分析各因素对大学生跨文化能力影响程度。

第四节 结果与讨论

一 大学生跨文化能力影响因素量表信度和效度分析

(一) 信度分析

为了确保研究工具的可靠性和有效性,对大学生跨文化能力影响因素量表进行了信度检验,即检验量表内在一致性 Cronbach's α 系数,其结果(见表6-2)表明,量表中四个维度因子的 Cronbach's α 系数均介于 0.754—0.942 之间,整体量表的 Cronbach's α 系数为 0.905;无论是量表整体还是其包含的四个维度,其 Cronbach's α 系数均高于信度检验临界值 0.7,表明该量表的内在一致性强,具有良好的信度。

表6-2　　　大学生跨文化能力影响因素量表信度分析

因子	描述项	Cronbach's α 系数	
		部分	整体
动机	5	0.754	0.905
情感	8	0.942	
海外经历	7	0.929	
跨文化课程	5	0.841	

(二) 探索性因子分析(EFA)

首先,进行 KMO 和 Bartlett 球形检验,观察数据是否适合作因子分析。

根据表6-3中的 KMO 和 Bartlett 球形检验可知,样本的 KMO 值为 0.931 > 0.5(参考值),说明各项变量之间的相关性很强,非常适合进行因子分析。Bartlett 球形检验的近似卡方值为 15690.164,自由度为 300,显著性水平的 p 值为 0.000,小于 0.01,不服从球形检验,应拒绝各权变量独立的假设,即变量间有较强相关性,非常适合作因子分析。

表6-3　　　　　　　　　　KMO 和 Bartlett 球形检验

KMO		0.931
Bartlett 球形检验	近似卡方值	15690.164
	自由度	300
	显著性	0.000

其次，采用主成分分析法（最大方差旋转），提取解释大学生跨文化能力影响因素的主要因子。

通过主成分方差最大法进行正交旋转，旋转在 5 次迭代后收敛，并提取了 4 个主要因子。4 个因子的特征值均大于 1.0，累计方差贡献率为 66.740%，原始变量的信息丢失较小，在很大程度上描述了所有项目的特征（见表 6-4）。

表6-4　　　　大学生跨文化能力影响因素量表的总体方差解释

总体方差解释			
	旋转载荷平方和		
因子	合计	方差百分比（%）	累计百分比（%）
1	5.767	23.069	23.069
2	5.239	20.956	44.025
3	3.135	12.542	56.567
4	2.543	10.173	66.740

由表 6-5 中因子载荷值可以看出，大学生跨文化能力影响因素量表，主要涉及 4 个因子、25 个描述项。根据不同因子中变量的含义，将这 4 个因子分别命名为动机（Motivation）、情感（Emotion）、海外经历（Overseas）和跨文化课程（CCs）。累计方差贡献率为 66.740%，所有描述项的因子载荷值在 0.545 和 0.901 之间，说明 4 个主要因子比较全面地反映了大学生跨文化能力影响因素量表中动机、情感、海外经历和跨文化课程等 4 个维度的内容。

表6-5　　　大学生跨文化能力影响因素量表的因子载荷

描述项	因子载荷			
	情感	海外经历	跨文化课程	动机
M1				0.636
M2				0.575
M3				0.696
M4				0.771
M5				0.650
E1	0.698			
E2	0.817			
E3	0.799			
E4	0.865			
E5	0.843			
E6	0.809			
E7	0.782			
E8	0.806			
O1		0.874		
O2		0.880		
O3		0.901		
O4		0.860		
O5		0.825		
O6		0.838		
O7		0.657		
C1			0.545	
C2			0.776	
C3			0.732	
C4			0.791	
C5			0.827	

注：提取方法为主成分分析法。
旋转法：具有 Kaiser 标准化的正交旋转法。
旋转在5次迭代后收敛。

(三) 验证性因子分析（CFA）

采用 AMOS 22.0 进行验证性因子分析，对大学生跨文化能力影响因素量表进行模型拟合度评价。分析结果（见表6-6）显示，卡方与自由度之比（$\chi^2/df = 3.574$）、拟合优度指数（GFI = 0.901）、调整后的拟合优度指数（AGFI = 0.915）、比较拟合指数（CFI = 0.903）、均方根残差（RMR = 0.081）和均方根近似误差（RMSEA = 0.078）等拟合度指标均在可接受范围之内，表明大学生跨文化能力影响因素量表具有良好的结构效度。

表6-6　大学生跨文化能力影响因素量表的模型拟合度

	χ^2/df	GFI	AGFI	CFI	RMR	RMSEA
临界值	≤5	≥0.90	≥0.90	≥0.90	≤0.10	≤0.08
模型拟合度	3.574	0.901	0.915	0.903	0.081	0.078

（四）收敛效度分析

使用组合信度CR（Composite Reliability）值和平均方差提取AVE（Average Variance Extracted）值作为收敛效度的评价标准。由表6-7可以看出，各因子的CR值大于0.6、AVE值大于0.5时，收敛效度较好。由此表明大学生跨文化能力影响因素量表各维度的收敛效度良好。

表6-7　大学生跨文化能力影响因素量表收敛效度分析

因子	描述项	平均方差提取AVE	组合信度CR
动机	5	0.599	0.765
情感	8	0.671	0.942
海外经历	7	0.675	0.935
跨文化课程	5	0.527	0.843

二　大学生跨文化能力影响因素路径分析

从图6-1可以看出，跨文化能力影响因素（ICF）由动机、情感、海外经历和跨文化课程4个主要因子组成，这4个因子的路径系数分别为0.85、0.76、0.30和0.61。通过路径系数发现，这4个因子对 ICF 有很强的解释力，其中动机对 ICF 的标准化路径系数最大，说明动机是 ICF 最重要的解释因素，其次是情感、跨文化课程和海外经历。因此，影响中国大学生跨文化能力的主要因素是动机、情感、海外经历和跨文化课程，这一结论与前期国内外学者关于跨文化能力影响因素的研究结果一致（如 Mirzaei & Forouzandeh, 2013; Gaby & Kasumi, 2015; Fu, 2017; Gudykunst, 1993; Chen, 2010; Zhong & Fan, 2000; Li, 2014; Murat, 2011; Harrison, 2012; Dwyer, 2004）。

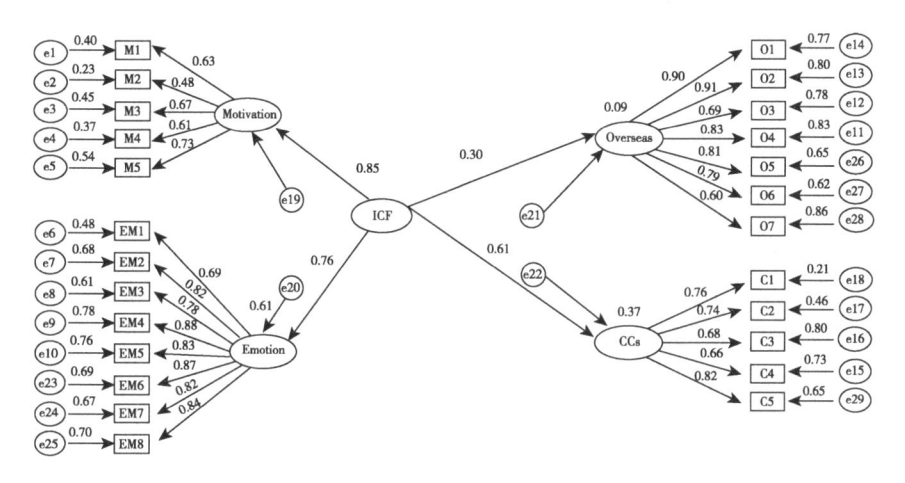

图 6-1　跨文化能力影响因素的二阶模型

三　大学生跨文化能力影响因素对其跨文化能力的作用路径分析

为了探究大学生跨文化能力影响因素对其跨文化能力的作用机制，本章的研究构建了大学生跨文化能力影响因素与其跨文化能力的关系路径结构方程模型，并对其进行模型拟合分析。采用 AMOS 22.0 对该模型进行模型拟合度评价。从表 6-8 可以看出，卡方与自由度之比（$\chi^2/df = 4.315$）、拟合优度指数（GFI = 0.927）、调整后的拟合优度指数（AGFI = 0.904）、比较拟合指数（CFI = 0.911）、均方根残差（RMR=0.065）和均方根近似误差（RMSEA=0.061）等拟合度指标均在可接受范围之内，表明大学生跨文化能力影响因素与跨文化能力的结构方程关系路径模型拟合度较好。

表6-8 大学生跨文化能力影响因素与其跨文化能力的关系路径模型拟合度

	χ^2/df	GFI	AGFI	CFI	RMR	RMSEA
临界值	≤5	≥0.90	≥0.90	≥0.90	≤0.10	≤0.08
模型拟合度	4.315	0.927	0.904	0.911	0.065	0.061

从表6-9和图6-2可以看出，情感（Emotion）、动机（Motivation）、跨文化课程（CCs）和海外经历（Overseas）对跨文化能力（ICC）的标准化路径系数分别为0.546、0.277、0.256和0.075，且相应的显著性值均小于0.05，说明动机、情感、跨文化课程和海外经历对跨文化能力有显著的正向影响。其中，情感对跨文化能力的标准化路径系数最大，说明情感是影响跨文化能力的最重要因素，其次是动机因素、跨文化课程因素和海外经历因素。在这些因素中，海外经历因素影响力最弱，其原因可能是在中国语境下其他几个因素更有利于提升学生的跨文化能力，同时，也与新冠疫情时期中国和其他国家文化的人们交流受到一定的时空限制有关。本章研究的结论也与前人的一些相关研究不谋而合，例如，Kelly（2014）发现，学生的跨文化敏感度随着他们对外语焦虑的增加而降低。王芳（2011）通过对跨文化能力的情感方面的实证研究，证明个体的自信是跨文化交际成功的有利因素。

表6-9 跨文化能力影响因素的标准化路径系数模型

路径关系			标准化路径系数	S.E.	C.R.	p
ICC	←	Motivation	0.277	0.019	6.658	*
ICC	←	Overseas	0.075	0.008	2.406	*
ICC	←	Emotion	0.546	0.02	10.229	*
ICC	←	CCs	0.256	0.02	6.288	*

注：*p<0.05。

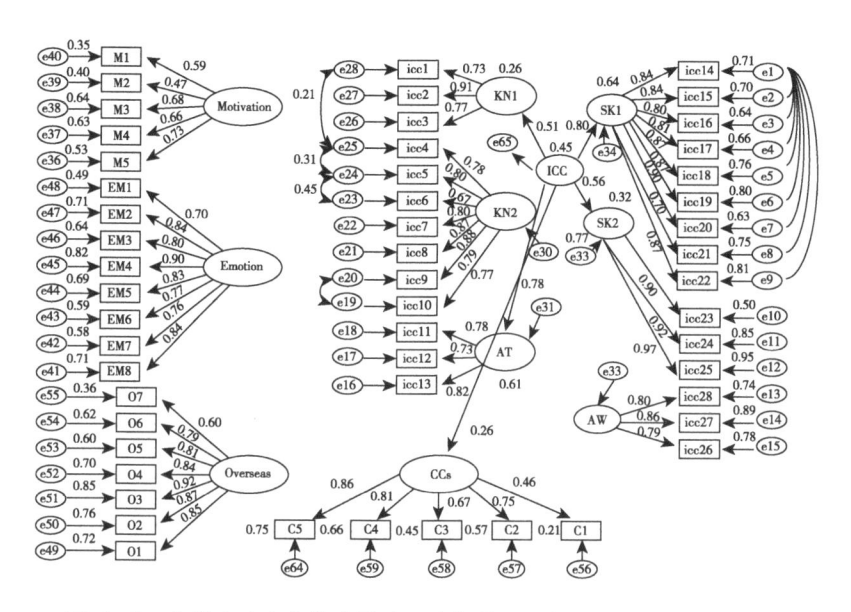

图 6-2 大学生跨文化能力影响因素与其跨文化能力的关系路径模型

另外，还有一些学者认为，有效的跨文化交际动机对于提高跨文化能力非常重要（Spitzberg，1997；Wiseman，2004；Samovar et al.，2007；Gudykunst，2004；Spitzberg & Changnon，2009）。同时，跨文化课程因素也得到了不少学者关注，例如，Brigitte 等（2004）通过实验研究证明，外语课程的学习可以极大地提高学生的跨文化能力。Glenda 等（2014）对西班牙语作为外语在沉浸式学习中的实证研究也发现，这种课程可以提高学生的跨文化能力，促进他们的跨文化学习。以上国内外学者前期研究提到的一些影响因素，如情感、动机、跨文化课程和海外经历等对提高跨文化能力起着重要作用的观点（Cushner & Chang，2015；Dwyer，2004；Li，2013；Peng，2017）与本章研究结论基本一致。

在采访中发现，在对学生问到"你认为动机、情感、海外经历和跨文化课程是影响你跨文化能力的主要因素吗？"等问题时，在 10 名被试中，有 9 名被试认为情感、动机和出国经历和跨文化课程对跨文化能力的提高有积极作用。但是针对"以上四个因素中，你认为哪一个因素对跨文化能力的提高影响最大?"等访谈问题时，5名受访者认为情感是影响跨文化能力提高的最重要因素，3名受访者认为动机是最重要的因素，1名受访者认为跨文化课程是最重要的因素，1名受访者认为海外经历是最重要的因素。

此外，在访谈中，一些受访者还提到了其他一些影响因素，如有的学生认为语用能力会影响跨文化能力。同时，他们还谈到了跨文化接触对跨文化能力的影响，如参加国际学术会议和与外教接触对提高他们的跨文化能力有很大的影响。以上访谈的这些研究发现为学者们进行后续研究调查和分析影响中国大学生跨文化能力的因素提供了参考。

第五节 本章小结

本章旨在探讨影响中国大学生跨文化能力的主要因素以及这些主要因素是如何影响中国大学生跨文化能力发展的。通过调查发现提升中国大学生跨文化能力的主要因素是情感因素、动机因素和跨文化课程因素。其中，最重要的因素是情感因素，其次是动机因素、跨文化课程因素和海外经历因素。同时，研究发现，动机、情感、跨文化课程和海外经历对跨文化能力有显著的正向影响。未来的研究可以更具体地分析跨文化能力与情感、动机、海外经历和跨文化课程之间的关系。另外，除了实证研究结果所证明的影响跨文化能力的四个因素外，访谈中提到的语用能力和跨文化接触也会对跨文化能力产生积极的影响作用。因此，后续研究应该对影响中国大学生跨文化能力的因素——跨文化接触因素进行更全面、系统的实证研究。本章的研究结论对外语教学有一定的启示作用，如教师在外语教学中应重视大学生的情感和动机对跨文化能力的影响作用，并更加注重大学生情感和动机的培养。同时，也应关注跨文化课程对大学生跨文化能力的影响，学校应为中国大学生开设更多的跨文化课程。

第七章 跨文化接触路径调查

第一节 引言

目前,国内外学者对跨文化能力研究关注度较高,然而,对跨文化接触的相关研究并不多。Kormos 和 Csizer(2007)对跨文化接触内涵和构成要素进行了系统讨论,他们认为跨文化接触是个体或群体与目标语言本族语者之间的直接接触,同时也包括个体或群体与目标语言相关文化产品的间接接触(其主要涉及电子或纸质版媒介材料等)。

第二节 文献综述

围绕跨文化接触的构成要素及其与跨文化能力的相互关系,国内外学者已经取得了大量的研究成果。关于直接接触对跨文化能力影响的研究,如 Berwick 和 Whalley(2000)认为,海外交流经历对学生跨文化能力的意识有促进作用。Jackson(2006)发现,海外经历对学生的跨文化敏感性有显著的影响。Kormos 和 Csizer(2008)从二语习得角度研究发现,海外跨文化接触经历对学生的跨文化能力有提升作用。Liaw(1998,2001,2003)研究发现,通过电子邮件与来自不同文化背景的人进行互动有利于促进跨文化能力的发展。O'Dowd(2003,2007)研究发现,使用在线网络(如通过电子邮件和网络论坛与外国人进行非实时互动）有助于学生跨文化能力的提升，具体表现在增加他们对本国文化知识以及外国文化知识的理解，对跨文化交际过程的理解，以及提升他们对外国文化的兴趣和增强面对不同文化事件时能够从不同的文化视角看待问题的能力。Murat（2010）通过问卷调查发现，海外经历和大学的正式教育有利于帮助学生提高他们的跨文化能力和语言流畅度。Yashima（2010）从 Allport 的群际接触理论出发探究国际志愿者经历对日本年轻人跨文化能力的影响，研究发现海外经历能有助于他们跨文化能力的提高。关于间接接触对跨文化能力影响的研究，如 Pettigrew 等（2007）强调通过间接接触了解不同群体文化差异可以减少彼此的偏见。Kormos 和 Csizer（2006，2007）指出，间接接触有利于学生了解不同文化间的差异并帮助他们顺利地和来自不同文化背景的人进行沟通。Campbell（2003）研究发现，微博有助于增强学生的阅读和写作能力以及了解不同的文化知识。刘圣洁、范杏丽（2005）通过调查中国的一些英语类电视节目发现观看英语类电视节目有利于增加外国文化知识和增强跨文化意识，从而促进学生跨文化能力的发展。张莉（2010）指出，能通过欣赏英文原版电影提高学生对英语语言知识和文化的兴趣以及对外国文化的理解能力，来促进学生跨文化能力的发展。Gómez 和 Fernando（2012）通过在一所大学的高级英语课堂上开展一项语言项目研究证实了阅读文学作品有利于促进学生跨文化能力的发展。根据以上研究发现直接接触和间接接触对学生跨文化能力均有积极影响。

在新时代背景下，我国"一带一路"倡议、人类命运共同体理念及参与全球治理和国际跨文化传播与合作需要大量具有跨文化能力的国际化人才，而大学生作为国际化人才来源的主要群体，有必要对他们的跨文化接触现状进行实证调查和分析，从而为高校教育管理者和教师提供人才培养路径参考，同时也可以为跨文化研究学者们后续探究跨文化接触路径及其对跨文化能力的影响机制提供前期数据支撑。

第三节 研究设计

一 研究问题

基于 Kormos 和 Csizér（2007）的跨文化接触理论，此研究采用深度访谈和问卷调查相结合的方法，旨在调查当前中国大学生的直接接触和间接接触情况。主要的研究问题有两个。

（1）中国大学生跨文化直接接触现状如何？
（2）中国大学生跨文化间接接触现状如何？

二 研究对象

本章的研究从全国 20 所综合性大学中共抽取 7200 名大学生参与问卷调查，平均每个学校 360 人。以上研究样本来自管理、电子、医学、自动化、土木、物理、电信、历史、中文、英语、新闻、计算机、电气、能源、园林、艺术、经济、建筑、机械等专业，其中所选样本学科比例为：理工科 64.5%，文科 31.2%，其他学科 4.3%。按年级来看，大一学生占 73.2%，大二学生占 21.2%，大三学生占 5.1%，大四学生占 0.5%。

三 研究工具

本章的研究基于第六章对大学生跨文化直接接触和间接接触两份量表进行信度和效度检验结果发现，两个量表具有良好的信度和效度，为本章对大学生跨文化接触现状调查研究提供了可靠的工具和量表。两份量表内容具体如下。

中国大学生跨文化直接接触量表（见附录 3.2）　该量表包含 4

个因子、21个描述项：国内主流社交媒体（dc1—dc6）、国外主流社交媒体（dc7—dc11）、校内跨文化交际活动（dc12—dc15）和校外跨文化交际活动（dc16—dc21）。

中国大学生跨文化间接接触量表（见附录3.4）该量表包含4个因子、16个描述项：线下交流（OC1，OC2，OC3）；文化产品（CP1，CP2，CP3，CP4，CP5）；多媒体和课程（MC1，MC2，MC3，MC4）；课内和课外活动（IEA1，IEA2，IEA3，IEA4）。

采用李克特量表分级计分方法，从"0"到"5"依次计分，"0"代表"没有"，"1"代表"偶尔"，"2"代表"较少"，"3"代表"一般"，"4"代表"较多"，"5"代表"非常多"。

四 数据收集与分析

本章的研究通过问卷星发放线上问卷，共收到问卷7200份，经过仔细甄别和筛选，剔除无效问卷223份，实际回收有效问卷6977份，有效回收率达96.9%。将回收的实际有效问卷结果通过SPSS 22.0进行数据整理，并对数据进行描述性统计分析。同时，为了验证问卷调查结果的可信读，本章的研究还选取10名学生进行了质性访谈，其主要通过与学生面对面或QQ在线视频的形式进行。每一次访谈的时间控制在1小时左右。

第四节 结果分析

一 中国大学生跨文化直接接触现状

大学生跨文化直接接触包含4个主要因子、21个描述项：国内主流社交媒体（dc1—dc6）、国外主流社交媒体（dc7—dc11）、校内跨文化交际活动（dc12—dc15）和校外跨文化交际活动（dc16—dc21）。

各个因子的具体现状如下。

(一) 国内主流社交媒体

从表 7-1 可以发现，大学生各类国内主流社交媒体接触占总样本人数比例比较低，其中大学生"在国内通过电子邮件与英语本族语者用英语进行书面交流"方面占总样本人数比例最低（21.17%），其他与国内主流社交媒体接触方面占总样本人数比例普遍不高，处在24.14%—31.30%之间。而且，大学生通过国内主流社交媒体接触的频率普遍较低，大多数接触频率处在"偶尔"和"较少"之间。以上结果发现，大学生国内主流社交媒体接触情况普遍比较少，并且接触频率较低。

表 7-1　　大学生国内主流社交媒体接触的描述性统计分析

描述项	样本人数（人）	占总人数比例（%）	均值	标准差
dc1. 在国内通过 QQ 与英语本族语者用英语进行打字交流	2184	31.30	1.68	0.971
dc2. 在国内通过 QQ 与英语本族语者用英语进行语音交流	1720	24.65	1.69	1.006
dc3. 在国内通过微信与英语本族语者用英语进行打字交流	2124	30.44	1.70	0.986
dc4. 在国内通过微信与英语本族语者用英语进行语音交流	1758	25.20	1.76	1.041
dc5. 在国内通过微博与英语本族语者用英语进行打字交流	1684	24.14	1.77	1.047
dc6. 在国内通过电子邮件与英语本族语者用英语进行书面交流	1477	21.17	1.78	1.072

(二) 国外主流社交媒体

从表 7-2 发现，大学生国外主流社交媒体接触占总样本人数比例普遍非常低，其中大学生在国内通过 Skype 与英语本族语者用英语进行打字交流（15.54%）和语音交流（14.92%）占总样本人数比例最低，而且，所有国外主流社交媒体接触占总样本人数比例均不超过30%。

同时，大学生国外主流社交媒体接触频率也普遍较低，处在"偶尔"和"较少"之间。结果说明，大学生在国内通过国外主流社交媒体接触情况非常低，并且接触频率较少。

表7-2 大学生国外主流社交媒体接触的描述性统计分析

描述项	样本人数（人）	占总人数比例（%）	均值	标准差
dc7. 在国内通过 INS 与英语本族语者用英语进行打字交流	1326	19.01	1.36	0.884
dc8. 在国内通过 Skype 与英语本族语者用英语进行打字交流	1084	15.54	1.89	1.137
dc9. 在国内通过 Skype 与英语本族语者用英语进行语音交流	1041	14.92	1.88	1.124
dc10. 在国内通过 HelloTalk 与英语本族语者用英语进行打字交流	1094	15.68	1.89	1.123
dc11. 在国内通过玩国际版网络游戏（如：PUBG、LOL、WOW、Hearthstone、DOTA 等）与英语本族语者用英语进行语音交流	1964	28.15	2.03	1.257

（三）校内跨文化交际活动

从表7-3看出，大学生校内跨文化交际活动接触占总样本人数比例普遍不高，其中大学生在国内与留学生一起完成学业课程了解外国文化（21.27%）的接触占总样本人数比例最低。同时，大学生校内跨文化交际活动接触频率也普遍较低，分布在"偶尔"和"较少"之间。结果说明，大学生在国内通过校内跨文化交际活动接触情况一般，并且接触频率较低。

表7-3 大学生校内跨文化交际活动接触的描述性统计分析

描述项	样本人数（人）	占总人数比例（%）	均值	标准差
dc12. 在国内通过参加英语角（外国人）活动了解外国文化	2559	36.68	1.77	1.028

续表

描述项	样本人数（人）	占总人数比例（%）	均值	标准差
dc13. 在国内通过参加国外学者主讲的文化类讲座活动了解外国文化	2234	32.02	1.75	1.030
dc14. 在国内通过学校里的外教了解外国文化	2890	41.42	1.99	1.138
dc15. 在国内通过与留学生一起完成学业课程了解外国文化	1484	21.27	1.85	1.087

（四）校外跨文化交际活动

从表7-4发现，大学生校外跨文化交际活动接触占总样本人数比例普遍较低，其中大学生在国内通过参加外资或合资企业的实习了解外国文化（17.97%）占总样本人数比例最低。同时，大学生校外跨文化交际活动接触频率也普遍较少，处在"偶尔"和"较少"之间。结果说明，大学生在国内通过校外跨文化交际活动接触情况较低，并且接触频率较少。

表7-4　大学生校外跨文化交际活动接触的描述性统计分析

描述项	样本人数（人）	占总人数比例（%）	均值	标准差
dc16. 在国内通过参加出国培训机构的宣讲活动了解外国文化	1585	22.72	1.85	1.079
dc17. 在国内通过参加外国文化交流日活动了解外国文化	2072	29.70	1.76	1.010
dc18. 在国内通过参加国际志愿者活动了解外国文化	1519	21.77	1.80	1.076
dc19. 在国内通过参加外资或合资企业的实习了解外国文化	1254	17.97	1.85	1.069
dc20. 在国内通过参加世界博览会了解外国文化	1860	26.66	1.85	1.064
dc21. 在国内通过参加外国节日庆典活动了解外国文化	2525	36.19	1.83	1.050

二 中国大学生跨文化间接接触现状

大学生跨文化间接接触包含4个主要因子、16个描述项:线下交流(OC1,OC2,OC3);文化产品(CP1,CP2,CP3,CP4,CP5);多媒体和课程(MC1,MC2,MC3,MC4);课内和课外活动(IEA1,IEA2,IEA3,IEA4)。各个因子的具体现状如下。

(一)线下交流

从表7-5发现,大学生线下交流接触占总样本人数比例处于中等至较高水平,其中大学生在国内通过老师了解英语国家文化(79.02%)占总样本人数比例最高。同时,大学生线下交流接触频率普遍较低,处在"偶尔"和"一般"之间。结果说明,大学生在国内通过线下交流接触情况一般或较高,但是接触频率并不高。

表7-5　　大学生线下交流接触的描述性统计分析

描述项	样本人数(人)	占总人数比例(%)	均值	标准差
OC1 在国内通过家人和亲戚了解英语国家文化	3100	44.43	1.79	1.026
OC2 在国内通过朋友了解英语国家文化	4114	58.97	1.91	1.079
OC3 在国内通过和老师的课外交流了解英语国家文化	5513	79.02	2.60	1.271

(二)文化产品

从表7-6发现,大学生文化产品接触占总样本人数比例普遍较高,其中大学生在国内通过纸质书籍了解英语国家文化(75.10%)占总样本人数比例最高,其他接触占比也均超过60%以上。同时,大学生线下交流接触频率普遍不高,处在"较少"和"一般"之间。结果说明,大学生文化产品接触情况较好,但是接触频率并不高。

表7-6 大学生文化产品接触的描述性统计分析

描述项	样本人数（人）	占总人数比例（%）	均值	标准差
CP1 在国内通过在线网络课程了解和学习外国文化	5011	71.82	2.23	1.203
CP2 在国内通过纸质书籍了解和学习外国文化	5240	75.10	2.25	1.206
CP3 在国内通过电子书籍了解和学习外国文化	4885	70.02	2.18	1.188
CP4 在国内通过纸质报刊了解和学习外国文化	4631	66.38	2.08	1.151
CP5 在国内通过电子报刊了解和学习外国文化	4497	64.45	2.08	1.171

（三）多媒体和课程

从表7-7发现，大学生多媒体和课程接触占总样本人数比例普遍非常高，其中大学生在国内通过英文歌曲了解英语国家文化（83.29%）占总样本人数比例最高，其他接触占比也均超过77%以上。同时，大学生多媒体和课程接触频率并不高，处在"较少"和"一般"之间。结果说明，大学生多媒体和课程接触情况很好，但是接触频率较低或一般。

表7-7 大学生多媒体和课程接触的描述性统计分析

描述项	样本人数（人）	占总人数比例（%）	均值	标准差
MC1 在国内通过电视节目了解英语国家文化	5410	77.54	2.36	1.245
MC2 在国内通过英文电影了解英语国家文化	5753	82.46	2.79	1.358
MC3 在国内通过英文歌曲了解英语国家文化	5811	83.29	2.78	1.386
MC4 在国内通过参加大学英语课程了解英语国家文化	5555	79.62	2.74	1.365

（四）课内和课外活动

从表7-8发现，大学生课内和课外活动接触占总样本人数比例处于中等水平，其中大学生在国内通过参加文化类讲座（中国人）了解英语国家文化（52.80%）占总样本人数比例最高，其他接触占比在38.66%—52.80%之间。同时，大学生课内和课外活动接触频率并不高,处在"偶尔"和"较少"之间。结果说明,大学生课内和课外活动接触情况一般,并且接触频率较少。

表7-8　　大学生通过课内和课外活动接触的描述性统计分析

描述项	样本人数（人）	占总人数比例（%）	均值	标准差
IEA1 在国内通过参加文化类讲座（中国人）了解和学习外国文化	3684	52.80	2.00	1.107
IEA2 在国内通过参加外国文化类型课程（中国人）了解英语国家文化	3303	47.34	2.07	1.162
IEA3 在国内通过参加英语社团/协会了解英语国家文化	3274	46.93	2.01	1.125
IEA4 在国内通过参加学校英语角活动（中国人）了解英语国家文化	2697	38.66	1.70	0.864

第五节　综合讨论

通过以上研究结果发现,从跨文化接触总体来看,整体接触情况一般或较低,并且接触频率普遍较低。相比直接接触,大学生跨文化间接接触情况更好,且接触频率更高。其主要原因是受到美国反全球化和实行学生签证限制的影响,而且,2019年以来新冠疫情对跨文化交流和接触带来了不少困难。

同时,以上数据结果还表明,目前大学生更主要的跨文化接触方式是间接接触。在所有间接接触中,文化产品接触与多媒体和课程两类接触很好。在这两类接触中最频繁的七种间接接触方式分别是:在国内通过在线网络课程了解英语国家文化、在国内通过老师了解英语国家文化、在国内通过纸质书籍了解英语国家文化、在国内通过电子书籍了解英语国家文化、在国内通过英文电影了解英语国家文化、在国内通过英文歌曲了解英语国家文化、在国内通过参加大学英语课程了解英语国家文化等。这与国内学者胡文仲（2013）及彭仁忠和吴卫平（2018）的前期研究结论基本一致，即大学生主要跨文化接触方式是通过大学英语课程与多媒体课堂、网络课程及阅读相关英文纸质和电子材料，以及英文电影和歌曲等途径展开。

在所有直接接触中，大学生有一些跨文化接触相对较多，如在国内通过QQ与英语本族语者用英语进行打字交流、在国内通过微信与英语本族语者用英语进行打字交流、在国内通过参加英语角（外国人）活动了解外国文化、在国内通过参加国外学者主讲的文化类讲座活动了解外国文化、在国内通过学校里的外教了解外国文化、在国内通过参加外国节日庆典活动了解外国文化等。这类接触主要体现出大学生使用国内社交媒体交流比较便利，并且能够较好利用在学校与留学生或外教交流的机会了解外国文化和提升跨文化交流能力。由此，高校应该为学生创造更多跨文化交流的机会，而且，可以充分利用信息化技术创建与国外高校之间的跨文化社交媒体交流平台，或者创造让学生一对一通过电子邮件进行交流的机会。

通过访谈发现，多数学生认为他们主要通过跨文化间接接触方式来了解和学习外国文化，如通过抖音平台了解外国文化，同时，他们还提到了跨文化交际慕课等在线网络课程可以帮助他们学习和提升跨文化能力。由此，以上访谈内容带来一些教学启示：大学生借助互联网在线课程平台有助于跨越时间、空间距离进行跨文化学习，有助于开展形式多样的跨文化学习活动，如一对一、一对多、多对多等互动模式，增强其跨文化互动学习意愿并提高其跨文化交际能力（石晓玲，2014）。另外，部分学生在访谈中提到他们会和有出国经历的老师和朋友聊天了解外国文化或者参加外国文化类讲座（中国教师或外教）了解外国文化，同时在大学英语课程或各类外语类课程中了解外国文化。同时，他们认为参加学校英语辩论赛、英语戏剧社、英语角等活动可以提升他们的英语学习兴趣。他们还认为，短期出国交流接触也非常有利于跨文化态度的转变和跨文化意识的提高。以上访谈内容也证明了学生跨文化间接接触比直接接触更多，同时反映出信息时代背景下跨文化接触形式丰富多样，为大学生跨文化接触和跨文化能力提升提供了更多机会和途径。

第六节　本章小结

本章的研究通过访谈与问卷调查相结合的方式调查了大学生跨文化直接接触与间接接触现状。通过以上研究结果发现，跨文化接触总体来看，整体接触情况一般或较低，并且接触频率普遍较低。相比直接接触，大学生跨文化间接接触情况更好，且接触频率更高。所有间接接触中，文化产品接触与多媒体和课程两类接触很好。在这两类接触中最频繁的七种间接接触方式分别是：在国内通过在线网络课程了解英语国家文化、在国内通过老师了解英语国家文化、在国内通过纸质书籍了解英语国家文化、在国内通过电子书籍了解英语国家文化、在国内通过英文电影了解英语国家文化、在国内通过英文歌曲了解英语国家文化、在国内通过参加大学英语课程了解英语国家文化等。在所有直接接触中，大学生有一些跨文化接触相对较多，如在国内通过QQ与英语本族语者用英语进行打字交流、在国内通过微信与英语本族语者用英语进行打字交流、在国内通过参加英语角（外国人）活动了解外国文化、在国内通过参加国外学者主讲的文化类讲座活动了解外国文化、在国内通过学校里的外教了解外国文化、在国内通过参加外国节日庆典活动了解外国文化等。以上研究结果有助于外语教师了解和掌握学生的跨文化接触和学习状况，并为大学生提供了跨文化接触的主要路径，从而为促进中国大学生跨文化能力发展提供了新的视角。另外，该研究也为后期探究大学生跨文化接触与其跨文化能力发展的关系及作用机理提供了前期数据支撑和理论基础。

第八章 跨文化直接接触对跨文化能力发展的作用机理

第一节 引言

随着全球化的加速发展以及与外部世界的合作交流日益增加，跨文化能力变得越来越重要。在工作领域，雇主希望雇员们在跨文化工作环境下能够成为熟练的跨文化交际者。同样地，教育工作者们也希望学生能够在多元文化世界中做好充分的跨文化准备。大学生作为主要的跨文化交际群体，社会发展对其跨文化能力提出了更高的要求。由此，外语教学的目标旨在全面培养学生的跨文化能力，使其能够有效、得体地与不同文化背景的人进行交流，以满足社会互动的需求。此外，科学技术的快速发展为互联网时代的跨文化研究开辟了一个新的领域。基于网络的跨文化教学在外语教育中越来越普遍。MOOCs（Sandeen，2013）、大学英语视听说（高洁，2017；孙彬斌，2018）和远程网络（O'dowd，2013；Barron & Black，2015）都被纳入传统外语教学，以拓宽学生的跨文化视野。结合在线自主学习，面对面教学使学生能够更好地了解外国文化，积累丰富的跨文化知识。随着智能移动设备的普及，各类社交媒体平台（如微信、微博等）迅速发展，为人们提供了便捷的信息交流渠道。这使得学生能够有更多的机会和途径参与到跨文化实践中，而不受时间和空间的限制。因此，大学生必须积极地参与到跨文化实践中去提升跨文化能力，才能更好地应对跨文化挑战。

在经济全球化和互联网技术的影响下，跨文化交际活动逐渐增多，使得跨文化研究学者和教育工作者们加强了对跨文化能力的研究。大学生作为主要的跨文化接触群体，其有更多的机会与来自不同文化背景的人交流。因此，如何提高大学生的跨文化能力成为当前的研究热点。跨文化学者们主要从以下几个方面探讨提高大学生跨文化能力的方法，例如改革传统的课堂教学、整合基于网络的跨文化教学（Margaryan, 2015；孙彬斌, 2018）、提出新的课程设置和教材建设方案（曹德明, 2011；王雪梅和徐璐, 2011）。然而，这些教育改革并没有从根本上解决这个问题。虽然这些改革有助于学生积累跨文化知识、了解跨文化交际技能，但所有这些知识和技能只能停留在情境交际中，未能在真实的跨文化实践中表现出来。因此，应鼓励大学生将课堂内学习到的知识和技能应用于课外实践。

对此，学者们将其研究重点转向对跨文化接触方式的探索。一些学者从本国国情出发，对大学生跨文化接触路径进行探索，其发现跨文化接触包括直接接触和间接接触。直接接触是指以口头或书面的方式与目标母语者进行交流，主要涉及直接口语接触与直接书面语接触（Kormos & Csizer, 2007），以及国内社交媒体、国外社交媒体、国内跨文化交际和国外跨文化交际活动（彭仁忠、吴卫平, 2016）。间接接触指通过与和目标语言团体的成员有过接触经验的非目标语者的接触，例如通过父母、老师、兄弟姐妹（有出国经历）等；此外，也涉及与目标语言中的文化产品如各种各样的媒体（电视、互联网、书籍、电影、杂志和报纸）的接触。调查表明，跨文化间接接触对大学生来说比直接接触更容易获得；然而，直接接触比间接接触有着更直接、更显著的效果（Turner et al., 2007）。为此，学者们对跨文化直接接触的影响和效果展开了研究。其主要涉及海外经验如出国留学（Jackson, 2006）、海外同伴项目（Campbell, 2012）、跨国医疗援助（Hebbani, 2016）和在线交际平台和项目，如在线大规模开放课程

(MOOCs)(Dowd,2003)、远程交流项目(Paige & Claire,2005)以及社交媒体平台(如微信、QQ等)(Deng & An,2017)。很少有研究全面调查跨文化直接接触各路径对跨文化能力发展的影响。

因此,本书旨在探讨跨文化直接接触的主要路径及其对中国大学生跨文化能力发展的影响。其不仅可以为跨文化能力和跨文化接触研究提供理论参考,而且有益于指导高校实施跨文化交际活动,规划国际教育培训计划,提升学生的跨文化能力。

第二节 研究方法

一 研究问题

本章的研究旨在探讨中国语境下跨文化直接接触对大学生跨文化能力发展的作用机制,并深入探究跨文化直接接触影响其跨文化能力发展的主要路径及其重要性,进而揭示跨文化直接接触对中国大学生跨文化能力发展的作用机理。因此,本章的研究主要围绕以下四个问题展开。

(1)大学生跨文化直接接触对其整体跨文化能力的作用机制如何?

(2)大学生跨文化直接接触对其各维度跨文化能力的作用机制如何?

(3)大学生跨文化直接接触影响其整体跨文化能力的路径重要性如何?

(4)大学生跨文化直接接触影响其各维度跨文化能力的路径重要性如何?

二 研究对象

本章的研究选取2400名来自全国25所大学(来自武汉、海口、上海、沈阳、北京、广州、郑州、兰州、南京、哈尔滨、南昌、天津和苏州等城市的大学）的本科生参加了正式量表的调查。2400 份问卷以课堂面对面、邮寄、问卷星的形式发放给学生，其中男生占 45.5%，女生占 54.5%，理科学生占 50.5%，文科学生占 49.5%。大一学生占 11.9%，大二学生占 47.5%，大三学生占 23.8%，大四学生占 16.8%。在这些受试者中，99.5% 的学生有在国内与不同文化的人进行跨文化直接接触的经历。

三 研究工具

本章的研究采用第四章构建的中国大学生跨文化直接接触正式量表（见附录3.2），该量表包含 4 个维度、21 个描述项：国内主流社交媒体（dc1—dc6）、国外主流社交媒体（dc7—dc11）、校内跨文化交际活动（dc12—dc15），以及校外跨文化交际活动（dc16—dc21）。同时，本研究采用第三章构建的中国大学生跨文化能力自我评价量表（见附录2），该量表主要涉及 6 个维度、28 个描述项：本国文化知识（ic1—ic3）、外国文化知识（ic4—ic10）、态度（ic11—ic13）、跨文化交流技能（ic14—ic22）、跨文化认知技能（ic23—ic25）和意识（ic26—ic28）。

四 数据收集与分析

通过课堂面对面、邮寄、问卷星的方式共发放问卷 2400 份，共回收实际有效问卷 2128 份，有效率为 88.7%。本章的研究采用 AMOS 22.0 构建结构方程模型进行影响因素分析和路径分析。一方面，构建大学生跨文化直接接触对其整体跨文化能力和各维度跨文化能力的作用机制结构方程模型，并基于模型分析其作用机制。另一方面，深入探究大学生跨文化直接接触影响其整体和各维度跨文化能力的主要路径及其重要性，进而揭示跨文化直接接触对中国大学生跨文化能力的作用机理。

第三节 结果与讨论

一 跨文化直接接触对大学生跨文化能力发展的结构方程模型

基于前面章节对跨文化直接接触量表和跨文化能力自我评价量表进行了信度和效度检验，证实了两个量表均有良好的信度和效度，可以用来进行影响机制和作用机理分析。为了探讨大学生跨文化直接接触对其跨文化能力的影响作用，构建了结构方程模型（图8-1）分析跨文化直接接触对跨文化能力发展的影响机制及作用机理，其模型拟合结果（见表8-1）显示，卡方自由度之比（$\chi^2/df = 1.652$）、拟合优度指数（GFI = 0.916）、调整后的拟合优度指数（AGFI = 0.907）、比较拟合指数（CFI = 0.965）、均方根残差（RMR = 0.081）和均方根误差（RMSEA = 0.063）均在可接受范围之内，表明中国语境下跨文化直接接触对大学生跨文化能力发展的影响路径结构方程模型具有良好的效度。

此外，对模型进行复核效化检验以评估中国语境下跨文化直接接触对大学生跨文化能力发展影响路径模型的模型稳定性和效度延展性（见图8-2）。其结果（见表8-1）表明，卡方与自由度之比（$\chi^2/df = 1.701$）、拟合优度指数（GFI = 0.911）、调整后的拟合优度指数（AGFI = 0.902）、比较拟合指数（CFI = 0.961）、均方根残差（RMR = 0.089）和均方根近似误差（RMSEA = 0.068）（McDonald & Ho，2002）均在可接受的范围内。由此，证实了中国语境下跨文化直接接触对大学生跨文化能力发展影响路径的模型是稳定可靠的。

表8-1　　　　跨文化直接接触和跨文化能力模型的拟合度

	χ^2/df	GFI	AGFI	CFI	RMR	RMSEA
临界值	≤5	≥0.90	≥0.90	≥0.90	≤0.10	≤0.08
模型拟合度	1.652	0.916	0.907	0.965	0.081	0.063
模型复核效化	1.701	0.911	0.902	0.961	0.089	0.068

如图 8-1 和图 8-2 所示，跨文化直接接触对中国大学生跨文化能力发展具有积极正向的影响，其标准化路径系数为 0.70（0.71）。具体而言，跨文化直接接触可以很好地被国内主流社交媒体、国外主流社交媒体、校内跨文化交际活动和校外跨文化交际活动这 4 个因子解释。表明这四个因子都对中国大学生的跨文化能力发展产生积极正向的影响。

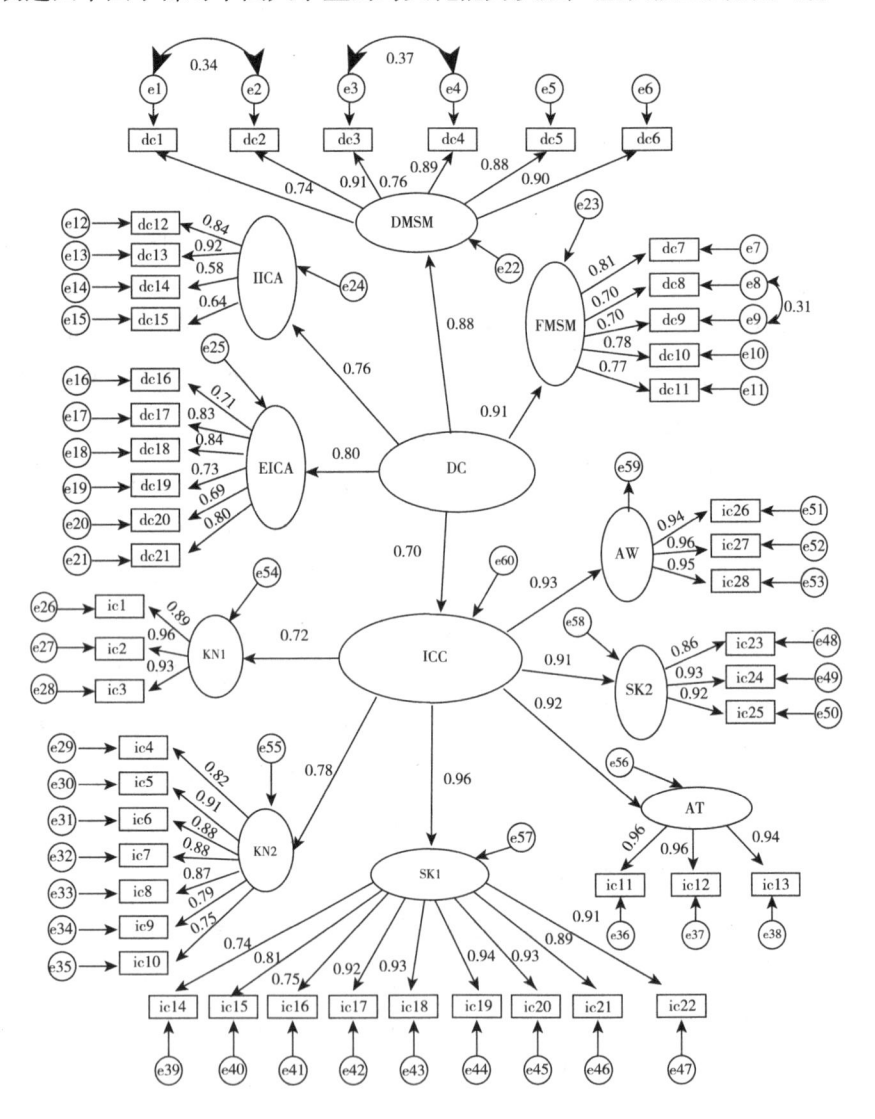

图 8-1 跨文化直接接触对跨文化能力发展的影响路径模型

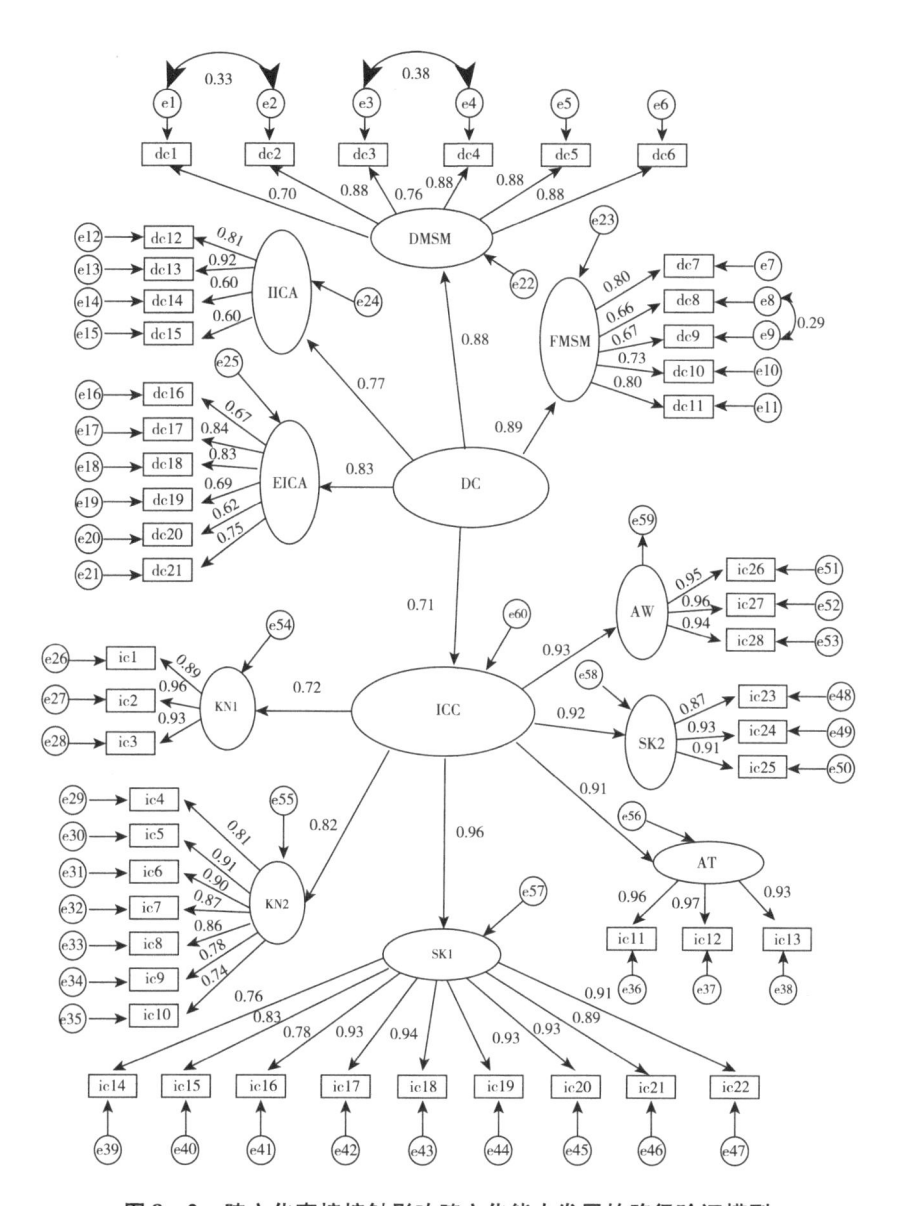

图 8-2 跨文化直接接触影响跨文化能力发展的路径验证模型

图 8-3 构建了跨文化直接接触对本国文化知识的影响路径结构方程模型。模型拟合结果（见表 8-2）表明，卡方自由度之比（χ^2/df = 2.469）、拟合优度指数（GFI = 0.926）、调整后的拟合优度指数（AG-

FI = 0.906)、比较拟合指数（CFI = 0.955）、均方根残差（RMR = 0.051）和均方根近似误差（RMSEA = 0.037）均在可接受范围之内。表明跨文化直接接触对中国大学生本国文化知识的影响路径结构方程模型具有良好的效度。

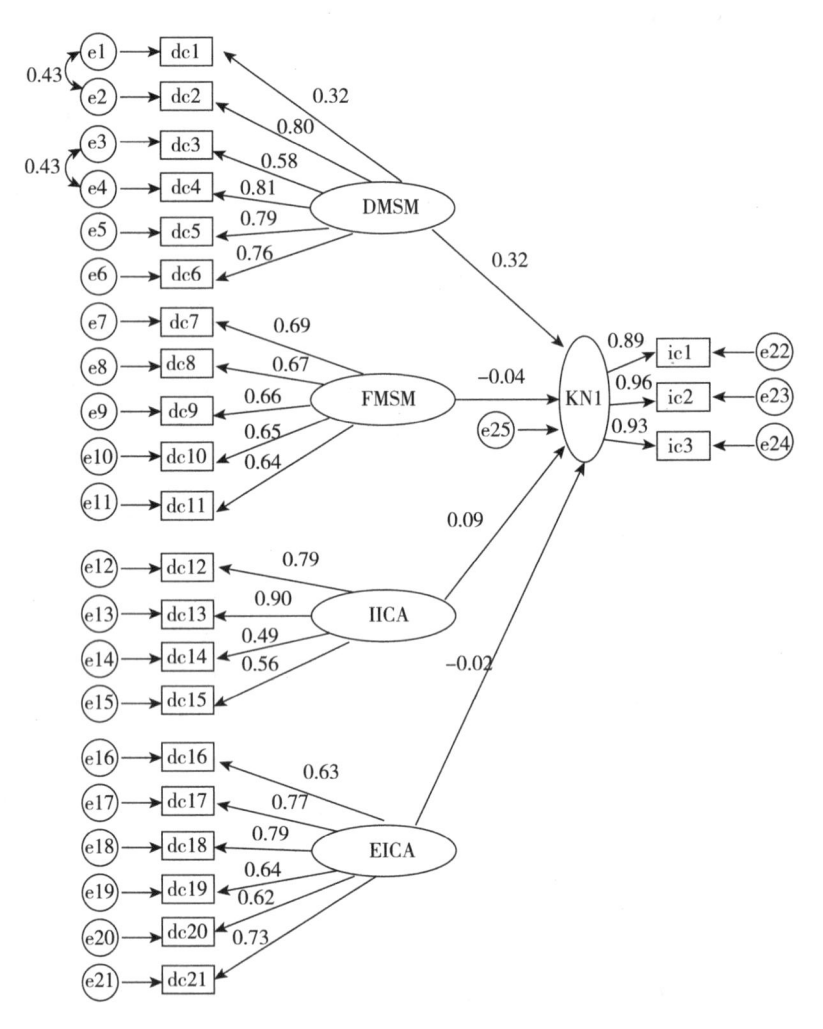

图 8-3 跨文化直接接触对本国文化知识的影响路径模型

此外，对模型进行复核效化检验以评估中国大学生跨文化直接接触与本国文化知识影响路径模型的模型稳定性和效度延展性（见图8-4）。

其结果（见表 8-2）显示，卡方与自由度之比（$\chi^2/df = 2.903$）、拟合优度指数（GFI = 0.922）、调整后的拟合优度指数（AGFI = 0.901）、比较拟合指数（CFI = 0.947）、均方根残差（RMR = 0.058）和均方根近似误差（RMSEA = 0.042）（McDonald & Ho，2002）均在可接受范围内。表明中国大学生跨文化直接接触与本国文化知识模型具有良好的模型稳定性和效度延展性。

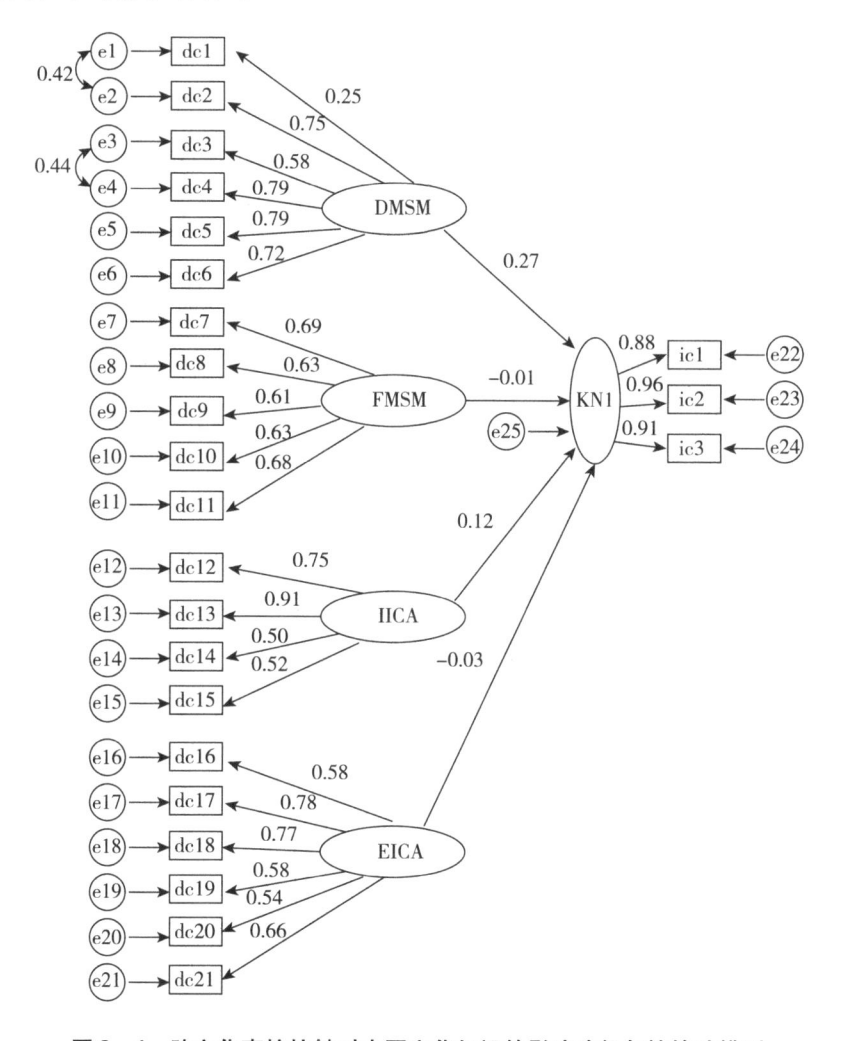

图 8-4　跨文化直接接触对本国文化知识的影响路径复核检验模型

表8-2　跨文化直接接触对本国文化知识的影响路径模型

	χ^2/df	GFI	AGFI	CFI	RMR	RMSEA
临界值	≤5	≥0.90	≥0.90	≥0.90	≤0.10	≤0.08
模型拟合度	2.469	0.926	0.906	0.955	0.051	0.037
模型复核效化	2.903	0.922	0.901	0.947	0.058	0.042

图8-5构建了跨文化直接接触对外国文化知识的影响路径结构方

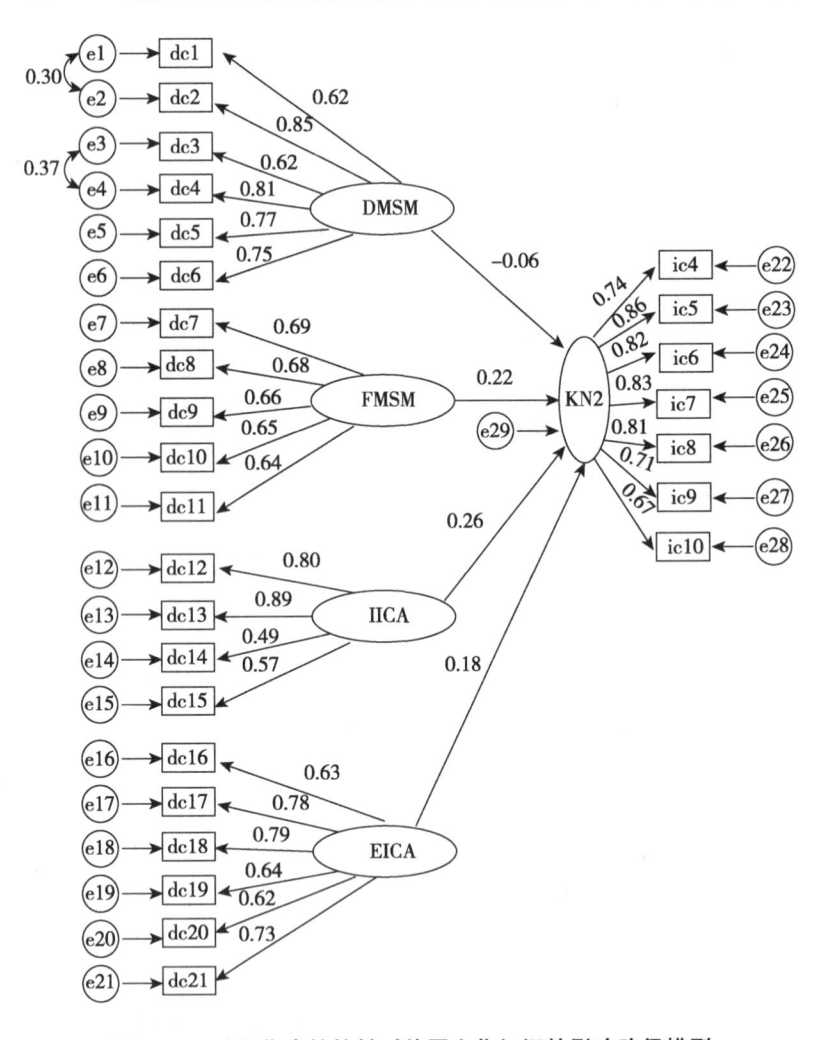

图8-5　跨文化直接接触对外国文化知识的影响路径模型

程模型。其拟合结果（见表8-3）表明，卡方与自由度之比（$\chi^2/df =$ 2.337）、拟合优度指数（GFI = 0.918）、调整后的拟合优度指数（AGFI = 0.902）、比较拟合指数（CFI = 0.943）、均方根残差（RMR = 0.064）和均方根近似误差（RMSEA = 0.041）均在可接受的范围内。表明跨文化直接接触对中国大学生外国文化知识的影响路径结构方程模型具有良好的效度。

此外，还进行了模型复核效度检验以评估模型的稳定性（见图8-6），

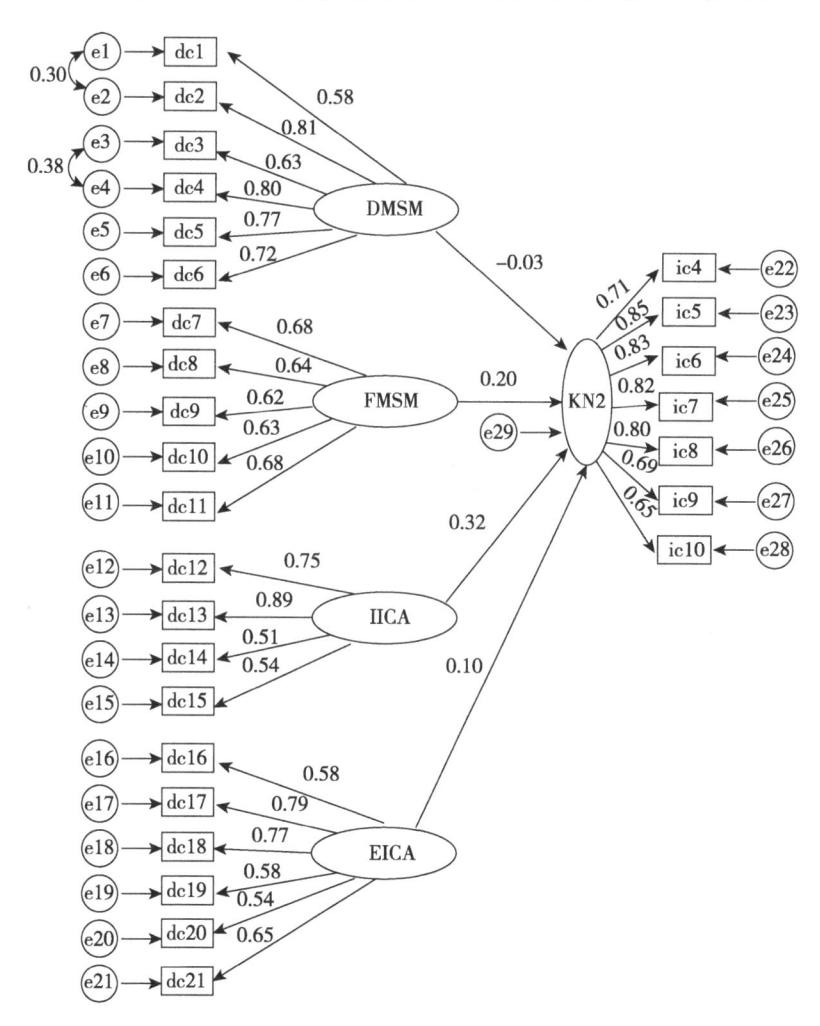

图8-6 跨文化直接接触对外国文化知识的影响路径复核检验模型

其结果（见表 8-3）显示，卡方与自由度之比（$\chi^2/df=1.769$）、拟合优度指数（GFI=0.929）、调整后的拟合优度指数（AGFI=0.913）、比较拟合指数（CFI=0.958）、均方根残差（RMR=0.057）和均方根近似误差（RMSEA=0.036）（McDonald & Ho，2002）均在可接受的范围内。表明中国大学生跨文化直接接触对外国文化知识的影响路径模型是稳定和可靠的。

表 8-3　跨文化直接接触对外国文化知识的影响路径模型拟合度

	χ^2/df	GFI	AGFI	CFI	RMR	RMSEA
临界值	≤5	≥0.90	≥0.90	≥0.90	≤0.10	≤0.08
模型拟合度	2.337	0.918	0.902	0.943	0.064	0.041
模型复核效化	1.769	0.929	0.913	0.958	0.057	0.036

图 8-7 构建了跨文化直接接触对跨文化态度的影响路径结构方程模型。其模型拟合结果（见表 8-4）显示，卡方与自由度之比（$\chi^2/df=2.615$）、拟合优度指数（GFI=0.933）、调整后的拟合优度指数（AGFI=0.914）、比较拟合指数（CFI=0.957）、均方根残差（RMR=0.046）和均方根近似误差（RMSEA=0.039）均在可接受范围之内。表明跨文化直接接触对中国大学生跨文化态度的影响路径结构方程模型具有良好的效度。

此外，还进行模型复核效化检验以评估模型的稳定性和效度延展性（见图 8-8）。结果（见表 8-4）显示，卡方与自由度之比（$\chi^2/df=2.724$）、拟合优度指数（GFI=0.931）、调整后的拟合优度指数（AGFI=0.912）、比较拟合指数（CFI=0.955）、均方根残差（RMR=0.049）和均方根近似误差（RMSEA=0.040）（McDonald & Ho，2002）均在可接受的范围内。表明中国大学生跨文化直接接触对态度的影响路径模型是稳定可靠的。

表8-4　跨文化直接接触对态度的影响路径模型拟合度

	χ^2/df	GFI	AGFI	CFI	RMR	RMSEA
临界值	≤5	≥0.90	≥0.90	≥0.90	≤0.10	≤0.08
模型拟合度	2.615	0.933	0.914	0.957	0.046	0.039
模型复核效化	2.724	0.931	0.912	0.955	0.049	0.040

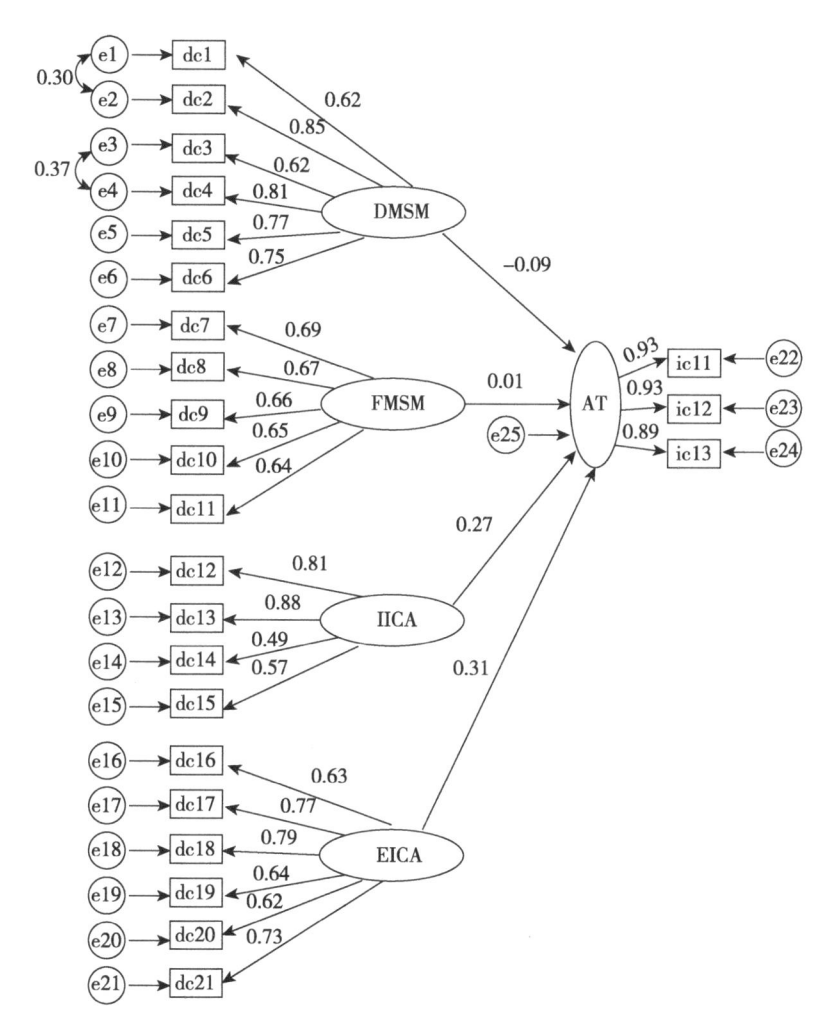

图8-7　跨文化直接接触对态度的影响路径模型

图8-9构建了跨文化直接接触对跨文化交流技能的影响路径结构

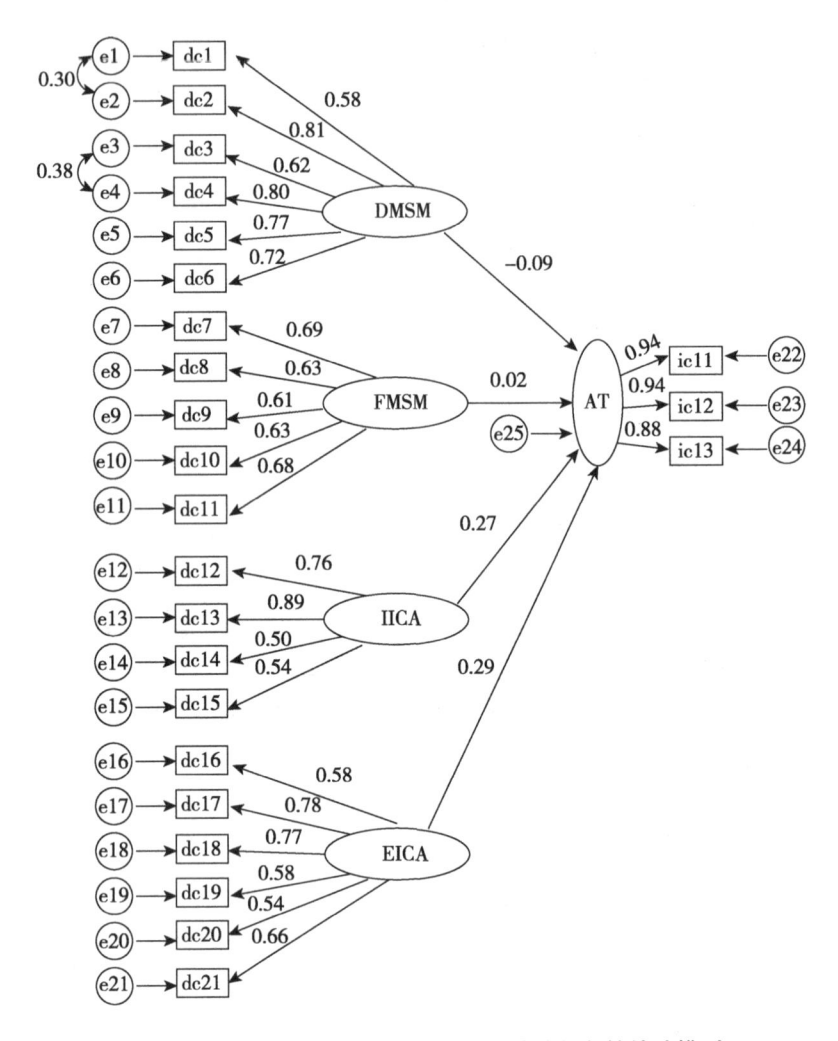

图 8-8 跨文化直接接触对态度的影响路径复核检验模型

方程模型。模型拟合结果（见表 8-5）显示，卡方与自由度之比（$\chi^2/df = 2.222$）、拟合优度指数（GFI = 0.925）、调整后的拟合优度指数（AGFI = 0.910）、比较拟合指数（CFI = 0.947）、均方根残差（RMR = 0.051）和均方根近似误差（RMSEA = 0.034）均在可接受范围之内。表明跨文化直接接触对中国大学生跨文化交流技能的影响路径结构方程模型具有良好的效度。

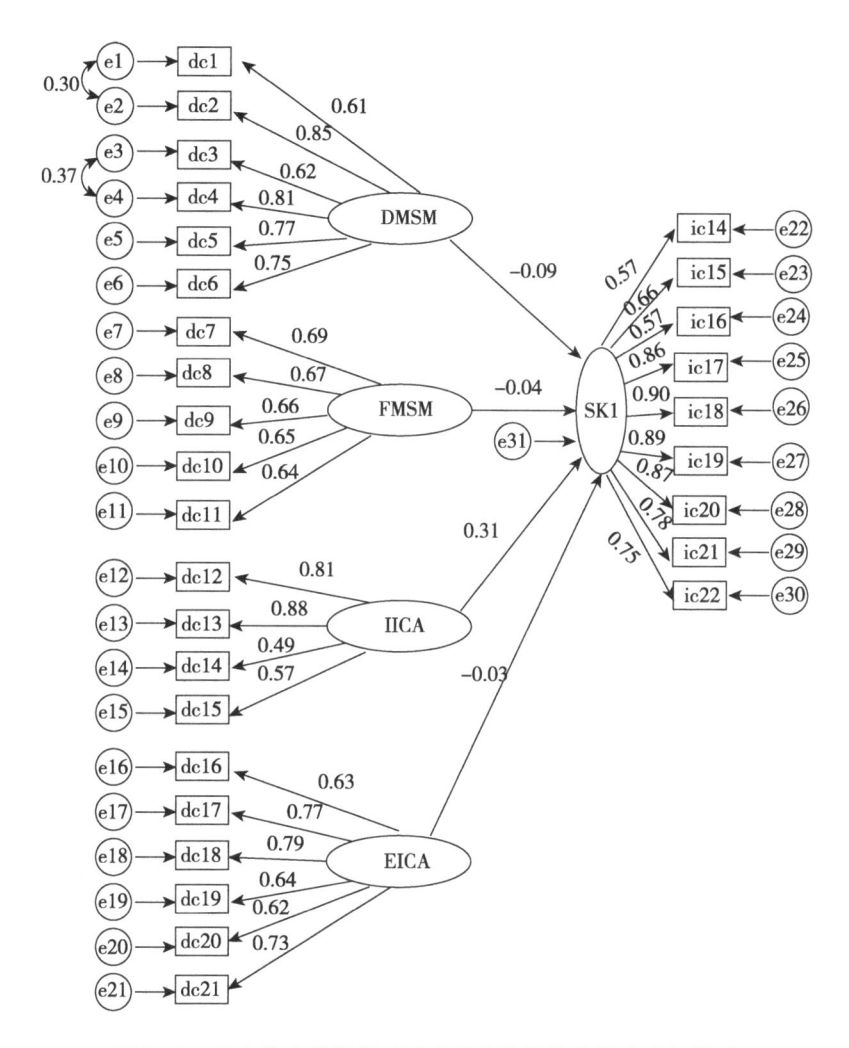

图 8-9　跨文化直接接触对跨文化交流技能的影响路径模型

此外，还对模型进行了模型复核效化检验以评估跨文化直接接触对跨文化交流技能影响路径模型的模型稳定性（见图 8-10）。其结果（见表 8-5）显示，卡方与自由度之比（$\chi^2/df = 2.268$）、拟合优度指数（GFI = 0.921）、调整后的拟合优度指数（AGFI = 0.906）、比较拟合指数（CFI = 0.942）、均方根残差（RMR = 0.063）和均方根近似误差（RMSEA = 0.043）（McDonald & Ho，2002）均在可接受的范围内。

表明中国大学生跨文化直接接触对跨文化交流技能的影响路径模型具有良好的模型稳定性和效度延展性。

表 8-5　跨文化直接接触对跨文化交流技能的影响路径模型拟合度

	χ^2/df	GFI	AGFI	CFI	RMR	RMSEA
临界值	≤5	≥0.90	≥0.90	≥0.90	≤0.10	≤0.08
模型拟合度	2.222	0.925	0.910	0.947	0.051	0.034
模型复核效化	2.268	0.921	0.906	0.942	0.063	0.043

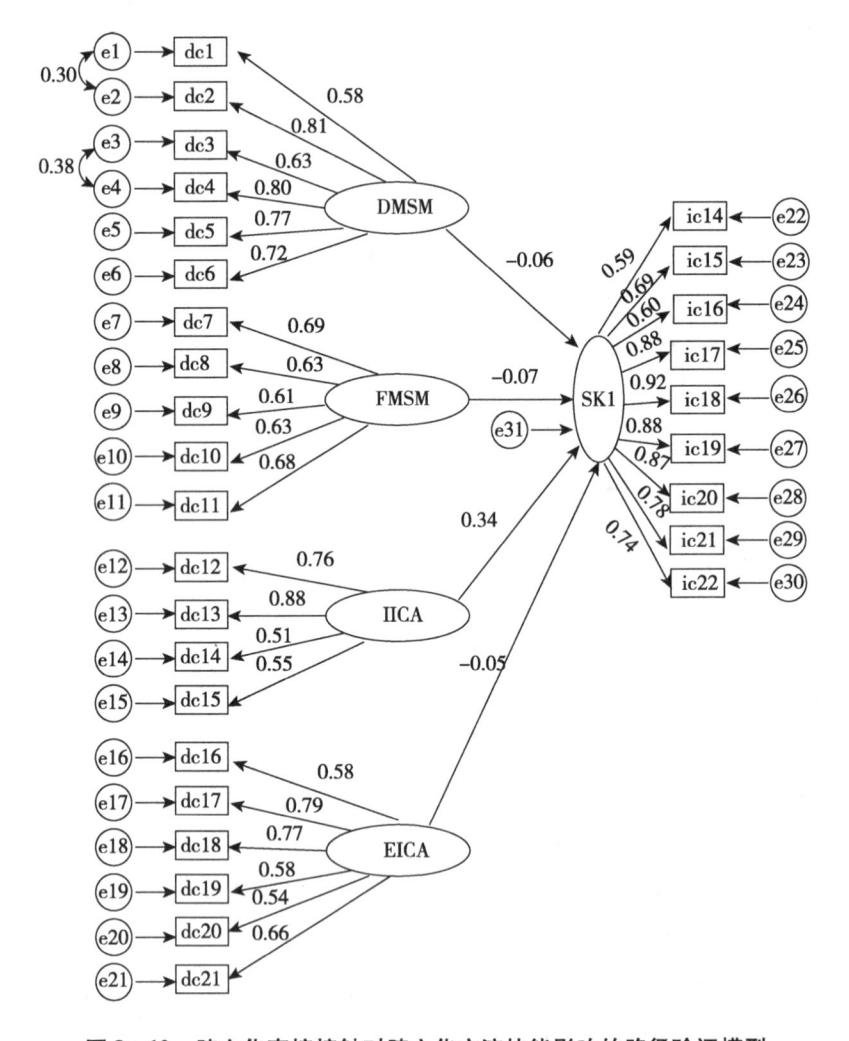

图 8-10　跨文化直接接触对跨文化交流技能影响的路径验证模型

图 8-11 构建了跨文化直接接触对跨文化认知技能的影响路径结构方程模型。其模型拟合结果（见表 8-6）显示，卡方与自由度之比（$\chi^2/df = 2.465$）、拟合优度指数（GFI = 0.924）、调整后的拟合优度指数（AGFI = 0.908）、比较拟合指数（CFI = 0.936）、均方根残差（RMR = 0.064）和近似均方根误差（RMSEA = 0.047）均在可接受范围之内。表明跨文化直接接触对中国大学生跨文化认知技能的影响路径结构方程模型具有良好的效度。

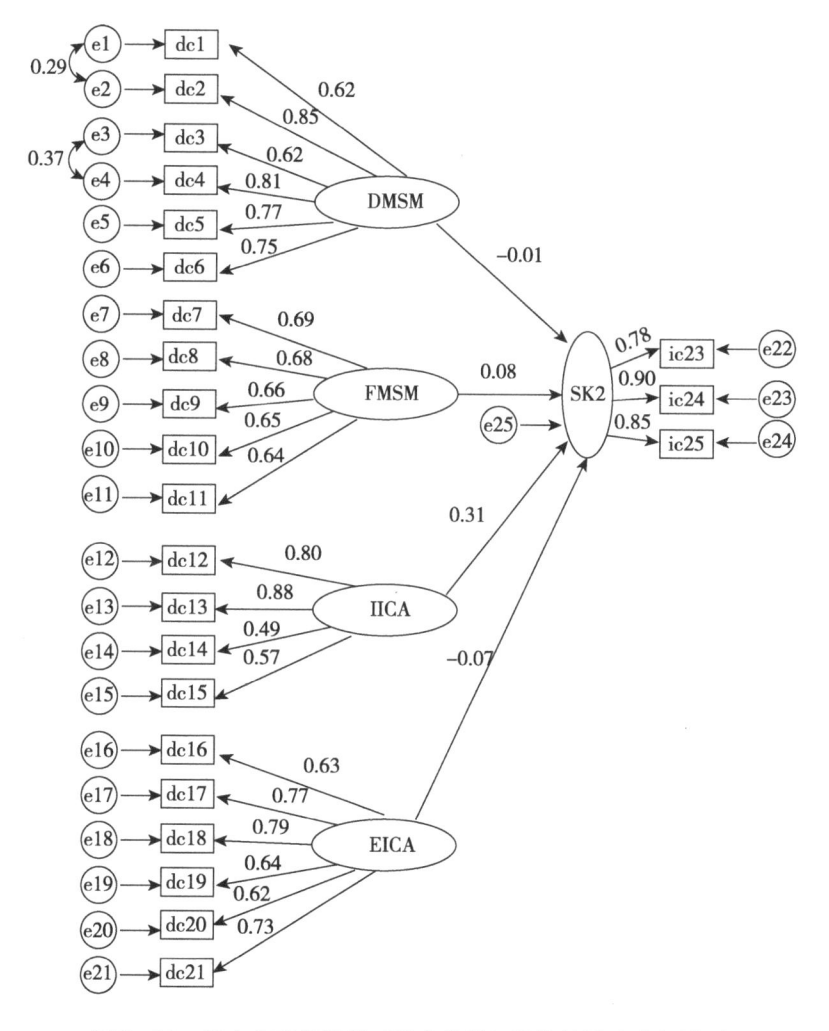

图 8-11　跨文化直接接触对跨文化认知技能的影响路径模型

此外，还对模型进行了模型复核效化检验以评估中国大学生跨文化直接接触对跨文化认知技能影响路径模型的效度延展性（见图8-12）。其结果（见表8-6）显示，卡方与自由度之比（$\chi^2/df = 2.376$）、拟合优度指数（GFI = 0.929）、调整后的拟合优度指数（AGFI = 0.912）、比较拟合指数（CFI = 0.943）、均方根残差（RMR = 0.054）和均方根近似误差（RMSEA = 0.041）（McDonal & Ho，2002）均在可接受范围

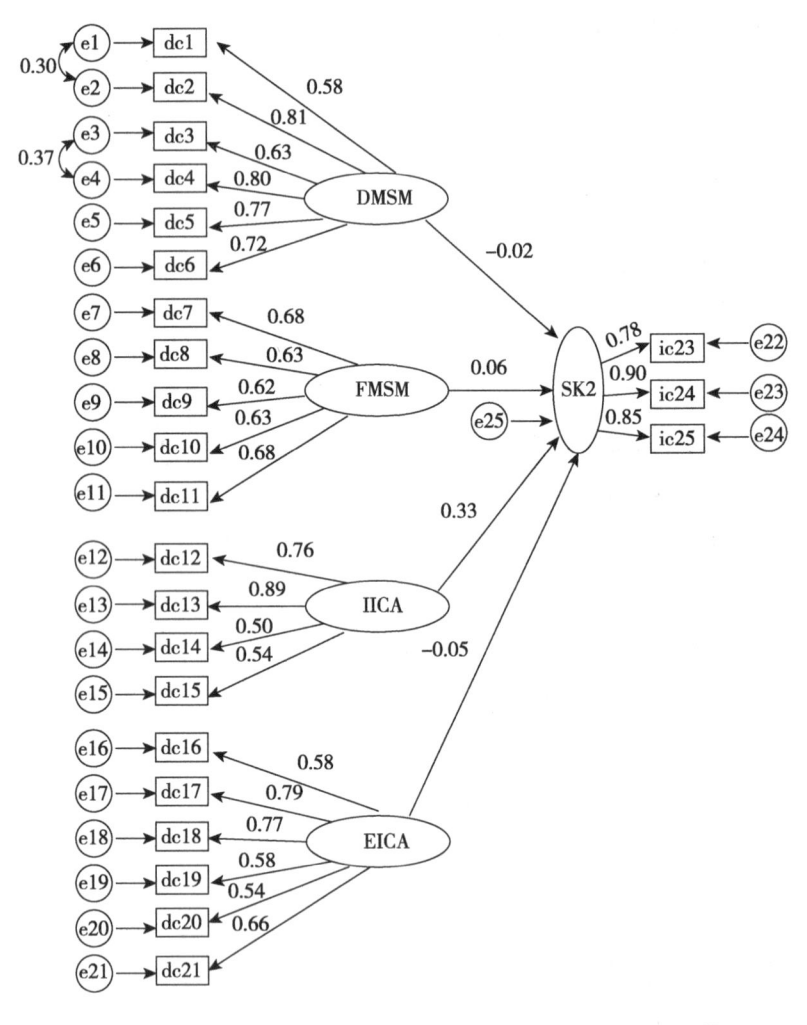

图8-12 跨文化直接接触对跨文化认知技能影响的路径验证模型

内。表明中国大学生跨文化直接接触对跨文化认知技能的影响路径模型是稳定可靠的。

表 8-6　跨文化直接接触对跨文化认知技能的影响路径模型拟合度

	χ^2/df	GFI	AGFI	CFI	RMR	RMSEA
临界值	≤5	≥0.90	≥0.90	≥0.90	≤0.10	≤0.08
模型拟合度	2.465	0.924	0.908	0.936	0.064	0.047
模型复核效化	2.376	0.929	0.912	0.943	0.054	0.041

图 8-13 为跨文化直接接触对跨文化意识的影响路径结构方程模型。其模型拟合结果（见表 8-7）显示，卡方与自由度之比（χ^2/df = 2.576）、拟合优度指数（GFI = 0.935）、调整后的拟合优度指数（AGFI = 0.916）、比较拟合指数（CFI = 0.959）、均方根残差（RMR = 0.049）和近似均方根误差（RMSEA = 0.039）均在可接受范围之内。表明跨文化直接接触对中国大学生跨文化意识的影响路径结构方程模型具有良好的效度。

此外，还对模型进行了模型复核效化检验以评估中国大学生跨文化直接接触对意识影响路径模型的效度延展性（见图 8-14）。其结果（见表 8-7）显示，卡方与自由度之比（χ^2/df = 2.618）、拟合优度指数（GFI = 0.923）、调整后的拟合优度指数（AGFI = 0.901）、比较拟合指数（CFI = 0.951）、均方根残差（RMR = 0.054）和均方根近似误差（RMSEA = 0.042）（McDonald & Ho, 2002）均在可接受范围内。表明中国大学生跨文化直接接触对意识的影响路径模型具有良好的模型稳定性和效度延展性。

表 8-7　跨文化直接接触对跨文化意识的影响路径模型拟合度

	χ^2/df	GFI	AGFI	CFI	RMR	RMSEA
临界值	≤5	≥0.90	≥0.90	≥0.90	≤0.10	≤0.08
模型拟合度	2.576	0.935	0.916	0.959	0.049	0.039
模型复核效化	2.618	0.923	0.901	0.951	0.054	0.042

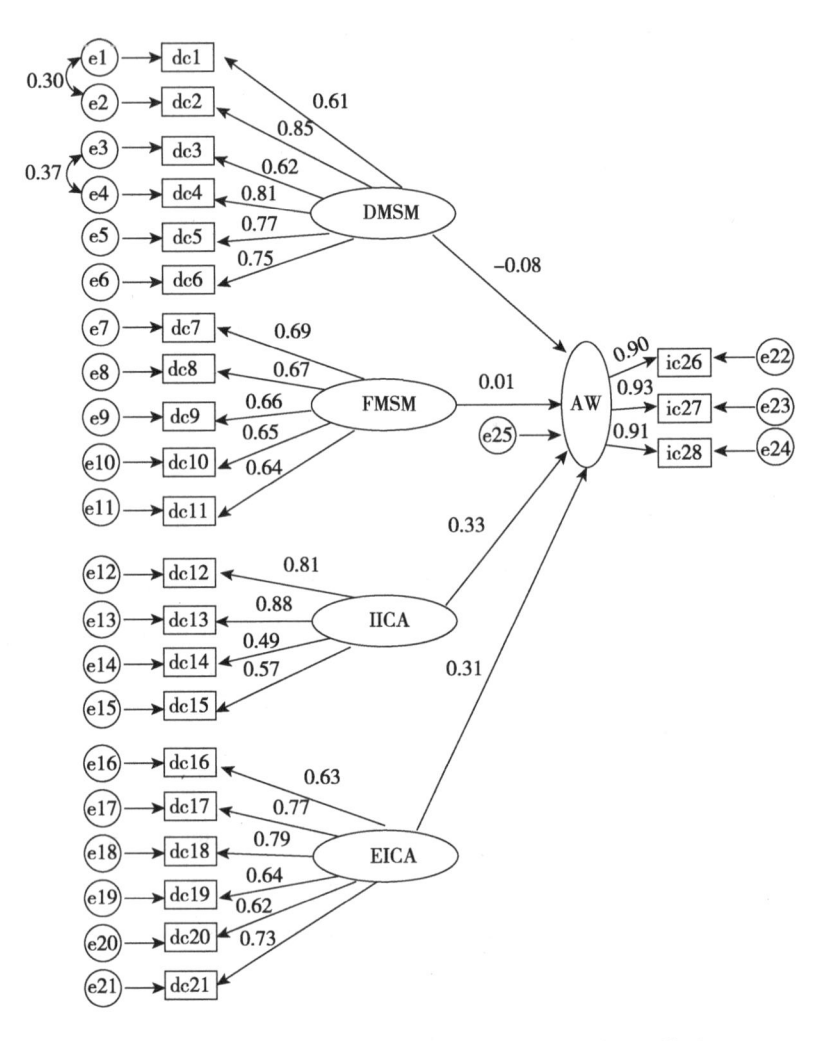

图 8-13 跨文化直接接触对跨文化意识的影响路径模型

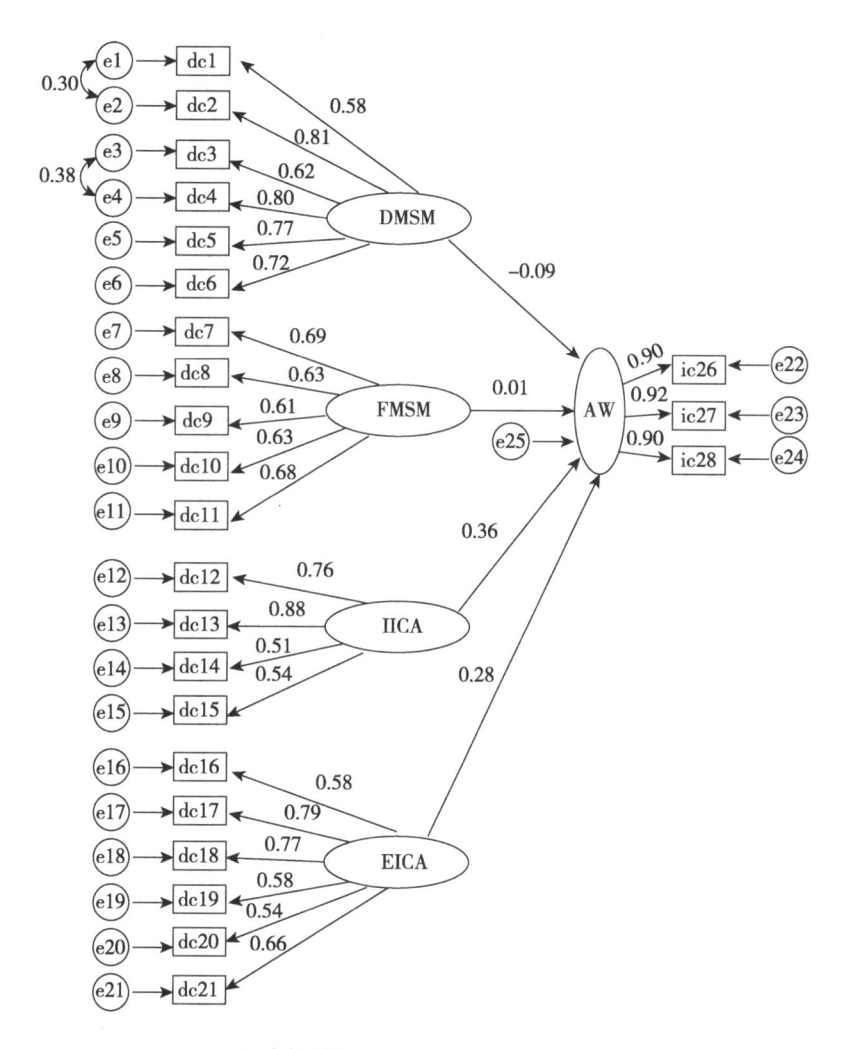

图 8-14 跨文化直接接触对跨文化意识的影响路径复核检验模型

二 跨文化直接接触对大学生跨文化能力发展的影响路径分析

通过以上模型拟合的探讨发现，本章的研究构建的跨文化直接接触对中国大学生跨文化能力发展的影响路径结构方程模型均通过了模型拟合度检验以及模型复核效化检验，结果表明跨文化直接接触对中国大学生跨文化能力发展的影响路径结构方程模型是稳定可靠的，可以进行路径分析。

从表8-8可以看出，中国语境下跨文化直接接触与大学生跨文化能力发展之间的关系显著，且中国语境下的跨文化直接接触对中国大学生跨文化能力的发展有着积极的正向影响。此外，其他因素如跨文化间接接触、跨文化动机和海外经历也会对跨文化能力的发展产生影响。

表8-8　　　　　跨文化直接接触与跨文化能力之间的路径关系

路径关系	标准化路径系数	p
ICC←DC	0.704	0.000

从表8-9可以看出，对于本国文化知识，国内主流社交媒体对其的影响显著，且国内主流社交媒体对中国大学生本国文化知识的影响相对重要。但是，国外主流社交媒体、校内跨文化交际活动和校外跨文化交际活动对中国大学生本国文化知识的影响未达到显著水平，表明其对中国大学生本国文化知识的影响不显著或是不太重要。在访谈中，受试者也表达了使用微信与外国人进行交流可以加深其对本国文化的理解：

> 我经常会在微信上向我国际教育专业的留学生朋友分享一些中国传统文化的图片和文章（如四大发明、中国古代诗歌、中国传统节日等）。同时，她也喜欢跟我分享一些与中国文化相关的实践经历，这些经历拓宽了我的视野。例如，她曾经跟我深入探讨过我不太熟悉的中国茶文化。
>
> 与大多数海外学生相比，无可否认的是，我们对中国文化的了解更多。但是，我发现通过使用微信与外国朋友进行交流可以促使我从多个角度看待中国传统文化。

表8-9　跨文化直接接触与本国文化知识之间的路径关系

路径关系	标准化路径系数	p
KN1←DMSM	0.324	0.000
KN1←FMSM	-0.040	0.226
KN1←IICA	0.086	0.007
KN1←EICA	-0.024	0.207

从表8-10可以看出，对于外国文化知识，国外主流社交媒体和校内跨文化交际活动对其的影响显著，表明国外主流社交媒体和校内跨文化交际活动对中国大学生外国文化知识的影响相对重要。但是国内主流社交媒体和校外跨文化交际活动对中国大学生外国文化知识的影响未达到显著水平，表明其对中国大学生外国文化知识的影响不太显著或是不太重要。因此，影响外国文化知识的最有力的跨文化直接接触路径是国外主流社交媒体和校内跨文化交际活动。对此，祝永胜（2009）对利用外国教师资源发展学生的跨文化能力进行了一项研究，研究结果表明，外国教师的语言教学能够明确地纠正目标语言文化习得并能持续地提供社会语言文化环境，促进学生的跨文化能力发展。此外，访谈还表明，使用外国主流社交媒体与英语本族语者的交流对加深外国文化的理解是有效的：

> 实际上，我只是想通过使用朋友推荐的 HelloTalk 来提高英语口语，让我感到吃惊的是，这使我对他们的文化有了更多的了解。例如，在与外国朋友的聊天中我了解到巴基斯坦允许一夫多妻制。

表8-10　跨文化直接接触与外国文化知识之间的路径关系

路径关系	标准化路径系数	p
KN2←DMSM	-0.065	0.243
KN2←FMSM	0.216	0.000
KN2←IICA	0.260	0.000
KN2←EICA	0.178	0.037

从表 8-11 可以看出，对于跨文化态度，校内跨文化交际活动和校外跨文化交际活动对其的影响显著，表明校内跨文化交际活动和校外跨文化交际活动对中国大学生跨文化态度的影响相对重要。但是国内主流社交媒体和国外主流社交媒体对中国大学生跨文化态度的影响未达到显著水平，表明其对中国大学生跨文化态度的影响不太显著或是不太重要。因此，影响跨文化态度的最有力的跨文化直接接触路径是校内跨文化交际活动和校外跨文化交际活动。该结论也可以从其他学者的研究中得到证实。Filmer 和 Herbig（2019）旨在探讨跨文化培训对家庭护理护士的跨文化知识、态度和行为的影响，结果表明培训后家庭护理护士的跨文化态度有转好的趋势。此外，受访者还证实与留学生的交际有利于培养其跨文化态度：

> 我们班上有一些外国学生。通过课堂小组任务呈现的方式，我对他们及他们的文化都有了一定的了解。这让我对他们的文化更感兴趣，并且更愿意与他们分享与交流我们彼此之间的文化异同。

表 8-11　跨文化直接接触与态度之间的路径关系

路径关系	标准化路径系数	p
AT←DMSM	-0.086	0.408
AT←FMSM	0.007	0.989
AT←IICA	0.269	0.000
AT←EICA	0.306	0.000

从表 8-12 可以看出，对于跨文化交流技能，校内跨文化交际活动对其的影响显著，表明校内跨文化交际活动对中国大学生跨文化交流技能的影响相对重要。但是国内主流社交媒体、国外主流社交媒体和校外跨文化交际活动对中国大学生跨文化交流技能的影响未达到显

著水平，表明其对中国大学生跨文化交流技能的影响不太显著或是不太重要。因此，影响跨文化交流技能的最有力的跨文化直接接触路径是校内跨文化交际活动。该结论也得到了其他学者的支持。例如，Olson 和 Kroeger（2001）探讨新泽西大学拥有国际经历学生的跨文化敏感性，研究结果表明，国际经历可以增强他们的跨文化交流能力，并提高其跨文化敏感性。Klak 和 Martin（2003）调查了大学举办的跨文化交际活动对学生的跨文化敏感性发展的影响，结果表明参加拉丁美洲庆典可以提升学生的跨文化欣赏能力。

表 8-12　　跨文化直接接触与跨文化交流技能之间的路径关系

路径关系	标准化路径系数	p
SK1←DMSM	-0.086	0.608
SK1←FMSM	-0.040	0.241
SK1←IICA	0.312	0.000
SK1←EICA	-0.030	0.347

从表 8-13 可以看出，对于跨文化认知技能，校内跨文化交际活动对其的影响显著，表明校内跨文化交际活动对中国大学生跨文化认知技能的影响相对重要。但是国内主流社交媒体、国外主流社交媒体和校外跨文化交际活动对中国大学生跨文化认知技能的影响未达到显著水平，表明其对中国大学生跨文化认知技能的影响不太显著或是不太重要。因此，影响跨文化认知技能的最有力的跨文化直接接触路径是校内跨文化交际活动。在访谈中，一位受试者也阐述了外籍教师对其跨文化能力发展的影响：

我们的外教经常会与我们分享他的生活，让我们对他们的文化和价值观有了更多的了解。在这里，我想分享一个有关我的外教的一件有趣的事情。中国人很在意自己的面子，但是我的外教却不以为然。一次，他搭乘出租车去了一个很近的地方，司机却让他付 50 元。外教知道被坑之后拒绝付款，司机便非常生气地说，没有钱就不要坐车。我的外教并没有因为在意面子而付款，反而是转身离开了。此外，我的外教经常跪在我们学生面前跟我们探讨一些问题，他并不认为这是地位低下的表现。

表 8-13 跨文化直接接触与跨文化认知技能之间的路径关系

路径关系	标准化路径系数	p
SK2←DMSM	-0.010	0.771
SK2←FMSM	0.084	0.016
SK2←IICA	0.312	0.000
SK2←EICA	-0.072	0.033

从表 8-14 可以看出，对于跨文化意识，校内跨文化交际活动和校外跨文化交际活动对其影响显著，表明校内跨文化交际活动和校外跨文化交际活动对中国大学生跨文化意识的影响相对重要。但是国内主流社交媒体和国外主流社交媒体对中国大学生跨文化意识的影响未达到显著水平，表明其对中国大学生跨文化意识的影响不太显著或是不太重要。因此，影响跨文化意识的最有力的跨文化直接接触路径是校内跨文化交际活动和校外跨文化交际活动。Christensen（2013）证实，西澳大利亚学校中国际学生的存在可以增强当地学生的跨文化意识。访谈还表明，学生能够意识到跨文化互动中的跨文化差异。

表 8-14 跨文化直接接触与意识之间的路径关系

路径关系	标准化路径系数	p
AW←DMSM	-0.080	0.013
AW←FMSM	-0.003	0.929
AW←IICA	0.329	0.000
AW←EICA	0.313	0.000

第四节 本章小结

　　本章的研究构建了结构方程模型，全面探讨直接接触对整体和各维度跨文化能力发展的影响。结果表明，中国语境下跨文化直接接触对大学生跨文化能力发展有着显著的正向影响。另外，中国语境下跨文化直接接触与跨文化能力六个维度的路径关系各有不同。其中，以本国文化知识发展为主的直接接触路径为国内主流社交媒体，以外国文化知识发展为主的直接接触路径为外国主流社交媒体和校内跨文化交际活动，以跨文化态度发展为主的直接接触路径为校内跨文化交际活动和校外跨文化交际活动，以跨文化交流技能发展为主的直接接触路径为校内跨文化交际活动，以跨文化认知技能发展为主的直接接触路径为校内跨文化交际活动，以跨文化意识发展为主的直接接触路径为校内跨文化交际活动和校外跨文化交际活动。本章的研究没有控制样本变量的地区差异，因为受访者的地区差异可能会对调查结果产生细微的影响。未来研究可以控制变量的区域差异，探讨跨文化直接接触对中国大学生跨文化能力的影响。本章的研究结果不仅为相关跨文化能力研究提供研究思路和理论参照，具有重要的理论意义；同时，也为目前高校国际化教育培养计划制订提供借鉴，具有积极的现实意义。

第九章 跨文化间接接触对跨文化能力发展的作用机理

第一节 引言

早在第二次世界大战结束后,学者们就开始了群体间接触的理论建构研究,以探索减少群体间偏见的有效途径(Williams,1947)。Allport(1954)最早系统地提出了他的群体间接触理论,也被称为接触假说。这一理论的核心论点是,在有利环境下进行群体间的接触可以减少群体间的偏见。这一接触假说因其理论地位和决策意义而备受关注(Pettigrew,1971)。

不少学者研究的是在极端条件下的跨文化接触,这种接触通常发生在类似实验室的虚拟环境中(Allport,1954;Pettigrew,1986;Halualani,2008)。然而,他们往往过于强调"正确的"或"最优"接触条件(例如,接触应该是自发的、定期频繁的、产生于具有相似社会经济地位的个体之间的)。这类研究没有充分反映个人在现实生活中的日常跨文化接触(Ellison & Powers,1994;Pettigrew & Tropp,2000;Bramel,2004;Dixon et al.,2005),并可能在很大程度上忽视个人和文化群体在复杂的现实生活中相互接触的具体情况(Connolly,2000;Pettigrew & Tropp,2000;Dixon et al.,2005;Kormos et al.,2014)。国外学者 Kormos 和 Csicér(2007)从外语学习的角度探讨跨文化接触，他认为跨文化接触既包括直接接触（DC），也包括间接接触（ID），即同母语或非母语人群进行交流，或包括与目标语言文化产品的接触。国内从事跨文化研究的学者胡文仲（1999）认为，同母语为英语的人们进行语言上的直接联系和沟通，或者通过这种直接联系来理解其文化是促进跨文化能力发展的最好方法之一。此外，国内学者彭仁忠和吴卫平（2016）从跨文化能力视域探讨了中国大学生的跨文化交际路径，为中国相关跨文化研究提供了理论依据。

学者们一致认为，跨文化接触可以促进学生跨文化能力的发展，增强学生的语言学习动机和减少学生的语言使用焦虑。另外，从跨文化能力的角度来看，跨文化接触主要有两种类型：一是直接接触，包括与母语为目标语或与非母语为目标语的人进行口头和书面交流，即直接口头接触和直接书面接触；二是间接接触，即间接的人际接触和间接的文化产品接触，包括与各种目标语文化产品和媒体的接触（电视、电影、书籍、杂志、报纸、网络等）（Clément & Kruidenier, 1983；Pettigrew & Tropp, 2000；Campbell, 2003；Liaw, 2003；Kormos & Csizér, 2007）。具体而言，直接的口头接触包括在目标语国家和目标语国家以外的国家与其母语者面对面交流，以及在国内与母语者或非母语者交流；直接的书面语接触，包括网上聊天、打字、电子邮件以及邮局寄信。间接个人接触指通过家庭成员和教师等中介者获得的跨文化经验，以及在国内外与外国人虽有接触但缺乏实质性互动的情况。间接接触还包括与电视、互联网、图书、电影、杂志等的文化产品接触。

在经济全球化背景下，中国与国际间的跨文化交流与合作不断增加，对国际人才的需求也在增加。如何培养具有国际视野和跨文化能力的人才，已成为当前高等教育人才培养模式改革的重要内容。近几十年来，国内学者围绕跨文化间接接触对大学生跨文化能力影响的研究较少。尤其在新冠疫情时期，跨文化间接接触有利于培养学生的跨文化能力，提升他们参与国际竞争和国际文化传播的能力。

本章的研究将从跨文化间接接触视角探究其对大学生跨文化能力发展的影响。研究发现将为跨文化能力培养研究和跨文化外语教学带来一些理论启示，同时也可以为外语教师提供培养学生跨文化能力的路径参考。

第二节　研究方法

一　研究问题

本章的研究着重探讨跨文化间接接触对中国大学生跨文化能力的影响作用，主要围绕以下四个问题展开。

1. 大学生跨文化间接接触对其整体跨文化能力发展的作用机制如何？

2. 大学生跨文化间接接触对其各维度跨文化能力发展的作用机制如何？

3. 大学生跨文化间接接触影响其整体跨文化能力发展的路径重要性如何？

4. 大学生跨文化间接接触影响其各维度跨文化能力发展的路径重要性如何？

二　研究对象

本章的研究选取 2400 名来自全国 25 所大学（来自武汉、海口、上海、沈阳、北京、广州、郑州、兰州、南京、哈尔滨、南昌、天津和苏州等城市的大学）的本科生参加了正式量表的调查。其中男生占 45.5%，女生占 54.5%，理科学生占 50.5%，文科学生占 49.5%。大一学生占 11.9%，大二学生占 47.5%，大三学生占 23.8%，大四学生占 16.8%。以上这些受试者均有跨文化间接接触的经历。

三 研究工具

本章的研究采用第四章构建的大学生跨文化间接接触正式量表（见附录3.4），该量表包含包含4个维度、16个描述项：线下交流（OC1，OC2，OC3）；文化产品（CP1，CP2，CP3，CP4，CP5）；多媒体和课程（MC1，MC2，MC3，MC4）；课内和课外活动（IEA1，IEA2，IEA3，IEA4）。同时，本章的研究采用第三章构建的中国大学生跨文化能力自我评价量表（见附录2），该量表主要涉及6个维度、28个描述项：本国文化知识（ic1—ic3）、外国文化知识（ic4—ic10）、态度（ic11—ic13）、跨文化交流技能（ic14—ic22）、跨文化认知技能（ic23—ic25）和意识（ic26—ic28）。

四 数据收集与分析

通过课堂面对面、邮寄、问卷星的方式共发放问卷2400份，共回收实际有效问卷2128份，有效率为88.7%。本章的研究采用AMOS 22.0构建结构方程模型进行影响因素分析和路径分析。一方面，构建大学生跨文化间接接触对其整体跨文化能力和各维度跨文化能力的作用机制结构方程模型，并基于模型分析其作用机制。另一方面，深入探究大学生跨文化间接接触影响其整体和各维度跨文化能力的主要路径及其重要性，进而揭示跨文化间接接触对中国大学生跨文化能力的作用机理。

第三节 结果与讨论

一 跨文化间接接触对大学生跨文化能力发展的结构方程模型

基于前面章节对跨文化间接接触量表和跨文化能力自我评价量表

的信度和效度检验,证实了两个量表均有良好的信度和效度,可以用来进行影响机制和作用机理分析。本章通过构建结构方程模型分析跨文化间接接触对大学生跨文化能力发展的影响,主要体现在以下两个方面:一方面是从整体上解释跨文化间接接触对中国大学生跨文化能力的影响;另一方面是从各个维度分别探究跨文化间接接触对跨文化能力的影响。本章采用 AMOS 22.0 构建了跨文化间接接触对整体跨文化能力影响的路径模型(见图 9-1),该模型从整体上解释跨文化间接接触对中国大学生跨文化能力的影响,模型拟合结果如表 9-1 所示。

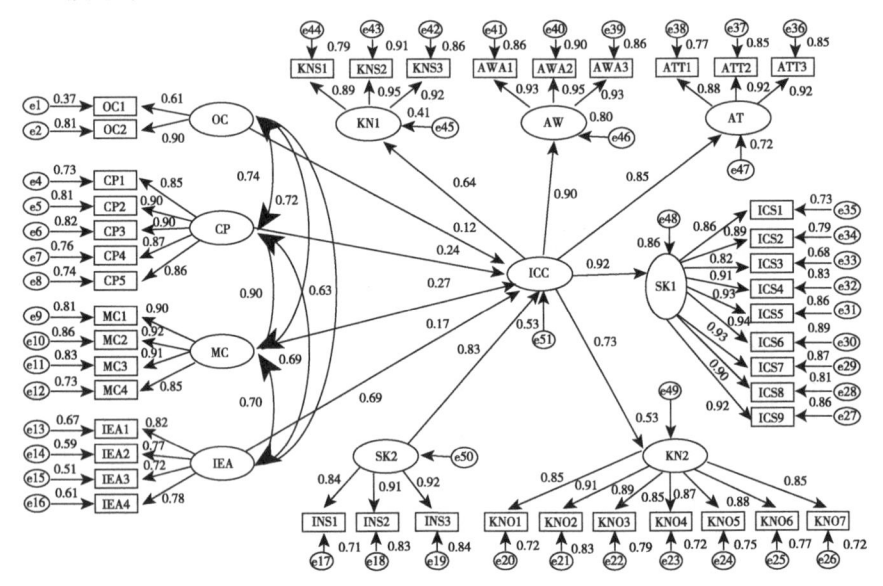

图 9-1 跨文化间接接触对整体跨文化能力影响路径模型

表 9-1 跨文化间接接触对整体跨文化能力影响路径模型拟合结果

	χ^2/df	GFI	AGFI	CFI	RMR	RMSEA
临界值	≤5	≥0.90	≥0.90	≥0.90	≤0.10	≤0.08
模型拟合度	1.292	0.959	0.954	0.990	0.074	0.063

从表 9-1 可以看出,卡方与自由度之比($\chi^2/df = 1.292$)、拟合

优度指数（GFI=0.959）、调整后的拟合优度指数（AGFI=0.954）、比较拟合指数（CFI=0.990）、均方根残差（RMR=0.074）和均方根近似误差（RMSEA=0.063）均在参考值可接受的范围内，可以看出模型的适配性良好。GFI、AGFI和CFI非常接近标准，且其他指标均能达到要求，因此可以认为模型整体拟合良好，不需要进行再次修正。由此发现，大学生跨文化间接接触对其整体跨文化能力影响路径模型是稳定和可靠的。

从图9-1发现，跨文化间接接触各维度对大学生跨文化能力发展具有积极正向的影响，其标准化路径系数分别0.12、0.24、0.27、0.17。换句话说，跨文化间接接触4个因子（线下交流、文化产品、多媒体和课程、课内和课外活动）对大学生跨文化能力具有积极正向的影响。由此，为了更深入地观测跨文化间接接触对跨文化能力各维度，如本国文化知识、外国文化知识、态度、跨文化交流技能、跨文化认知技能和意识（吴卫平、樊葳葳、彭仁忠，2013）的影响作用，本研究首先构建了大学生跨文化间接接触影响其本国文化知识的结构方程模型，如图9-2所示，模型拟合结果如表9-2所示。

表9-2 跨文化间接接触对本国文化知识影响路径模型拟合结果

	χ^2/df	GFI	AGFI	CFI	RMR	RMSEA
临界值	≤5	≥0.90	≥0.90	≥0.90	≤0.10	≤0.08
模型拟合度	1.046	0.989	0.984	0.999	0.059	0.048

从表9-2可以看出，卡方与自由度之比（χ^2/df=1.046）、拟合优度指数（GFI=0.989）、调整后的拟合优度指数（AGFI=0.984）、比较拟合指数（CFI=0.999）、均方根残差（RMR=0.059）和均方根近似误差（RMSEA=0.048）均在参考值可接受的范围内，可以看出模型的适配性良好。GFI、AGFI和CFI非常接近标准，且其他指标均能达到要求，因此认为模型整体拟合良好，不需要进行再次修正。由此证明大学生跨文化间接接触对其本国文化知识影响模型是稳定和可靠的。

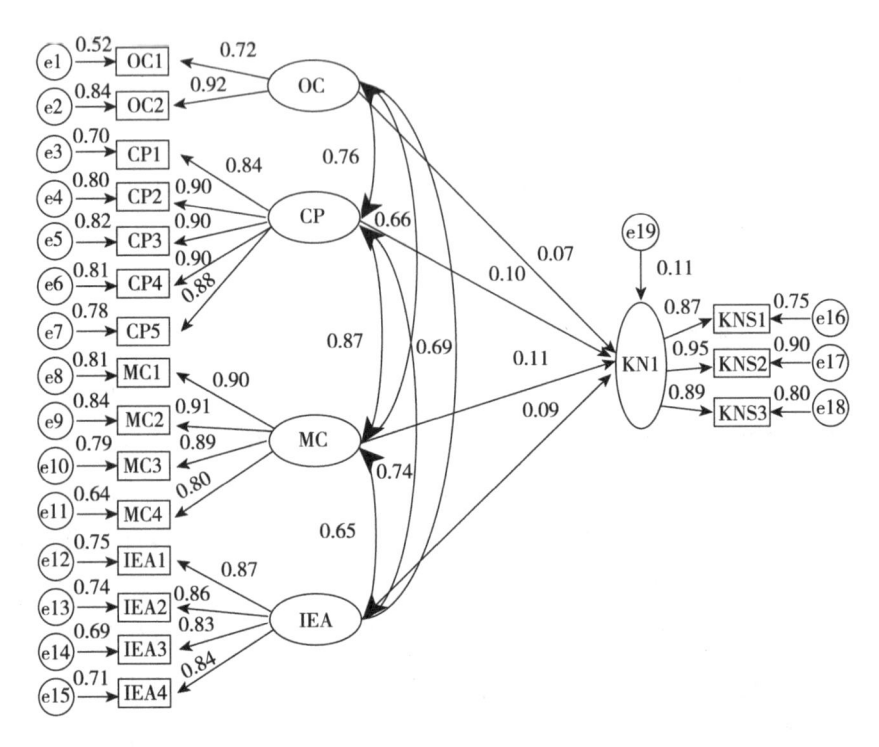

图 9-2　跨文化间接接触对本国文化知识影响路径模型

为了探究跨文化间接接触 4 个维度对外国文化知识的影响,构建了跨文化间接接触与外国文化知识结构方程模型(见图 9-3)。图 9-3 为跨文化间接接触对外国文化知识影响路径模型,模型拟合结果如表 9-3 所示。

表 9-3　跨文化间接接触对外国文化知识影响路径模型拟合结果

	χ^2/df	GFI	AGFI	CFI	RMR	RMSEA
临界值	≤5	≥0.90	≥0.90	≥0.90	≤0.10	≤0.08
模型拟合度	1.073	0.979	0.972	0.965	0.034	0.039

从表 9-3 可以看出,卡方与自由度之比($\chi^2/df = 1.073$)、拟合优度指数(GFI = 0.979)、调整后的拟合优度指数(AGFI = 0.972)、比较拟合指数(CFI = 0.965)、均方根残差(RMR = 0.034)和均方根

近似误差（RMSEA=0.039）均在参考值可接受的范围内，可以看出模型的适配性良好。GFI、AGFI 和 CFI 非常接近标准，且其他指标均能达到要求，表明模型整体拟合良好，不需要进行再次修正。由此证明大学生跨文化间接接触对其外国文化知识影响模型是稳定和可靠的。

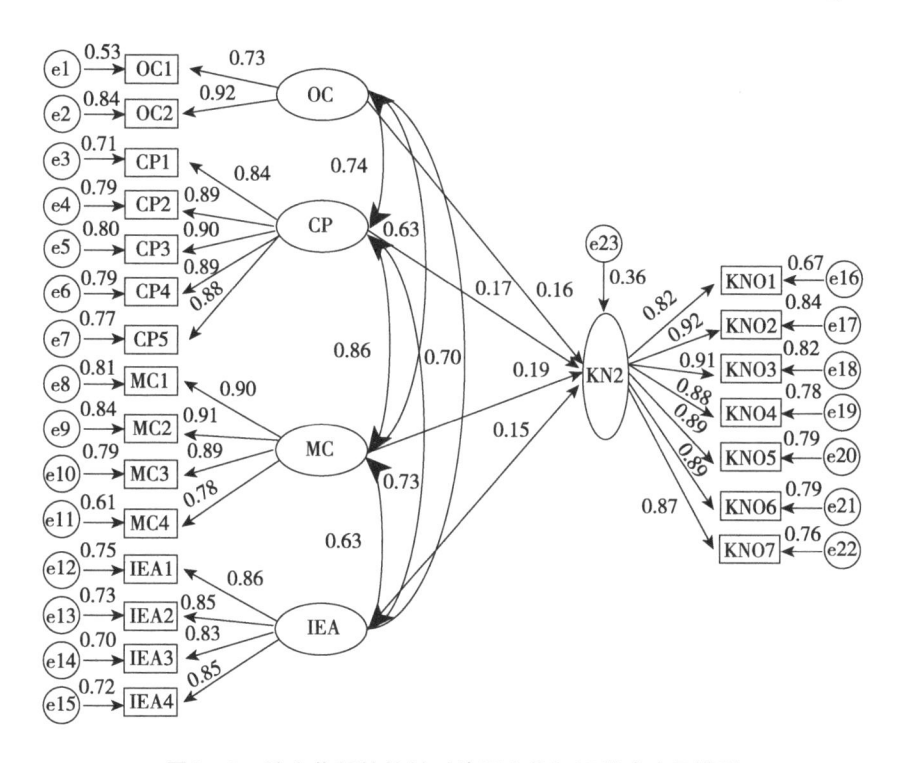

图9-3 跨文化间接接触对外国文化知识影响路径模型

为了探究跨文化间接接触4个维度对态度的影响，构建了跨文化间接接触与态度结构方程模型（见图9-4）。图9-4为跨文化间接接触对态度影响路径模型，模型拟合结果如表9-4所示。

表9-4 跨文化间接接触对态度影响路径模型拟合结果

	χ^2/df	GFI	AGFI	CFI	RMR	RMSEA
临界值	≤5	≥0.90	≥0.90	≥0.90	≤0.10	≤0.08
模型拟合度	1.047	0.990	0.985	0.993	0.053	0.041

从表 9-4 可以看出，卡方与自由度之比（$\chi^2/df = 1.047$）、拟合优度指数（GFI = 0.990）、调整后的拟合优度指数（AGFI = 0.985）、比较拟合指数（CFI = 0.993）、均方根残差（RMR = 0.053）和均方根近似误差（RMSEA = 0.041）均在参考值可接受的范围内，可以看出模型的适配性良好。GFI、AGFI 和 CFI 非常接近标准，且其他指标均能达到要求，表明模型整体拟合良好，不需要进行再次修正。由此证明大学生跨文化间接接触对其态度影响路径模型是稳定和可靠的。

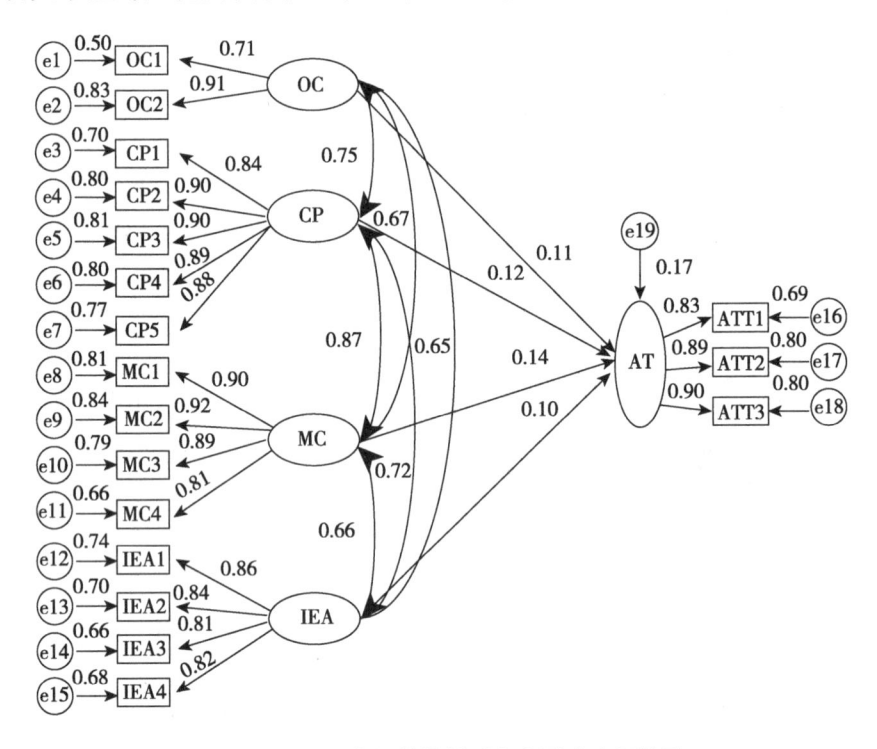

图 9-4 跨文化间接接触对态度影响路径模型

为了分析跨文化间接接触 4 个维度对跨文化交流技能的影响，构建了跨文化间接接触与跨文化交流技能结构方程模型（见图 9-5）。图 9-5 为跨文化间接接触对跨文化交流技能影响路径模型，模型拟合结果如表 9-5 所示。

表9-5 跨文化间接接触对跨文化交流技能影响路径模型拟合结果

	χ^2/df	GFI	AGFI	CFI	RMR	RMSEA
临界值	≤5	≥0.90	≥0.90	≥0.90	≤0.10	≤0.08
模型拟合度	1.086	0.983	0.978	0.997	0.032	0.044

从表9-5可以看出，卡方与自由度之比（$\chi^2/df=1.086$）、拟合优度指数（GFI=0.983）、调整后的拟合优度指数（AGFI=0.978）、比较拟合指数（CFI=0.997）、均方根残差（RMR=0.032）和均方根近似误差（RMSEA=0.044）均在参考值可接受的范围内，可以看出模型的适配性良好。GFI、AGFI和CFI非常接近标准，且其他指标均能达到要求，表明模型整体拟合良好，不需要进行再次修正。由此证明大学生跨文化间接接触对其跨文化交流技能影响路径模型是稳定和可靠的。

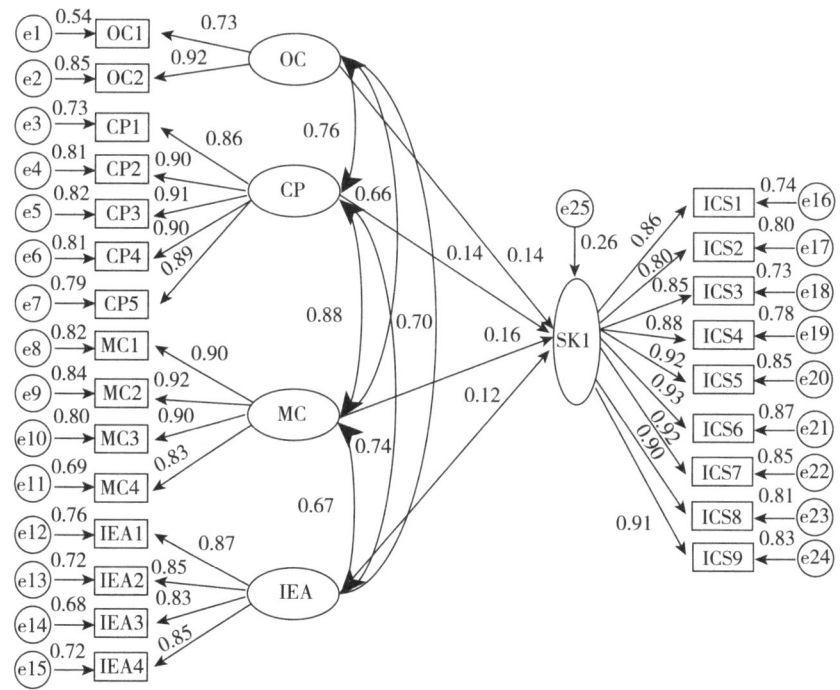

图9-5 跨文化间接接触对跨文化交流技能影响路径模型

为了探究跨文化间接接触 4 个维度对跨文化认知技能的影响，构建了跨文化间接接触与跨文化认知技能结构方程模型（见图 9-6）。跨文化间接接触对跨文化认知技能影响路径模型如图 9-6 所示，模型拟合结果如表 9-6 所示。

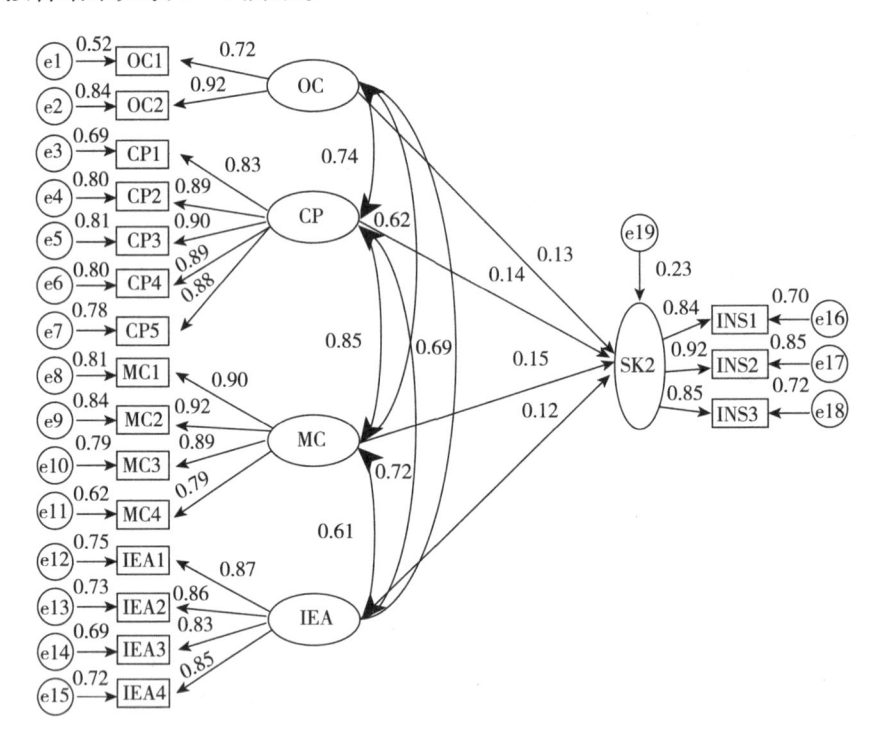

图 9-6　跨文化间接接触对跨文化认知技能影响路径模型

表 9-6　跨文化间接接触对跨文化认知技能影响路径模型拟合结果

	χ^2/df	GFI	AGFI	CFI	RMR	RMSEA
临界值	≤5	≥0.90	≥0.90	≥0.90	≤0.10	≤0.08
模型拟合度	1.050	0.987	0.980	0.994	0.029	0.030

从表 9-6 可以看出，卡方与自由度之比（$\chi^2/df = 1.050$）、拟合优度指数（GFI = 0.987）、调整后的拟合优度指数（AGFI = 0.980）、比较拟合指数（CFI = 0.994）、均方根残差（RMR = 0.029）和均方根

近似误差（RMSEA = 0.030）均在参考值可接受的范围内，可以看出模型的适配性良好。GFI、AGFI 和 CFI 非常接近标准，且其他指标均能达到要求，表明模型整体拟合良好，不需要进行再次修正。由此证明大学生跨文化间接接触对其跨文化认知技能影响路径模型是稳定和可靠的。

为了分析跨文化间接接触 4 个维度对意识的影响，构建了跨文化间接接触与意识结构方程模型（见图 9-7）。跨文化间接接触对意识影响路径模型如图 9-7 所示，模型拟合结果如表 9-7 所示。

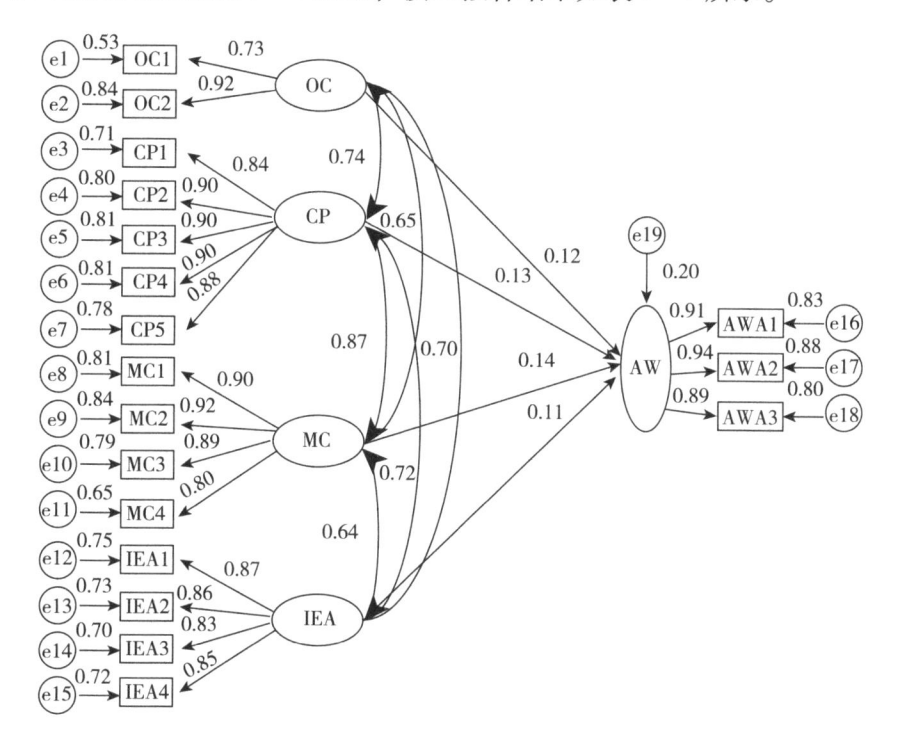

图 9-7 跨文化间接接触对意识影响路径模型

表 9-7　　　　跨文化间接接触对意识影响路径模型拟合结果

	χ^2/df	GFI	AGFI	CFI	RMR	RMSEA
临界值	≤5	≥0.90	≥0.90	≥0.90	≤0.10	≤0.08
模型拟合度	1.053	0.964	0.981	0.995	0.013	0.037

从表 9-7 可以看出，卡方与自由度之比（$\chi^2/df = 1.053$）、拟合优度指数（GFI = 0.964）、调整后的拟合优度指数（AGFI = 0.981）、比较拟合指数（CFI = 0.995）、均方根残差（RMR = 0.013）和均方根近似误差（RMSEA = 0.037）均在参考值可接受的范围内，可以看出模型的适配性良好。GFI、AGFI 和 CFI 非常接近标准，且其他指标均能达到要求，表明模型整体拟合良好，不需要进行再次修正。由此证明大学生跨文化间接接触对其意识影响路径模型是稳定和可靠的。

二 跨文化间接接触对大学生跨文化能力发展的影响路径分析

通过以上模型拟合的探讨发现，本章构建的跨文化间接接触与跨文化能力之间的关系结构方程模型均通过了模型拟合度检验，结果表明跨文化间接接触对大学生跨文化能力发展的影响路径结构方程模型是稳定和可靠的，适合进行路径分析。从表 9-8 可以看出，跨文化间接接触四个路径与跨文化能力之间的关系在 0.001 的水平上显著，表明大学生跨文化间接接触对其跨文化能力有着积极的正向影响，但路径系数略有不同，证明跨文化间接接触四个路径对跨文化能力的影响程度各有不同。其中，多媒体和课程对跨文化能力影响路径系数为 0.270，该值最大，表明多媒体和课程对跨文化能力影响最强。文化产品对跨文化能力影响路径系数为 0.241，仅小于多媒体和课程，表明文化产品对跨文化能力影响适中。课内和课外活动对跨文化能力影响一般，路径系数为 0.173。线下交流对跨文化能力影响最弱，路径系数为 0.117。以上结论与国内外学者 Kormos 和 Csizér（2007），彭仁忠和吴卫平（2016）关于跨文化接触与跨文化能力关系的研究结论基本一致，如跨文化直接接触和跨文化间接接触均对学生的跨文化能力产生积极的影响作用。

表9-8　跨文化间接接触与跨文化能力之间路径系数检验结果

路径			系数	p
ICC	←	OC	0.117	***
ICC	←	CP	0.241	***
ICC	←	MC	0.270	***
ICC	←	IEA	0.173	***

注：*** 即 p<0.001。

从表9-9可以看出，跨文化间接接触4个路径与本国文化知识之间的关系在0.001的水平上显著，但路径系数略有不同，表明跨文化间接接触4个路径对本国文化知识影响程度不同。其中，文化产品、多媒体和课程、线下交流与课内外活动这4个路径对本国文化知识影响路径系数为0.101、0.112、0.066和0.090，说明对本国文化知识具有显著影响，通过文化产品、多媒体和课程等途径获得的本土文化知识，其对跨文化能力的影响显著强于线下交流和课内外活动这两种接触路径。以上结论与国内学者余志娟和冉亚维（2013）前期研究结论基本吻合，即文化接触可以使跨文化交流加强，中国国力的增强使文化交流由中国单纯吸收外来文化的单一流向变成双向交流，输出中国本土文化，发挥中国文明古国的文化影响力，以语言为媒介，通过接触中国典籍作品英译作品提升学生对中国文化知识的理解和对外交流传播能力。

表9-9　跨文化间接接触与本国文化知识之间路径系数检验结果

路径			系数	p
KN1	←	OC	0.066	***
KN1	←	CP	0.101	***
KN1	←	MC	0.112	***
KN1	←	IEA	0.090	***

注：*** 即 p<0.001。

从表9-10可以看出，跨文化间接接触4个路径与外国文化知识之间的关系在0.001的水平上显著，但路径系数略有不同，表明跨文化间接接触四个路径对外国文化知识影响程度不同。其中，多媒体和课程对外国文化知识影响路径系数为0.192，该值最大，表明其重要性最强；文化产品对外国文化知识影响路径系数为0.172，重要性适中；线下交流对外国文化知识影响路径系数为0.164，重要性一般；课内和课外活动对外国文化知识影响路径系数为0.151，重要性最弱。以上结论与国内学者杨静（2013）的前期研究结论一致，即通过多媒体、书籍、杂志等可以促进文化知识发展，有助于培养学生的跨文化能力。

表9-10 跨文化间接接触与外国文化知识之间路径系数检验结果

路径			系数	p
KN2	←	OC	0.164	***
KN2	←	CP	0.172	***
KN2	←	MC	0.192	***
KN2	←	IEA	0.151	***

注：*** 即 $p<0.001$。

从表9-11可以看出，跨文化间接接触4个路径与态度之间的关系在0.001的水平上显著，但路径系数略有不同，表明跨文化间接接触四个路径对态度影响程度不同。其中，多媒体和课程对态度影响路径系数为0.136，该值最大，表明其重要性最强；文化产品对态度影响路径系数为0.118，重要性适中；线下交流对态度影响路径系数为0.109，重要性一般；课内外活动对态度影响路径系数为0.099，重要性最弱。以上结论与国内学者许旸（2009）针对上海大学生媒介使用、跨文化消费与文化认同的问卷调查研究结论一致，即大学生使用多元化媒介及其占据主导地位的媒介接触习惯有助于培养大学生对多元文化持有积极、开放态度。

表9-11 跨文化间接接触与态度之间路径系数检验结果

路径			系数	p
AT	←	OC	0.109	***

续表

路径			系数	p
AT	←	CP	0.118	***
AT	←	MC	0.136	***
AT	←	IEA	0.099	***

注：*** 即 p<0.001。

从表 9-12 可以看出，跨文化间接接触 4 个路径与跨文化交流技能之间的关系在 0.001 的水平上显著，但路径系数略有不同，表明跨文化间接接触四个路径对跨文化交流技能影响程度不同。其中，多媒体和课程对跨文化交流技能影响路径系数为 0.164，该值最大，表明其重要性最强；文化产品对跨文化交流技能影响路径系数为 0.142，重要性适中；线下交流对跨文化交流技能影响路径系数为 0.135，重要性一般；课内外活动对跨文化交流技能影响路径系数为 0.123，重要性最弱。该结果与国内学者魏晓红（2009）研究结果一致，即英语电影作为多媒体之一，可以提供真实口语范本，使观赏者熟悉电影中日常生活用语单词，并提高学生语言与跨文化交流能力。

表 9-12 跨文化间接接触与跨文化交流技能之间路径系数检验结果

路径			系数	p
SK1	←	OC	0.135	***
SK1	←	CP	0.142	***
SK1	←	MC	0.164	***
SK1	←	IEA	0.123	***

注：*** 即 p<0.001。

从表 9-13 可以看出，跨文化间接接触 4 个路径与跨文化认知技能之间的关系在 0.001 的水平上显著，但路径系数略有不同，表明跨文化间接接触四个路径对跨文化认知技能影响程度不同。其中，多媒体和课程对跨文化认知技能影响路径系数为 0.152，该值最大，表明其重要性最强；文化产品对跨文化认知技能影响路径系数为 0.137，重要性适中；线下交流对跨文化认知技能影响路径系数为 0.130，重要性一般；课内外活动对跨文化认知技能影响路径系数为 0.119，重要性最弱。前期相关研究表明，书籍和杂志可以使学生获得非言语交际知识，让学生能够通过自我反思并寻求有效交流与合作策略（杨静，2013）。

表 9-13　跨文化间接接触与跨文化认知技能之间路径系数检验结果

路径			系数	P
SK2	←	OC	0.130	***
SK2	←	CP	0.137	***
SK2	←	MC	0.152	***
SK2	←	IEA	0.119	***

注：*** 即 $p<0.001$。

从表 9-14 可以看出，跨文化间接接触 4 个路径与意识之间的关系在 0.001 的水平上显著，但路径系数略有不同，表明跨文化间接接触四个路径对意识影响程度不同。其中，多媒体和课程对意识影响路径系数为 0.144，该值最大，表明其重要性最强；文化产品对意识影响路径系数为 0.129，重要性适中；线下交流对意识影响路径系数为 0.121，重要性一般；课内外活动对意识影响路径系数为 0.112，重要性最弱。以上结论与国内学者莫海文（2008）的研究结论一致，即电影作为一种多媒体手段，是社会和文化的重要表现形式，欣赏英语电影除了可以帮助学习目标语言外，还可以有效地提高学生的跨文化意识和跨文化学习兴趣。

表 9-14　跨文化间接接触与意识之间路径系数检验结果

路径			系数	p
AW	←	OC	0.121	***
AW	←	CP	0.129	***
AW	←	MC	0.144	***
AW	←	IEA	0.112	***

注：*** 即 $p<0.001$。

第四节　本章小结

本章主要探究了跨文化间接接触对中国大学生跨文化能力发展的影响。结构方程模型路径系数结果，表明跨文化间接接触对跨文化能力具有显著影响。在跨文化间接接触四个维度与跨文化能力六个维度之间关系的讨论中发现，多媒体和课程间接接触路径对整体跨文化能力及其各维度能力的影响最强；文化产品路径影响作用较强；相比之下，课内外活动对跨文化能力影响一般，其主要体现在对外国文化知识、跨文化交流技能、跨文化认知技能和意识的影响方面；而线下交流对跨文化能力影响最弱，主要体现在对外国文化知识、态度、跨文化交流技能、跨文化认知技能和意识（吴卫平等，2013）的影响方面。总的来说，跨文化间接接触能有效促进跨文化能力的提升，相比之下，文化产品以及多媒体和课程对跨文化能力的影响明显大于线下交流与课内外活动。因此，在今后英语教学中应对文化产品以及多媒体和课程多加关注，有助于高校教师通过设计合理的英语课程促进大学生跨文化能力的发展。同时，对跨文化研究学者有一些启示作用，如未来可以针对文化产品以及多媒体和课程等方面进行深入的实证研究探索，以便更好地发现它们之间的内在联系和作用机理。

第十章 跨文化体验对跨文化能力发展的影响路径研究

第一节 引言

当今世界处在百年未有之大变局，一方面，经济全球化趋势不可逆转，人们正在经历着多种多样的跨文化体验。全球化为中国提供了发挥主导作用的机遇。在这个过程中，中国可以推动形成开放、包容、普惠、平衡、共赢的新型全球化。另一方面，新冠疫情严重阻碍了世界各地的文化和学术交流，这对正在经历跨文化体验的人们造成了极大影响。

近年来，伴随着全球化进程，移民、跨国务工人员、留学生、外国游客和商人的数量迅速增加，他们在远离故乡的异国他乡生活或旅行（Sharma，2019）。因此，来自不同文化背景的人正在更频繁地交流，带来了所谓的跨文化体验现象。不同于以往的跨文化接触，跨文化体验在培养跨文化能力方面一直发挥着积极作用，是跨文化接触中最重要的方式之一。当前，社交和学术体验中的国际和跨文化特征受到不断关注，学者们从不同的角度进行了深入研究。来自不同学术领域的学者们发现，大学生更容易体验到文化的差异和多样性。正如Krajewski（2011）所说，学生以往的跨文化体验和他们的个人态度对其跨文化能力的发展有很大的影响作用。此外，跨文化体验有助于学生在其他国家生活和转换身份，体验新的生活和思维方式，这也有助于提高他们的跨文化能力。因此，对学生来说，如何充分利用跨文化体验来提高其跨文化能力是一个巨大的挑战。

然而，新冠疫情的暴发给世界经济带来了严重影响，阻碍了世界范围内的文化和学术交流。在这种情况下，各国纷纷封校，教学和研究活动也被迫中止。国际会议只能选择在网上举行，人们失去了面对面的学术交流机会。大学生跨文化体验和跨文化能力提升都受到了影响。因此，有必要探讨中国大学生的跨文化体验及其跨文化能力的发展，并研究在后疫情时代下中国大学生的跨文化体验对其跨文化能力的影响。

本章研究的主要目的是探索能够显著影响中国大学生跨文化体验的因素，同时探究中国大学生的跨文化体验对其在后疫情时代下跨文化能力发展的影响作用。结合问卷调查和半结构式访谈，收集定量数据和定性数据，并采用这些数据构建结构方程模型进行路径分析。根据路径分析的结果，为高校跨文化外语教育提供了一些数据支撑和建设性建议。因为受疫情的持续影响，已经出国的学生不得不提前回国，那些计划出国深造的学生不得不推迟他们的计划。因此，大学生体验不同文化的机会大幅减少。在此背景下，本章探讨了中国大学生跨文化体验的现状，并以此为基础调查了中国大学生的跨文化体验对其跨文化能力发展的影响。

第二节　理论框架

一　跨文化能力研究

（一）国外研究

跨文化能力的研究起源于20世纪70年代，发展至今已取得了丰硕成果。西方学者的研究主要集中在理论构建方面。

首先，许多学者对跨文化能力的定义进行了讨论。Byram（1997a）将跨文化能力定义为与来自不同社会背景的人进行交流和互动的能力。一些学者从行为学的角度对这一概念进行了定义，他们认为跨文化能力应是可以促进个人在不同文化背景下成功交流的适当行为（Spitzberg，2000；Fantini & Tirmizi，2006）。另外，对于跨文化能力的组成部分，学者们已经就其中的一些内容达成了共识。对文化知识的较好掌握被认为是进行跨文化交流的基石（Ruben，1976；Byram，1997b；Deardorff，2006；Lusting & Koester，2007；Pettigrew，2008）。认为来自不同文化的人持有积极态度可以促进跨文化交流（Ruben，1976；Byram，1997b；Deardorff，2006）。意识到文化差异和文化情境可以培养一个人的跨文化意识（Ruben，1976；Byram，1997a；Fantini & Tirmizi，2006）。当与来自其他文化的人进行对话时，沟通技巧也是必要的（Ruben，1976；Lusting & Koester，2006）。此外，事实证明，对跨文化交流的渴望（Ruben，1976）、同理心（Arasaratnam & Doerfel，2005）、好奇心（Deardorff，2006）、跨文化敏感性（Fantini & Tirmizi，2006）、个人精神健康（Sandage & Jankowski，2013）和合理的动机（Lusting & Koester，2007）都可以促进跨文化能力发展。

其次，一些学者试图构建跨文化能力的评估模型。第一类是成分模型。文化知识、跨文化态度和跨文化技能总是被包含在这些模型中（Byram，1997；Fantini，2000）。第二类结构模型是由Gertsen（1990）提出的，包括认知、情感和动机。第三类是发展模式，主要包括跨文化敏感性发展模式（DMIS）（Bennett，1986，1993）及其修订版，即跨文化发展量表（IDI）（Hammer et al.，2003）。DMIS构成了"文化差异取向"世界观的发展模式，形成了日益复杂的跨文化体验潜力。DMIS模型中有三种民族中心主义取向，即一种文化被视为现实的中心（否认、防御、最小化），以及三种民族相对主义取向，即一种文化在其他文化的背景下被体验（接受、适应、整合）。IDI被用来测量DMIS中对文化差异取向的描述。上述模型的信效度已经在实证研究中得到了检验，并且在跨文化教育中被广泛采用。

（二）国内研究

在经济全球化背景下，中国开展跨文化合作、进行跨文化交流的机会迅速增加，这无疑需要更多具有跨文化能力的人才。国内学者的研究主要包括以下三个方面。

首先，学者们普遍认为，跨文化能力是大学生所必需的，培养他们的跨文化能力应该是外语教育的核心（樊葳葳，1999；高永晨，2006；彭仁忠、付容容、吴卫平，2020；孙有中，2016）。同时，有一些实证研究探索了中国大学生跨文化能力发展的维度和框架。国内学者们在西方跨文化理论的基础上建构了本土化的测评工具。在这些工具中，文化知识、意识、态度和技能总是被提及。例如，吴卫平等学者（2013）构建了一套涵盖本国和外国文化知识、态度、跨文化交流能力和跨文化认知能力以及意识的六维量表；高永晨（2014）提出了一个由知（知识、意识和批评）和行（态度、技能和策略）组成的二维概念框架来客观评价中国大学生的跨文化能力。此外，有研究表明，跨文化交际过程中的直接和间接接触可以促进中国大学生的跨文化能力的发展（彭仁忠、吴卫平，2018）。

其次，学者们从外语教学的角度研究跨文化能力。有学者提出了包括思辨、反省、探索、共情和体验在内的一些外语教学基本原则，以培养具有良好跨文化能力的人才（孙有中，2016）。有学者探讨了整合课内外活动以改善跨文化教学的系统性策略（王宝平，2016）。此外，学者们还构建了一些概念模型来发展跨文化教学的理论框架。例如，在中国高校英语教学的背景下，杨华、李莉文（2017）构建了产出型语言文化融合式教学模式，提出语言和文化作为有机体的教育模式有利于学生提升其跨文化发展能力。在从小学到大学的外语教育背景下，张红玲、姚春雨（2020）提出了中国学生跨文化能力发展的综合模式（IMCSICD）。此外，新时代下的理论模式（能力、形式和平台）和实践模式（教学目标、原则、策略、程序、活动和评估）被共同构建，以便将跨文化能力有效地融入外语教学中（彭仁忠、付容容、吴卫平，2020）。

最后，一些学者从商务角度讨论了培养跨文化能力的意义。孟殊（2012）从语言学、语用学、文化学和媒体研究等方面分析了商务话语的特点并提出了跨文化商务沟通能力的概念。肖芬和张建民（2012）认为，国际商务的失败可能是缺乏跨文化能力造成的。因此，他们构建了一个包括跨文化认知、沟通、适应和行为的四维量表，以此来发展员工的跨文化能力。

二 跨文化体验研究

"跨文化"一直是一个热门话题，包括不同社会背景下的不同体验、不同文化背景的人之间的直接和间接接触、学习其他文化的态度、学习外语的目的和需求（Ryan，2003：132）。关于各种体验对人类社会的影响，学者们有不同的看法。一些学者认为，人类可以在阅读回忆录、传记、生活或口述历史、民族志时反思体验在生活中的重要作用，并逐渐成为具有跨文化能力的人（Creswell & Poth，2016；Josselson et al.，1997）。作为跨文化接触中最重要的方式之一，跨文化体验可以培养人类在陌生文化中唤起新奇想法的创造力（Leung et al.，2008）。然而，跨文化体验带来的影响也可能是负面的，因为人们会在语言和语用层面对跨文化过渡体验感到困惑和失望（Hellsten，2002）。

（一）国外研究

跨文化体验可被视为与特定元素和/或其他文化群体的相遇或互动（Alred et al.，2003；Leung et al.，2008）。大众传媒和学术领域的相互交流的增加可以归因于经济全球化。如果人们以各种方式体验文化差异，人们会质疑他们认为的理所当然的认知和情境。因此，人们对自身文化和他国文化的批判性反思变得越来越普遍。这是体验不同文化的必然结果，也是对传统认知模式的挑战。

国外学者主要关注教育背景下的跨文化体验。在过去的几十年中，研究人员认为"跨文化体验教学法"应该应用于正式或非正式的教育环境，以提高个人的跨文化能力（Bimrose，2002；Krause，1998；McLeod，1999）。长期的合作教学项目重点探索了跨文化学术体验如何影响外语课堂内外的学生和教师的跨文化态度（Davcheva，2003）。同时，学生旅行者在其他国家的短期跨文化体验，以及由此产生的学习过程也得到学者的关注（Murphy-Lejeune，2003）。Alred（2003）从治疗理论和实践的角度提出了更好地理解跨文化体验的恰当教学策略。此外，在强调社会参与时，具有特定目的的职业转变可以促进个人将跨文化体验视为一种能力（Zarate，2002）。

学者们还对跨文化体验研究的内容和方法进行了创新探索。传统研究侧重于跨文化教学课堂中的文化浸入式培养方法和计划，而Gupta（2003）阐明了跨文化体验背景下的教育价值，从动态角度审视了开展跨文化教学计划的一些挑战。在此基础上，学者们拓展了有关跨文化体验的观点，并对与其相关的教学法进行反思，以显示文化元素在各种教育情境中的体验和处理方式。此外，Roberts（2003）探索了学生使用民族志方法获得跨文化体验时可能体验的变化过程。

（二）国内研究

基于情境认知理论，高文（2001）提出，人们所熟悉的一切都来自他们所体验的环境，但这并不是教学的结果。也就是说，二语习得实际上是一个适应的过程，学习者应该在真实的语言环境中体验不同的文化（王振亚，2005）。与跨文化接触相比，跨文化体验更具主观性，因为它同时是跨文化研究的主题和方法（王桂彩、陈村富，2006）。换句话说，一个专注于跨文化研究的学者应该是一个具有跨文化体验的人，或者他已经是一个跨文化体验者。获得跨文化体验，为未来的学习、工作和生活做准备，已成为人们的必然需求。何高大（2006）认为跨文化体验具有个人和情感的特征。人们应该反思他们的跨文化体验以适应目标文化。一些学者认为，跨文化体验可以提高个人的智力和创新能力,促进文化信息处理能力(杨华等,2005;杨晓莉、刘力、张笑笑,2010)。然而,在全球化背景下,跨文化体验是一把双刃剑。它不仅可以提供丰富的文化资源,帮助人们拓展思想,促进人们对不同文化的接受,还可能增加不同群体间的威胁和认知负担,从而导致负面情绪甚至抵制行为(施媛媛,2020)。跨文化体验已经成为一种日益普遍的社会现象。人们应该把握其两面性,恰当、灵活地运用它。

国内学者也倾向于在教育背景下进行跨文化体验研究。一方面,学者们强调真实的学习环境,外语学习者可以通过体验不同的文化来习得语言(何高大,2006)。另一方面,不同类型的大学生始终是研究主体。例如,有一些研究探索了非通用外语专业学生国际体验的影响,以及工科本科生创造力与留学体验之间的关系(吴杰伟、霍然,2013;郑尧丽、陈劲、周盈盈,2013)。还有其他一些研究讨论了跨文化背景下不同日常生活模式对研究生跨文化能力的影响(王小青、曲垠姣、陆伟,2019)。

此外,有一些学者强调不同形式的跨文化体验在学生的个人发展中发挥着重要作用。例如,异国文化体验对于促进跨文化能力的发展具有重要意义,而在"互联网+"跨文化学习过程中,情感体验的培养至关重要(金玉花、樊梦,2021;朱敬、苏岩、朱艺华等,2019)。学生的跨文化学习活动与他们的全球能力之间也存在一定的相关性(张民选、朱福建,2020)。一些学者表示,中国高校应该为学生提供更多的获得跨文化体验和培养批判性思维能力的机会(臧小佳、车向前、尹晓煌,2021)。此外,吴琼(2011)关注高校多元文化音乐教育,为跨文化体验教育提供了新的视角。

此外,跨文化体验的相关研究也关注大学教师(杨启光,2011;陈艳君、刘德军,2012;刘芳,2014)、背包客(狄兰、徐红罡、陈胜容,2018)以及企业员工(陈春花、王杏珊,2015)。

三 跨文化体验对大学生跨文化能力影响的研究

（一）国外研究

跨文化体验对跨文化能力影响的研究集中在高等教育领域。一方面，以往的跨文化体验能够对学生的跨文化能力产生积极影响。旅居者的跨文化体验和国际志愿者工作体验可以促进年轻人跨文化能力的发展（Martin，1987；Yashima，2010）。国际学生的跨文化体验可以促进跨文化身份的成功重构（Gu et al.，2010）。在为学生提供跨文化体验以提高他们的跨文化能力方面，国内国际化可以被视为学术流动的重要替代方案（Aba，2016）。此外，已有研究证实，"创造型人格"和"跨文化能力"这两个概念之间存在很多共同点，跨文化体验可以培养创造力（Dunne，2017）。换句话说，创造力和跨文化能力可以通过跨文化体验得到发展。

此外，一些学者将跨文化研究拓展到医疗领域。已有研究证明，跨文化体验可以大大提高医疗服务提供者与不同文化背景患者交流的能力（Gibson & Zhong，2005），并且短期留学项目可以促进医护学生跨文化能力的发展（Granel et al.，2021）。

另一方面，也有研究表明跨文化体验可能对跨文化能力产生负面影响。例如，Tian 和 Lowe（2010）认为，中国学生来到英国后会积极寻求跨文化体验。然而，新环境下的生活压力会导致他们放弃这种愿望。Zhang（2018）指出，校园内的跨文化体验可能会阻碍学生构建跨文化身份。

（二）国内研究

全球化和"一带一路"建设对培养中国大学生的跨文化能力提出了更高的要求，这与跨文化实践和体验息息相关。然而，人们发现，国内传统的跨文化交际教材的理论解释、案例分析和情景对话并不能产生令人满意的教学结果。因此，学者们试图构建以实践为基础的教学模式，将教材理论与现实生活中的跨文化体验相结合，以改善学生的跨文化态度、意识，提高他们的跨文化交流能力（张丽，2013）。培养学生的跨文化能力不是一蹴而就的。根据不同学生的个性和特点，因材施教，发展他们的跨文化认知、跨文化情感和跨文化行为，鼓励他们丰富个人的跨文化体验（陈庆斌、严明，2020）。

近年来，学者们进行了大量实证研究，以调查跨文化学习体验如何影响跨文化能力的构建。研究发现，中国研究生的国际能力会受到他们跨文化学术体验的影响（刘扬、马荧、李名义，2018）。与上述研究类似，学者们已经证实，本科生的跨文化体验对他们的全球和跨文化能力有显著的积极影响（徐丹、蒋婷、刘声涛，2019）。此外，基于"全球视野量表"（Braskamp et al.，2014），有学者认为跨文化成熟发展程度不受个体特征影响，而取决于其在国外教育实践的投入（岑逾豪、江雨澄、刘俭，2020）。潘亚玲和杨阳（2021）建议正在留学或即将出国留学的中国学生提高他们的跨文化意识，为适应不同的文化环境做充分准备。

长期沉浸在他国文化中有利于培养学生的跨文化能力。作为体验其他文化的直接途径，出国留学对提升跨文化能力的作用不容忽视。国内学者从教育的角度对跨文化体验进行了研究。一些学者选择国际学生作为其研究样本。马晓梅和宗喀（2007）以自己在阿肯色大学的体验为例，揭示了跨文化交际的两种现象：一是因语言相同、信仰相近、地域相邻而产生的归属感；另一种是由于文化差异而产生的吸引力或冲突。此外，通过长期跟踪研究，有学者分析了多名美国交换生在中国某大学的跨文化教育体验对其文化容忍度的影响，结果表明，积极的跨文化教育体验可以消除交换生对中国文化的偏见和误解（田美、杨瑞英，2012）。

已有研究探索了接受高等教育的学生跨文化体验与其跨文化能力发展之间的相关性。跨文化体验往往是指学术体验。然而，这一概念应该涉及不同范畴，如娱乐体验和社交体验。此外，跨文化能力由不同的维度构成。探索跨文化体验与跨文化能力发展不同维度之间相关性的研究相对较少。因此，本章将构建结构方程模型，通过路径分析研究中国大学生跨文化体验对其各维度跨文化能力发展的影响。

第三节 研究设计

一 研究问题

本章主要围绕以下两个问题展开。
1. 中国大学生跨文化体验的主要路径是什么？
2. 大学生跨文化体验对其跨文化能力发展的作用机制如何？

二 研究方法

Mackey 和 Gass（2016）主张，无论选择何种研究方法，学者都必须根据他的研究问题证明使用特定方法的合理性。中国大学生跨文化体验和跨文化能力受复杂现实条件的影响，单一的研究方法都有一定的缺陷，因此，采用混合方法进行数据收集以使研究设计更加合理。

混合方法强调定量和定性研究的不同组合（Dörnyei，2007）。定量研究强调在数值数据收集和分析中量化的研究策略，而定性研究强调对诸如单词等非数值数据的研究策略（Bryman，2012）。Patton（2014）认为，定量研究可以促进数据的比较和统计结果的汇总，相比之下，定性研究收集小样本及案例的详细信息。此外，Patton（2014）还指出，定量研究的有效性在很大程度上取决于恰当和标准化的测量工具，而定性研究的可信度在很大程度上取决于进行调查的研究者的体验和态度。雷蕾（2016）认为，学者们无法明确区分定量研究和定性研究，因为它们在某种程度上是一个连续体。在混合方法研究中,研究人员通常在对问卷调查收集的定量数据进行统计分析后,对一定数量的参与者进行访谈,对访谈结果的解释是对定量分析的补充。

三 研究对象

先导研究的样本从吉林、北京、河北、河南、山东、上海、湖北、湖南、陕西、四川、福建、广东、广西、云南等地的 29 所高校随机抽取,共计 162 人(男性 71 人,女性 91 人)。大一至大四学生的数量与所占比例如下(24 人、9 人、115 人、14 人;14.81%、5.56%、70.99%、8.64%)。样本包括理工科(86 人,53.09%)与人文社科(76 人,46.91%)的 30 多个不同专业。98 人(60.49%)参加过文化类课程,其中,31 人(31.63%)参加过跨文化交际课程;37 人(37.76%)参与过英美文学课程;33 人(33.67%)参与过英美社会与文化课程;8 人(8.16%)参加过某种文化入门课程;16 人(16.33%)参加过外国文化概要课程;37 人(37.76%)参加过英语国家概况课程。14 人(14.29%)有中西文化对比课程;5 人(5.10%)参加过其他文化课程。64 人(39.51%)没有参加过文化类课程。16 人(9.88%)有出国体验,146 人(90.12%)没有相关体验。详细信息见表 10-1。

表 10-1   先导研究样本人口统计信息

	类别	数量(人)	占比(%)
性别	男	71	43.83
	女	91	56.17
年级	大一	24	14.81
	大二	9	5.56
	大三	115	70.99
	大四	14	8.64

续表

类别		数量（人）	占比（%）
专业	理工科	86	53.09
	人文社科	76	46.91
文化类课程	是	98	60.49
	否	64	39.51
海外体验	是	16	9.88
	否	146	90.12

正式研究的样本从东北地区（吉林和辽宁）、华北地区（北京、河北、河南和山东）、华东地区（上海、江苏和浙江）、西北地区（陕西和新疆）、华中地区（湖北、湖南、安徽、江西）、西南地区（四川、重庆、云南）和华南地区（福建、广东、广西、海南）的71所大学中随机抽取，共计714人（男性264人，女性450人）。大一至大四学生的数量与所占比例如下（174、325、41、174人；24.37%、45.52%、5.74%、24.37%）。样本来自理工科（226人，31.65%）和人文社科（488人，68.35%）近90个不同的专业。

354人（49.58%）参加过文化类课程，其中，130人（36.72%）参加过跨文化交际课程；119人（33.62%）参加过英美文学课程；90人（25.42%）参加过英美社会与文化课程；33人（9.32%）参加过某种文化入门课程；54人（15.25%）参加过外国文化概要课程；111人（31.36%）参加过英语国家概况课程；58人（16.38%）参加过中西文化对比课程；29人（8.19%）参加过其他文化课程。360人（50.42%）没有参加过文化类课程。103人（14.43%）有出国（境）体验，611人（85.57%）没有相关体验。详细信息见表10-2。

表10-2　　　　　　正式研究样本人口统计信息

	类别	数量（人）	占比（%）
性别	男	264	36.97
	女	450	63.03

续表

	类别	数量（人）	占比（%）
年级	大一	174	24.37
	大二	325	45.52
	大三	41	5.74
	大四	174	24.37
专业	理工科	226	31.65
	人文社科	488	68.35
文化类课程	是	354	49.58
	否	360	50.42
海外体验	是	103	14.43
	否	611	85.57

四 研究工具

如前所述，本书采用了定量研究和定性研究的混合设计。具体而言，采用问卷调查收集定量数据，运用半结构化访谈收集定性数据。问卷和半结构化访谈均采用中文设计，以确保参与者能够准确高效地完成调查。

（一）问卷

本研究中使用的问卷由两部分组成（见附录5.2）。第一部分旨在收集参与者的人口统计信息，包括性别、年级、所在学校、专业、英语水平、参加的文化类课程和海外体验。第二部分是新冠疫情背景下中国大学生跨文化体验自评量表。该量表包括6个维度，即学术体验（5项）、娱乐体验（4项）、文化与体育活动体验（5项）、饮食体验（3项）、社交体验（7项）和感官体验（5项）。采用李克特五级量表进行评分，从"1"到"5"表示参与者具有跨文化体验的程度从"非常少"到"非常多"。

(二) 半结构化访谈

本章的半结构化访谈大纲主要包括样本基本信息和访谈问题两个部分，以进一步调查样本对跨文化能力和跨文化体验的理解以及这两个概念之间的关系（见附录1.4）。

五 先导研究

Mackey 和 Gass（2016：52）将先导研究定义为对研究程序、材料和方法的小规模试验，或包括编码表和分析选择。在正式研究之前进行先导研究的目的是测试、修改和确定最终研究工具。为了评估数据收集方法的可行性，本书对中国大学生跨文化体验量表进行了先导研究。具体步骤如下。

前期国内学者徐丹等（2019）将研究型大学本科生的国际体验分为国内体验和海外体验两类。前者包括学术活动和社会活动，后者包括学术项目和社会实践项目。基于上述研究内容，结合中国大学生跨文化体验的真实情况，初始量表由学术体验（ae，16项）、娱乐体验（ee，13项）、社交体验（se，14项）和社会实践体验（pe，5项）4个维度组成。考虑到新冠疫情的影响，通过问卷星在线向162名参与者发放了问卷。剔除无效问卷后，剩余问卷153份，有效率为94.44%。

第一，将有效问卷数据放入 SPSS 22.0 进行描述性统计分析，结果如下：描述项 ae4（$M = 1.56$，$SD = 1.09$）；得分平均值（描述项 ae12—16）分别为1.49、1.38、1.24、1.18 和 1.16，标准差分别为0.93、0.80、0.62、0.62 和 0.61。均值和标准差同时较小，说明这些描述项的得分普遍较低，区分度不显著。因此，这些项目被删除。同理，描述项 se8（$M = 1.16$，$SD = 0.58$），se14（$M = 1.52$，$SD = 0.99$），pe1（$M = 1.57$，$SD = 0.99$），pe2（$M = 1.36$，$SD = 0.89$），pe3（$M = 1.42$，$SD = 0.93$），pe4（$M = 1.38$，$SD = 0.92$）和 pe5（$M = 1.24$，

SD＝0.71）被剔除。

第二，进行探索性因子分析（EFA），提取了 8 个主要因子。而 ee13 在因子 7 上的载荷值为负（－0.38），ae5 在因子 3 和因子 7 上的载荷值分别为 0.32（<0.5）和 0.38（<0.5）。由于荷载值过低，这些项目被删除。此外，ae3 和 ae8 分别在因子 7 上，ae1 和 ae2 分别在因子 8 上。这些描述项的数量不足以构成一个主要因子。因此，这些项目被删除。

第三，进行第二次探索性因子分析，提取了 6 个主要因子，结果显示没有异常数据，由此完成了中国大学生跨文化体验初始量表的探索性因子分析。表 10－3 为 KMO 和 Bartlett 球形检验的结果。KMO 值为 0.894（>0.5），这意味着量表中不同项目之间存在显著的相关性。Bartlett 球形检验的结果显著（近似卡方值为 3392.033，自由度为 406，p＝0.000＜0.05），这表明样本量和收集的数据适合进行因子分析。

表 10－3　　　　　　　　　KMO 和 Bartlett 球形检验

	KMO	0.894
Bartlett 球形检验	近似卡方值	3392.033
	自由度	406
	显著性	0.000

经过正交旋转（旋转在 7 次迭代后收敛）提取 6 个主要因子，其特征值均在 1.0 以上（11.938、2.870、2.362、1.539、1.226、1.196）。方差累计贡献率为 72.868%，所有描述项的因子载荷值在 0.528—0.860 之间，表明该量表中各主要因子的特征得到了比较全面的解释。6 个主要因子被分别命名为学术体验（5 项）、娱乐体验（4 项）、文化与体育活动体验（5 项）、饮食体验（3 项）、社交体验（7 项）和感官体验（5 项）。表 10－4 和表 10－5 显示了修订后量表探索性因子分析的结果。

表 10-4　中国大学生跨文化体验初始量表的总体方差解释

因子	总体方差解释		
	旋转载荷平方和		
	合计	方差百分比（%）	累计百分比（%）
1	4.379	15.101	15.101
2	4.213	14.527	29.628
3	3.865	13.328	42.956
4	3.290	11.344	54.300
5	2.884	9.946	64.246
6	2.501	8.622	72.868

表 10-5　大学生跨文化体验初始量表的因子载荷结果

描述项	因子载荷					
	1	2	3	4	5	6
se5	0.812					
se2	0.786					
se4	0.763					
se3	0.737					
se1	0.688					
se7	0.559					
se6	0.528					
se10		0.860				
se9		0.829				
se11		0.808				
se12		0.802				
se13		0.704				
ee7			0.812			
ee8			0.771			
ee6			0.720			
ee9			0.674			
ee5			0.665			
ae9				0.822		

续表

描述项	因子载荷					
	1	2	3	4	5	6
ae10				0.771		
ae7				0.665		
ae11				0.639		
ae6				0.580		
ee2					0.829	
ee1					0.826	
ee4					0.664	
ee3					0.551	
ee11						0.791
ee10						0.783
ee12						0.740

注：提取方法：主成分分析法。
旋转方法：最大方差旋转法 a。
a. 旋转 7 次后收敛。

第四，进行信度检验分析，结果如表 10 - 6 所示。修订后量表各因子的 Cronbach's α 系数均在 0.8 以上，整个量表的 Cronbach's α 系数为 0.947。结果表明，修订后的量表具有良好的内部一致性，即该量表具有良好的信度。

表 10 - 6   大学生跨文化体验初始量表的信度分析

	Cronbach's α 系数	描述项数
跨文化体验（ice）（总体）	0.947	29
学术体验（ae）	0.842	5
娱乐体验（ee）	0.838	4
文化与体育活动体验（case）	0.909	5
饮食体验（fde）	0.872	3
社交体验（se）	0.909	7
感官体验（sse）	0.915	5

六 正式研究

正式研究包括定量部分和定性部分。以下部分详细描述了该混合方法研究中的数据收集和分析过程。

(一) 定量数据收集与分析

受新冠疫情影响，正式问卷通过问卷星在线发放给来自中国不同地区不同大学的学生。最终回收问卷714份，有效问卷662份，有效率为92.72%。将已收集的问卷数据随机分成两半，用SPSS 22.0和AMOS 22.0进行分析。

对于中国大学生跨文化体验正式量表，首先通过探索性因子分析测试其结构效度。其次进行信度检验，以确认量表中的因素具有良好的内部一致性。然后进行验证性因子分析（CFA）以进一步检验正式量表的效度，并调查新冠疫情背景下中国大学生跨文化体验的路径。此外，利用一组331份问卷用于构建中国大学生跨文化体验的结构方程模型，另外一组331份问卷用于进行交叉复核检验。通过分析第一组331份问卷的定量数据构建结构方程模型，对中国大学生跨文化体验对其跨文化能力发展的影响路径进行分析。第二组问卷数据被用于交叉验证，确保结果具有稳定性。

(二) 定性数据收集与分析

从参加过问卷调查的样本中随机选择10名学生作为半结构化访谈的受访者。访谈在咖啡厅进行，访谈氛围轻松。访谈用中文进行，每个持续20—40分钟。征得受访者同意后进行录音，然后将录音转换为文本，并发送给参与者进行确认。从半结构化访谈收集的定性数据中提取了几个相互关联的主题。

七 伦理问题

Bryman（2012）指出，伦理关注的核心问题包括：对参与者造成伤害、未能获得知情同意、侵犯隐私及存在欺骗行为。

一般来说，关于语言的社会研究风险通常较小甚至没有风险，并且会提供额外的好处，例如语言练习（Mackey & Gass，2016：30）。

研究人员首先应该向受试者告知自己的身份，再说明研究内容和目的。受试者应该被告知他们将参与哪些活动。本章旨在调查跨文化体验如何影响中国大学生的跨文化能力发展。受试者在充分了解上述情况后，被要求参加半结构化访谈。只有在受试者同意的情况下才能开展访谈研究。

此外，还应保护受试者的隐私。本章以匿名方式进行问卷调查和半结构化访谈。必要时，受试者及其学校将用大写字母或数字代替。此外，研究人员应承诺仅在本章的研究中使用问卷和访谈的数据。受试者应该可以访问属于自己的材料。

第四节 研究结果

一 定量研究结果

（一）量表的信度和效度

有必要对设计的中国大学生跨文化体验正式量表进行效度和信度检验，之后进行探索性因子分析、信度检验和验证性因子分析的结果如下所示。

1. 探索性因子分析

在前期先导研究中，进行了探索性因子分析，提取主因子并确定正式量表的最终描述项。经过两轮探索性因子分析，最终提取了6个主因子，即学术体验（ae，5项）、娱乐体验（ee，4项）、文化与体育活动体验（case，5项）、饮食体验（fde，3项）、社交体验（se，7项）和感官体验（sse，5项）。为了探究量表是否具有广泛的适用性，正式研究对来自大样本（662份问卷）的数据进行探索性因子分析。

将数据输入 SPSS 22.0，效度检验结果如下。

表 10-7 为 KMO 和 Bartlett 球形检验结果。KMO 值大于参考值 0.5，为 0.929，Bartlett 球形检验结果显著（近似卡方值为 13474.607，自由度为 406，$p = 0.000 < 0.05$），说明样本量适合做因子分析。

表 10-7　　　　　　　　KMO 和 Bartlett 球形检验

KMO		0.929
Bartlett 球形检验	近似卡方值	13474.607
	自由度	406
	显著性	0.000

通过正交旋转（旋转在 6 次迭代后收敛）提取了 6 个主因子，其特征值均在 1.0 以上（11.519、2.764、2.238、1.654、1.184、1.084）。方差累计贡献率为 70.489%，结果表明量表中主要因子的特征可以得到比较全面的解释（见表 10-8）。

表 10-8　　　中国大学生跨文化体验正式量表的总体方差解释

总体方差解释			
因子	旋转载荷平方和		
	合计	方差百分比（%）	累计百分比（%）
1	4.965	17.122	17.122
2	4.169	14.377	31.499
3	3.047	10.507	42.006
4	2.996	10.331	52.337
5	2.877	9.922	62.259
6	2.387	8.230	70.489

由表 10-9 中因子载荷值可以看出，大学生跨文化体验正式量表主要包括 6 个主要因子、29 个描述项：学术体验（ae，5 项）、娱乐体验（ee，4 项）、文化和体育活动体验（csae，5 项）、饮食体验（fde，3 项）、社交体验（se，7 项）和感官体验（sse，5 项）。正式研究的结果与先导研究的结果一致，表明该量表具有广泛的适用性。此外，

这些描述项的因子载荷值分布在 0.524—0.878 之间。由此，表明该量表具有良好的结构效度。

表 10-9　　大学生跨文化体验正式量表的因子载荷结果

描述项	因子载荷					
	社交体验	感官体验	学术体验	文化和体育活动体验	娱乐体验	饮食体验
se5	0.819					
se4	0.816					
se2	0.778					
se3	0.730					
se1	0.717					
se7	0.704					
se6	0.665					
sse3		0.878				
sse2		0.863				
sse1		0.860				
sse4		0.850				
sse5		0.723				
ae3			0.758			
ae4			0.739			
ae2			0.700			
ae1			0.668			
ae5			0.566			
csae3				0.732		
csae4				0.706		
csae2				0.651		
csae5				0.637		
csae1				0.524		
ee1					0.818	
ee2					0.814	
ee4					0.653	
ee3					0.561	
fde2						0.807

续表

		因子载荷				
fde1						0.803
fde3						0.751

2. 信度检验

为了确保研究工具的可靠性和有效性，对大学生跨文化体验正式量表进行了信度检验，即检验量表内在一致性 Cronbach's α 系数，其结果（见表 10-10）表明，量表中 6 个维度因子的 Cronbach's α 系数均介于 0.807—0.938 之间，整体量表的 Cronbach's α 系数为 0.944；无论是量表整体还是其包含的 6 个维度，其 Cronbach's α 系数均高于信度检验临界值 0.7，表明该量表的内在一致性强，具有良好的信度。

表 10-10　　大学生跨文化体验正式量表的信度分析

因子	描述项	Cronbach's α 系数
整体	29	0.944
学术体验	5	0.807
娱乐体验	4	0.822
文化和体育活动体验	5	0.858
饮食体验	3	0.883
社交体验	7	0.918
感官体验	5	0.938

3. 验证性因子分析

以上通过探索性因子分析，在量表中提取了 6 个主要因子，整个量表具有良好的结构效度。同时，通过验证性因子分析，调查量表的结构是否与实际数据拟合，以及量表中的描述性项是否可以作为主要因素的观测变量得以呈现（吴明隆，2010：212）。

根据前面探索性因子分析的结果，运用 AMOS 22.0 构建了结构方程模型，对量表进行了验证性因子分析，具体步骤如下。首先，将收集到的 331 份问卷数据输入软件中,进行了聚敛效度分析(见表 10-11)。表 10-11 显示了量表的聚敛效度和组合信度(CR)。量表中 6 个主要因子的荷载值和每个独立因子中描述性项的荷载值均高于 0.5。整体量表和每个单独维度的平均方差提取量(AVE)在 0.465—0.734 之间。整体量表和描述项在每个单因素中的组合信度都在 0.7 以上。结果证明量表具有良好的聚敛效度。

表 10-11　　大学生跨文化体验正式量表的聚敛效度分析结果

路径			参数估计值	p	平均方差提取量	组合信度
ae	←	ice	0.630	***		
ee	←	ice	0.760	***		
csae	←	ice	0.899	***	0.544	0.875
fde	←	ice	0.670	***		
se	←	ice	0.796	***		
sse	←	ice	0.629	***		
ae5	←	ae	0.618	***		
ae4	←	ae	0.831	***		
ae3	←	ae	0.782	***	0.465	0.809
ae2	←	ae	0.577	***		
ae1	←	ae	0.557	***		
ee4	←	ee	0.851	***		
ee3	←	ee	0.760	***	0.482	0.783
ee2	←	ee	0.539	***		
ee1	←	ee	0.580	***		
csae5	←	csae	0.716	***		
csae4	←	csae	0.805	***		
csae3	←	csae	0.849	***	0.609	0.886
csae2	←	csae	0.806	***		
csae1	←	csae	0.716	***		
fde3	←	fde	0.786	***		
fde2	←	fde	0.879	***	0.710	0.880
fde1	←	fde	0.860	***		

续表

路径			参数估计值	p	平均方差提取量	组合信度
se5	←	se	0.801	***		
se4	←	se	0.810	***		
se3	←	se	0.847	***		
se2	←	se	0.819	***	0.592	0.910
se1	←	se	0.706	***		
se6	←	se	0.714	***		
se7	←	se	0.671	***		
sse5	←	sse	0.724	***		
sse4	←	sse	0.820	***		
sse3	←	sse	0.888	***	0.734	0.932
sse2	←	sse	0.943	***		
sse1	←	sse	0.892	***		

注：*** 即 $p<0.001$。

表10-12显示了量表中6个主要因子之间的显著相关性（$p<0.001$）。其相关系数的绝对值在0.294—0.718之间。除了ee和csae之间的相关系数0.712>0.698以外，其余潜变量之间的相关系数的绝对值都小于其相应的AVE SQRT。结果表明，量表中6个主要因子相互关联。同时，这些因子之间也存在一定区分度。综上所述，量表中的6个因子具有良好的区分效度，适合构建结构方程模型。

表10-12　大学生跨文化体验正式量表的区分效度分析结果

	ae	ee	csae	fde	se	sse
ae	0.464					
ee	0.413***	0.487				
csae	0.584***	0.712***	0.609			
fde	0.294***	0.590***	0.604***	0.710		
se	0.589***	0.547***	0.718***	0.469***	0.594	
sse	0.378***	0.449***	0.511***	0.531***	0.560***	0.734
AVE SQRT	0.681	0.698	0.780	0.842	0.771	0.857

注：*** 即 $p<0.001$。

为了评估量表的结构效度，本章的研究构建并测试了假设模型。如果假设模型在参数估计后不能很好地拟合实际数据，通常会进行适当的模型修正。在此过程中，较高的修正指数（MI）的固定参数应修改为自由参数，一次只能更改一对（吴明隆，2010：158—159）。这里修改了 e6 和 e7、e1 和 e2、e21 和 e22、e23 和 e24、e27 和 e28、e18 和 e19 之间的 MI。之后，量表的模型拟合结果如表 10 - 13 所示。CMIN/df（卡方自由度比，2.256 < 3.000）、SRMR（标准化均方根残差，0.070 < 0.080）、RMSEA（近似均方根误差，0.062 < 0.080）、CFI（比较拟合指数，0.931 > 0.900）和 TLI（NNFI）（非规范拟合指数，0.924 > 0.900）在参考值内。GFI（拟合优度指数，0.835 < 0.900）和 AGFI（调整后拟合优度指数，0.803 < 0.900）接近参考值，在本章的研究中是可以接受的。总而言之，该量表具有良好的结构效度，其结构方程模型（见图 10 - 1）可以很好地拟合观测数据。

表 10 - 13　　　　大学生跨文化体验正式量表模型拟合结果

	CMIN/DF	GFI	AGFI	RMSEA	SRMR	CFI	TLI（NNFI）
临界值	<3	>0.9	>0.9	<0.08	<0.08	>0.9	>0.9
模型拟合度	2.256	0.835	0.803	0.062	0.070	0.931	0.924

此外，为了探索量表的结构方程模型是否可以拟合来自不同样本的数据，本章研究进行了交叉效度分析。表 10 - 14 显示了这个过程的结果：CMIN/DF（2.522）、SRMR（0.075）、RMSEA（0.068）、CFI（0.917）和 TLI（NNFI）（0.908）均在参考值范围内。GFI（0.832）和 AGFI（0.800）可以被接受。结果证明量表的模型可以应用于不同的数据。图 10 - 2 显示了交叉复核检验的模型。

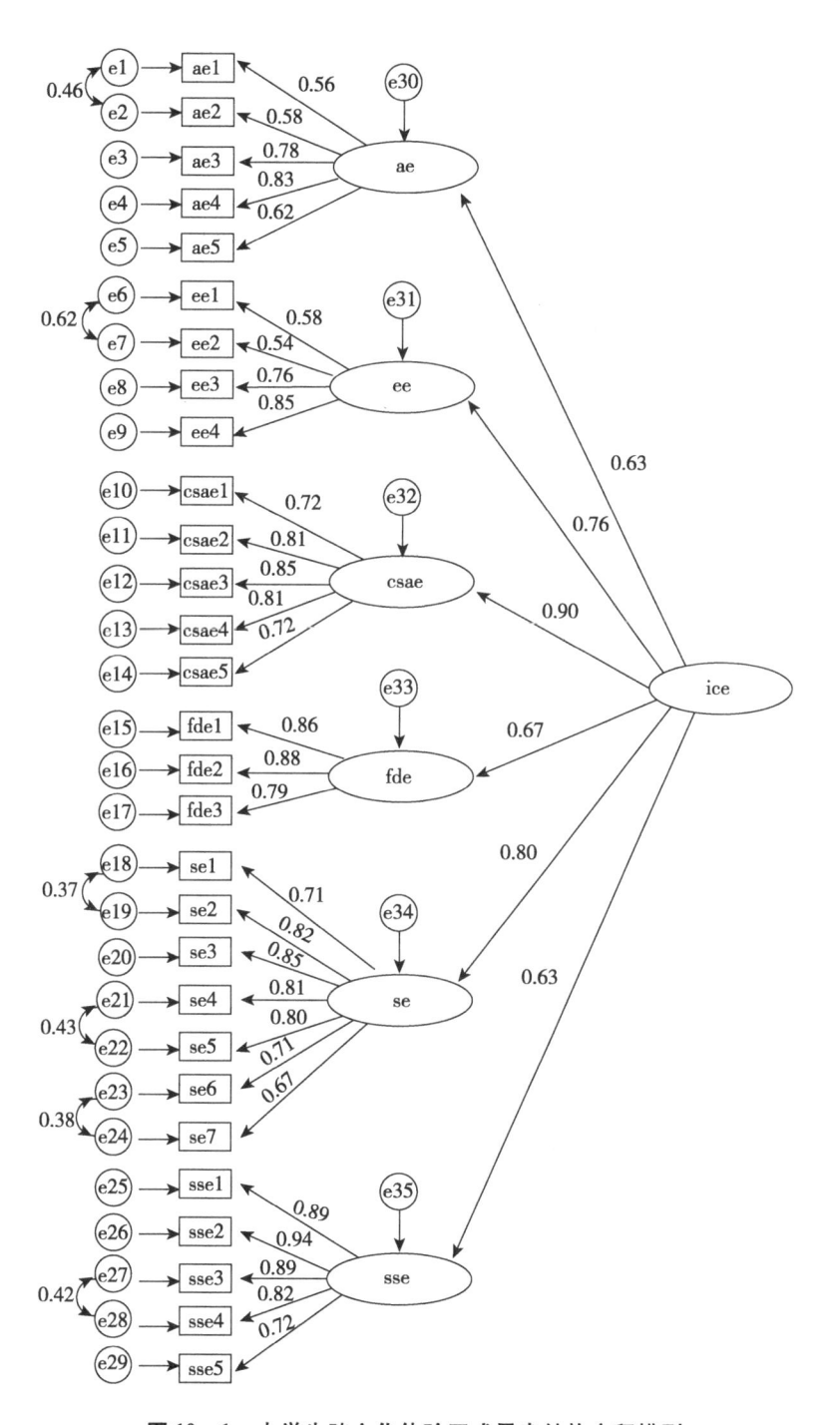

图 10-1　大学生跨文化体验正式量表结构方程模型

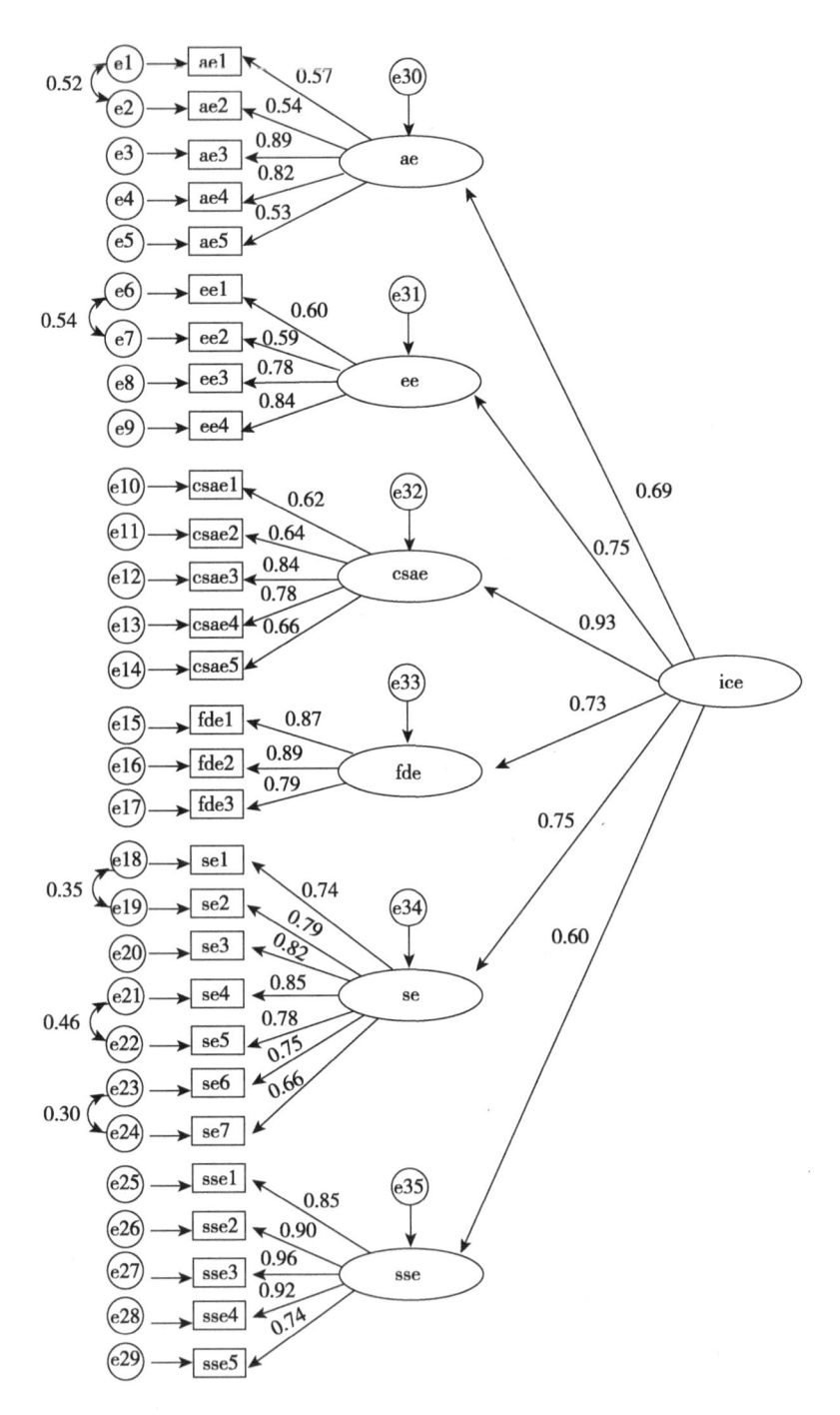

图 10-2　大学生跨文化体验正式量表结构方程模型（交叉复核）

表10-14　大学生跨文化体验正式量表模型拟合结果（交叉复核）

	CMIN/DF	GFI	AGFI	RMSEA	SRMR	CFI	TLI（NNFI）
临界值	<3	>0.9	>0.9	<0.08	<0.08	>0.9	>0.9
模型拟合度	2.522	0.832	0.800	0.068	0.075	0.917	0.908

（二）大学生跨文化体验对其跨文化能力发展的影响路径结构方程模型

本章的重点是探讨中国大学生跨文化体验对其跨文化能力发展的作用机理。本部分将构建中国大学生跨文化体验对其跨文化能力发展的影响路径结构方程模型。

将收集到的331份问卷的数据输入AMOS 22.0中，对中国大学生跨文化体验与跨文化能力进行相关性分析。表10-15显示了中国大学生跨文化体验与跨文化能力发展之间的相关系数。其标准化回归权重为0.590，表明中国大学生跨文化体验与跨文化能力发展之间存在较强的相关性。

表10-15　跨文化体验与跨文化能力之间的相关系数结果

路径			参数估计值	p
跨文化体验	←	跨文化能力	0.590	***

注：***即 $p<0.001$。

此外，表10-16显示了中国大学生跨文化体验在跨文化能力不同维度之间的回归系数。从表10-16可以看出，跨文化体验各维度与跨文化能力各维度的路径关系存在一些显著性关系，如学术体验与跨文化态度、跨文化交流技能等，感官体验与跨文化态度、跨文化交流技能等，社交体验与跨文化认知技能，饮食体验与跨文化意识等。另外，还有跨文化体验的其他一些维度与跨文化能力的关系不显著（见表10-16）。

表 10-16　　跨文化体验与跨文化能力各维度回归系数

路径			参数估计值	p
kns	←	ae	0.003	0.974
kns	←	ee	0.090	0.366
kns	←	csae	0.067	0.592
kns	←	fde	0.200	0.019
kns	←	se	-0.075	0.453
kns	←	sse	0.118	0.115
kno	←	ae	0.011	0.881
kno	←	ee	0.108	0.232
kno	←	csae	0.159	0.159
kno	←	fde	0.057	0.456
kno	←	se	0.166	0.058
kno	←	sse	0.195	0.004
at	←	ae	0.004	0.958
at	←	ee	0.464	***
at	←	csae	-0.255	0.041
at	←	fde	0.037	0.664
at	←	se	-0.073	0.442
at	←	sse	0.300	***
sk1	←	ae	-0.044	0.561
sk1	←	ee	0.353	***
sk1	←	csae	-0.198	0.094
sk1	←	fde	0.183	0.023
sk1	←	se	-0.028	0.758
sk1	←	sse	0.284	***
sk2	←	ae	-0.045	0.556
sk2	←	ee	0.280	0.003
sk2	←	csae	-0.182	0.126
sk2	←	fde	0.076	0.338
sk2	←	se	0.353	***
sk2	←	sse	0.165	0.018

续表

路径			参数估计值	p
aw	←	ae	-0.006	0.932
aw	←	ee	0.238	0.012
aw	←	csae	-0.155	0.185
aw	←	fde	0.267	***
aw	←	se	0.060	0.503
aw	←	sse	0.210	0.003

注：***即 $p<0.001$。

为了评估整个量表的结构效度，本章的研究建立了假设模型并对其进行了检验。本章的研究已经对模型进行了一些必要的修正以让模型更好地拟合实际数据。在此过程中，e6 和 e7、e49 和 e50、e44 和 e45、e1 和 e2、e21 和 e22、e23 和 e24、e49 和 e51、e50 和 e51 之间的参数得到了修正。由此发现，整个量表的模型拟合结果如表 10-17 所示：CMIN/DF（$2.056<3.000$）和 RMSEA（$0.057<0.080$）在参考值范围内。SRMR（$0.090>0.080$）、CFI（$0.897<0.900$）和 TLI（NNFI）（$0.892<0.900$）均接近参考值。GFI（$0.732<0.900$）和 AGFI（$0.708<0.900$）略低于参考值。本章研究的模型拟合结果是有意义的。概而论之，整个量表拥有一定的结构效度，其结构方程模型（见图 10-3）与实际数据吻合。

表 10-17　　　跨文化体验对大学生跨文化能力发展的
影响路径结构方程模型拟合结果

	CMIN/DF	GFI	AGFI	RMSEA	SRMR	CFI	TLI（NNFI）
临界值	<3	>0.9	>0.9	<0.08	<0.08	>0.9	>0.9
模型拟合度	2.056	0.732	0.708	0.057	0.090	0.897	0.892

此外，为了探索整体量表对应的结构方程模型能否拟合不同样本的数据，同时也进行了交叉效度检验，图 10-4 为跨文化体验对大学生跨文化能力发展影响路径的交叉复核结构方程模型。表 10-18 显示了交叉复核模型拟合的结果：CMIN/DF（$2.178<3.000$）和 RMSEA（$0.060<0.080$）在参考值范围内；CFI（0.887）和 TLI（NNFI）（0.881）

接近参考值（0.900）；SRMR（0.109）、GFI（0.727）和 AGFI（0.703）是可以被接受的。结果证实，整体量表对应的模型适用于不同的数据样本，具有普适性和可操作性。

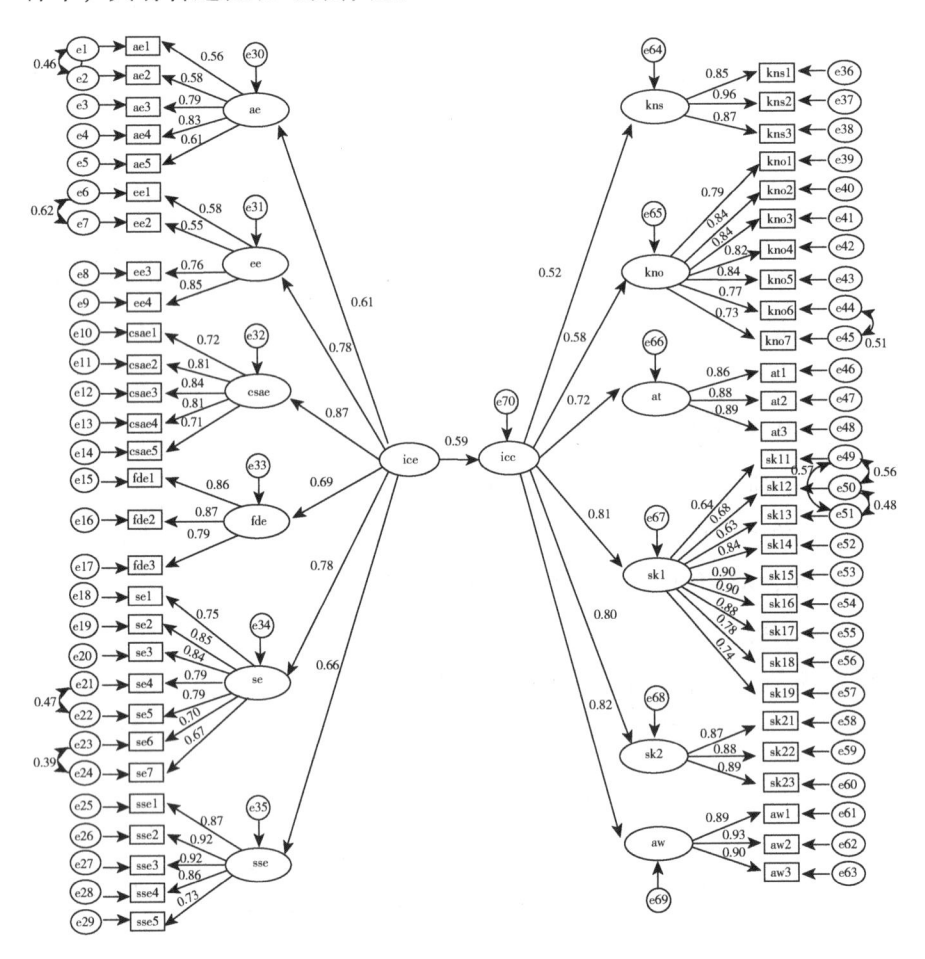

图10-3　跨文化体验对大学生跨文化能力发展的影响路径结构方程模型

表10-18　跨文化体验对大学生跨文化能力发展的影响路径结构方程模型拟合结果（交叉复核）

	CMIN/DF	GFI	AGFI	RMSEA	SRMR	CFI	TLI（NNFI）
临界值	<3	>0.9	>0.9	<0.08	<0.08	>0.9	>0.9
模型拟合度	2.178	0.727	0.703	0.060	0.109	0.887	0.881

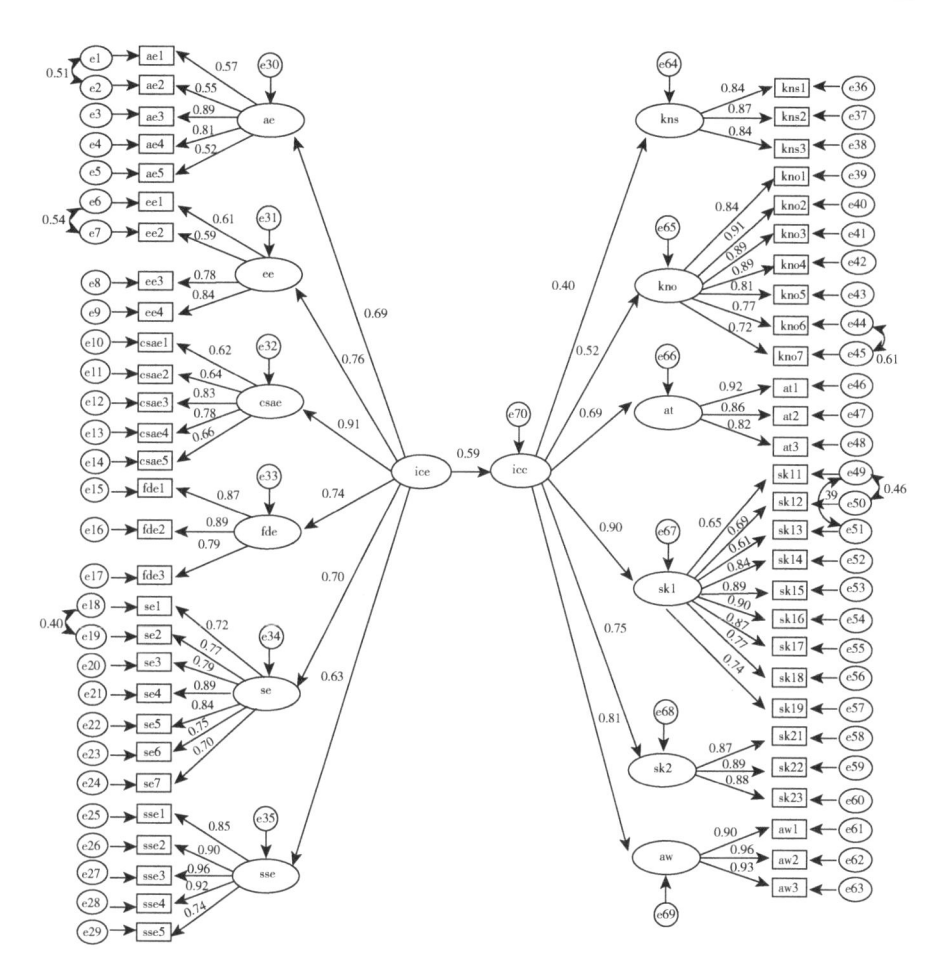

图 10－4　跨文化体验对大学生跨文化能力发展的
影响路径结构方程模型（交叉复核）

为了探究中国大学生的跨文化体验对其各维度跨文化能力的影响路径，本研究构建了6个不同影响路径模型，并且对每个单独的路径进行了交叉复核检验。如图10－5所示构建的中国大学生跨文化体验对其"本国文化知识"的影响路径的结构方程模型（见图10－5），修正了e6和e7、e1和e2、e21和e22、e18和e19之间的MI。同时，如表10－19所示修正后的模型拟合指数大多数模型拟合度分值在参考值内，例如CMIN/DF（2.203）、SRMR（0.059）、RMSEA（0.060）、CFI（0.930）

和 TLI（NNFI）（0.920）。GFI（0.835）和 AGFI（0.801）是可以被接受的，尽管它们略低于参考值。结果表明跨文化体验和"本国文化知识"之间的模型拟合度良好。表 10-20 显示了交叉复核检验的结果，证明了该模型（见图 10-6）可以拟合不同的数据样本，具有普适性和可操作性。

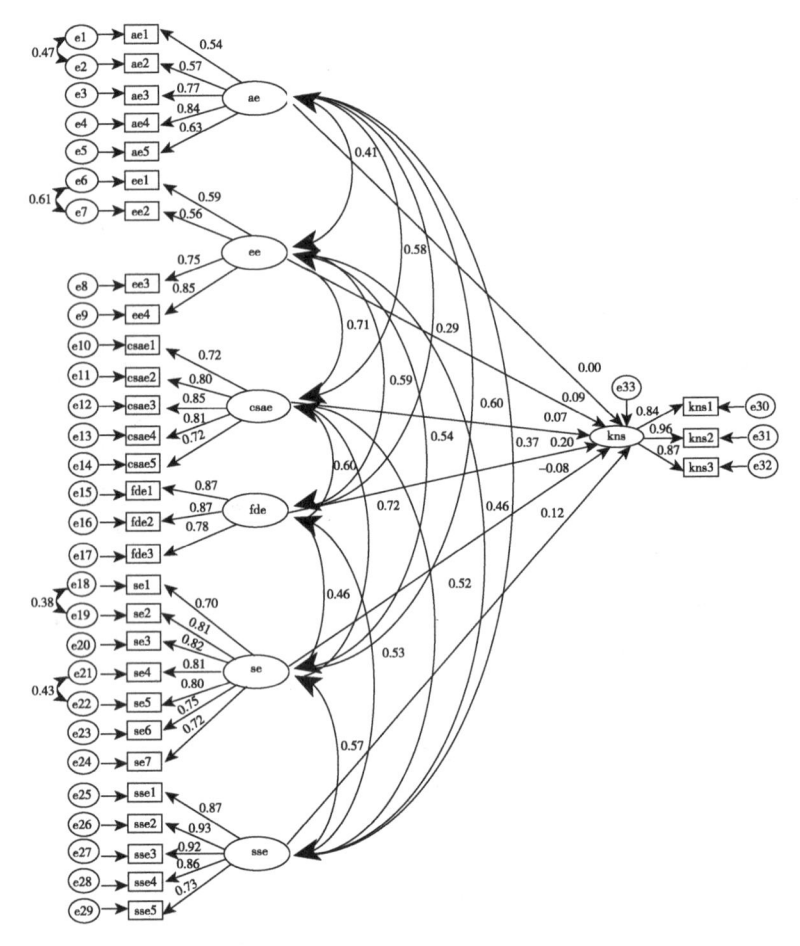

图 10-5　跨文化体验对本国文化知识的影响路径模型

表 10-19　跨文化体验对本国文化知识的影响路径模型拟合结果

	CMIN/DF	GFI	AGFI	RMSEA	SRMR	CFI	TLI（NNFI）
临界值	<3	>0.9	>0.9	<0.08	<0.08	>0.9	>0.9
模型拟合度	2.203	0.835	0.801	0.060	0.059	0.930	0.920

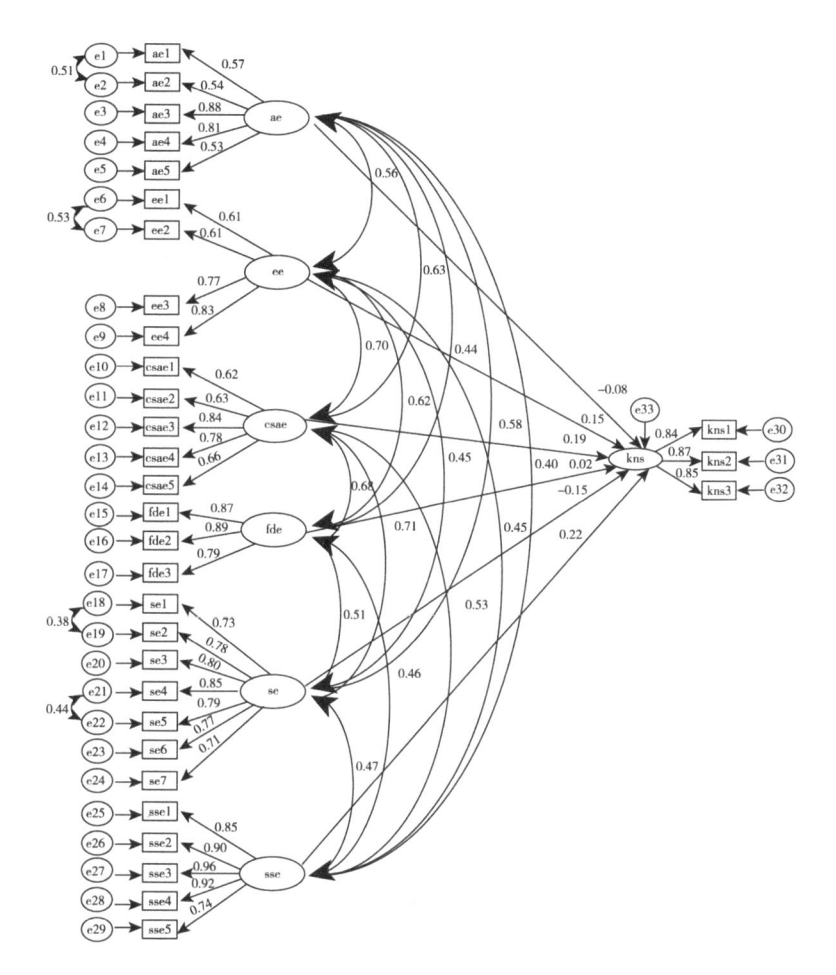

图 10-6　跨文化体验对本国文化知识的影响路径模型（交叉复核）

表 10-20　　　跨文化体验对本国文化知识的影响路径

模型拟合结果（交叉复核）

	CMIN/DF	GFI	AGFI	RMSEA	SRMR	CFI	TLI（NNFI）
临界值	<3	>0.9	>0.9	<0.08	<0.08	>0.9	>0.9
模型拟合度	2.433	0.827	0.792	0.066	0.0694	0.915	0.904

如图 10-7 所示，本章的研究构建了中国大学生跨文化体验对其"外国文化知识"的影响路径的结构方程模型，修正了 e6 和 e7、e35

和 e36、e1 和 e2、e21 和 e22、e23 和 e24 之间的 MI。表 10-21 显示了修正后的模型拟合指数。模型经过修正之后，大多数模型拟合度分值在参考值范围内，包括 CMIN/DF（2.240）、SRMR（0.057）、RMSEA（0.061）、CFI（0.919）和 TLI（NNFI）（0.910）。GFI（0.818）和 AGFI（0.787）是可以被接受的，尽管它们略低于参考值。结果表明，跨文化体验对"外国文化知识"的影响路径模型的拟合良好。表 10-22 显示了交叉复核检验的结果，证明了该模型（见图 10-8）可以用于测试不同的数据样本，具有普适性和可操作性。

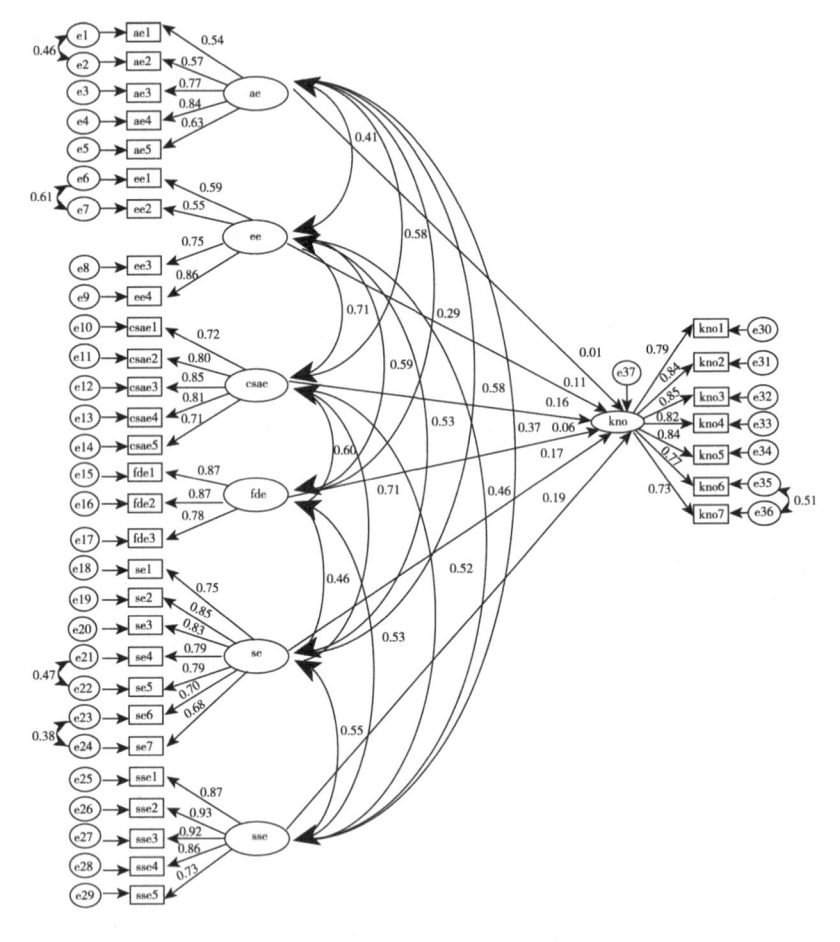

图 10-7　跨文化体验对外国文化知识的影响路径模型

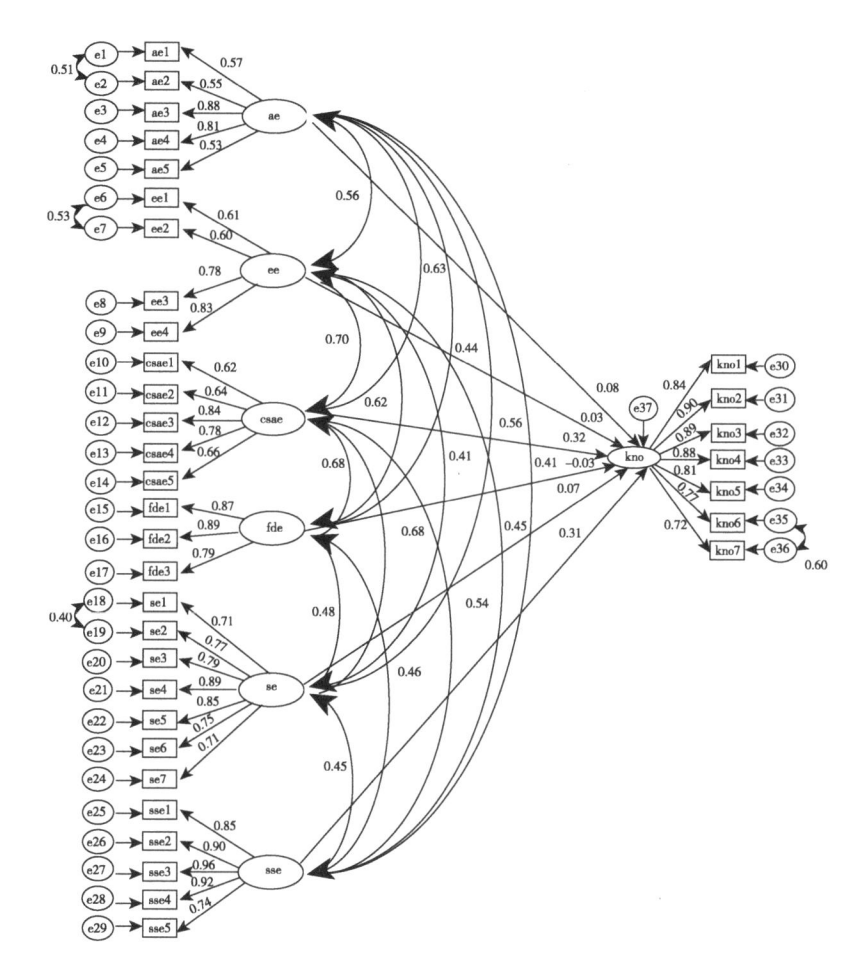

图 10-8　跨文化体验对外国文化知识的影响路径模型（交叉复核）

表 10-21　跨文化体验对外国文化知识的影响路径模型拟合结果

	CMIN/DF	GFI	AGFI	RMSEA	SRMR	CFI	TLI（NNFI）
临界值	<3	>0.9	>0.9	<0.08	<0.08	>0.9	>0.9
模型拟合度	2.240	0.818	0.787	0.061	0.057	0.919	0.910

如图 10-9 所示，本章的研究构建了中国大学生跨文化体验对其态度的影响路径结构方程模型，修正了 e6 和 e7、e1 和 e2、e21 和 e22、e23 和 e24 之间的 MI。表 10-23 显示了修正后的模型拟合指数，

表 10-22　跨文化体验对外国文化知识的影响路径
模型拟合结果（交叉复核）

	CMIN/DF	GFI	AGFI	RMSEA	SRMR	CFI	TLI（NNFI)
临界值	<3	>0.9	>0.9	<0.08	<0.08	>0.9	>0.9
模型拟合度	2.382	0.814	0.782	0.065	0.0718	0.914	0.905

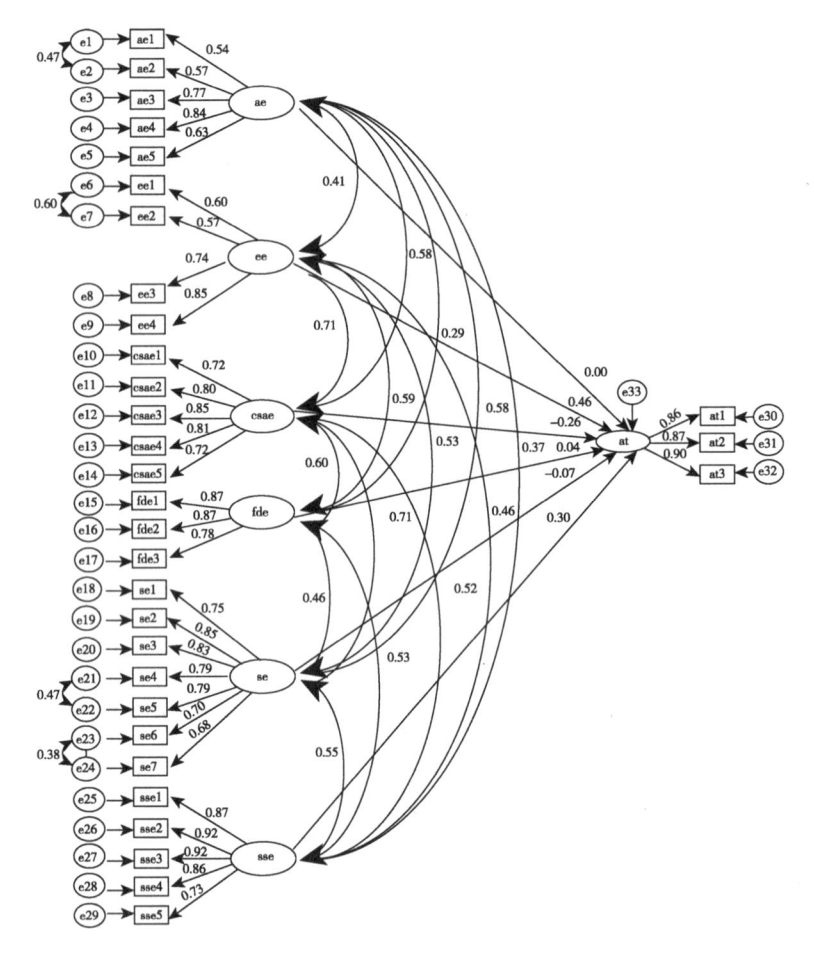

图 10-9　跨文化体验对态度的影响路径模型

结果发现，大多数模型拟合度分值在参考值范围内，包括 CMIN/DF（2.256）、SRMR（0.064）、RMSEA（0.062）、CFI（0.926）和 TLI（NNFI）（0.916）。GFI（0.830）和 AGFI（0.795）是可以被接受的。

由此，表明跨文化体验对态度的影响路径模型拟合度良好。表 10 – 24 显示了交叉复核检验的结果，证明了该模型（见图 10 – 10）可以用于测试不同的数据样本，具有普适性和可操作性。

表 10 – 23　　　跨文化体验对态度的影响路径模型拟合结果

	CMIN/DF	GFI	AGFI	RMSEA	SRMR	CFI	TLI（NNFI）
临界值	<3	>0.9	>0.9	<0.08	<0.08	>0.9	>0.9
模型拟合度	2.256	0.830	0.795	0.062	0.064	0.926	0.916

表 10 – 24　　　跨文化体验对态度的影响路径模型拟合结果
（交叉复核）

	CMIN/DF	GFI	AGFI	RMSEA	SRMR	CFI	TLI（NNFI）
临界值	<3	>0.9	>0.9	<0.08	<0.08	>0.9	>0.9
模型拟合度	2.340	0.833	0.800	0.064	0.069	0.921	0.911

如图 10 – 11 所示，本章的研究构建了中国大学生跨文化体验对其跨文化交流技能的影响路径结构方程模型，修正了 e6 和 e7、e30 和 e32、e1 和 e2、e21 和 e22、e30 和 e31、e23 和 e24、e31 和 e32、e37 和 e38 之间的 MI。表 10 – 25 给出了修正后的模型拟合指数，结果发现，大多数模型拟合度分值在参考值范围内：CMIN/DF（2.191）、SRMR（0.073）、RMSEA（0.060）、CFI（0.920）和 TLI（NNFI）（0.911）。GFI（0.808）和 AGFI（0.776）可以被接受。结果表明跨文化体验对跨文化交流技能的影响路径模型拟合良好。表 10 – 26 显示了交叉复核检验的结果，证明了该模型（见图 10 – 12）可以用于测试不同的数据样本，具有普适性和可操作性。

表 10 – 25　　跨文化体验对跨文化交流技能的影响路径模型拟合结果

	CMIN/DF	GFI	AGFI	RMSEA	SRMR	CFI	TLI（NNFI）
临界值	<3	>0.9	>0.9	<0.08	<0.08	>0.9	>0.9
模型拟合度	2.191	0.808	0.776	0.060	0.073	0.920	0.911

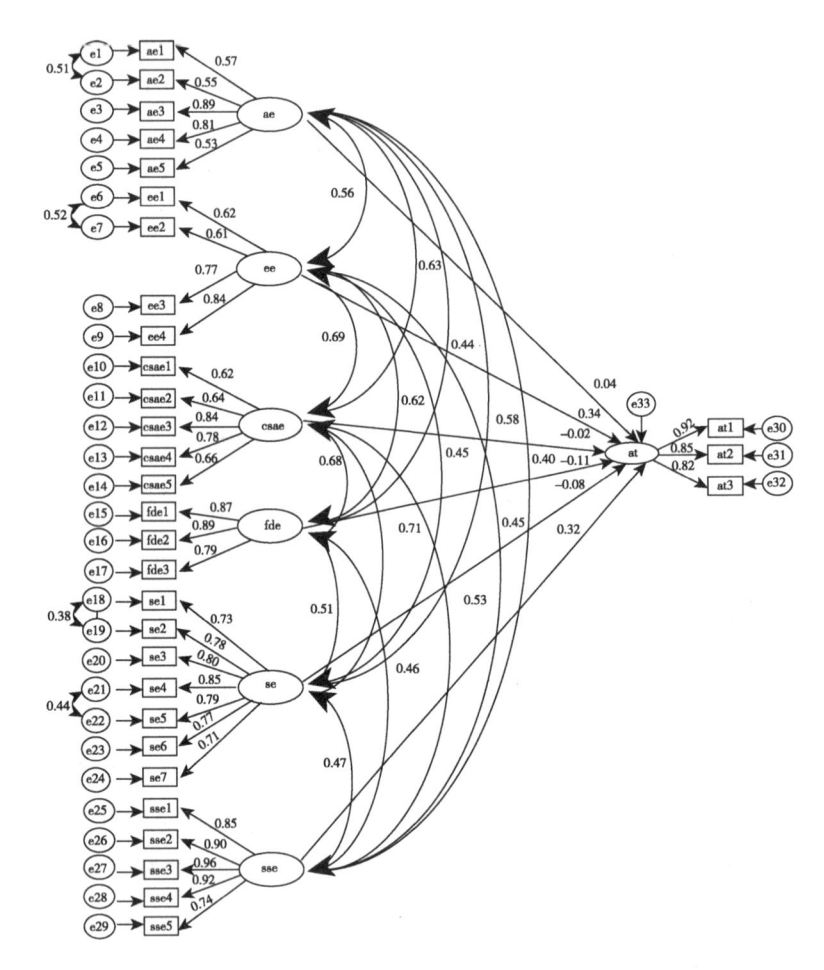

图 10-10　跨文化体验对态度的影响路径模型（交叉复核）

表 10-26　　　跨文化体验对跨文化交流技能的影响路径
模型拟合结果（交叉复核）

	CMIN/DF	GFI	AGFI	RMSEA	SRMR	CFI	TLI（NNFI）
临界值	<3	>0.9	>0.9	<0.08	<0.08	>0.9	>0.9
模型拟合度	2.244	0.810	0.779	0.061	0.081	0.916	0.907

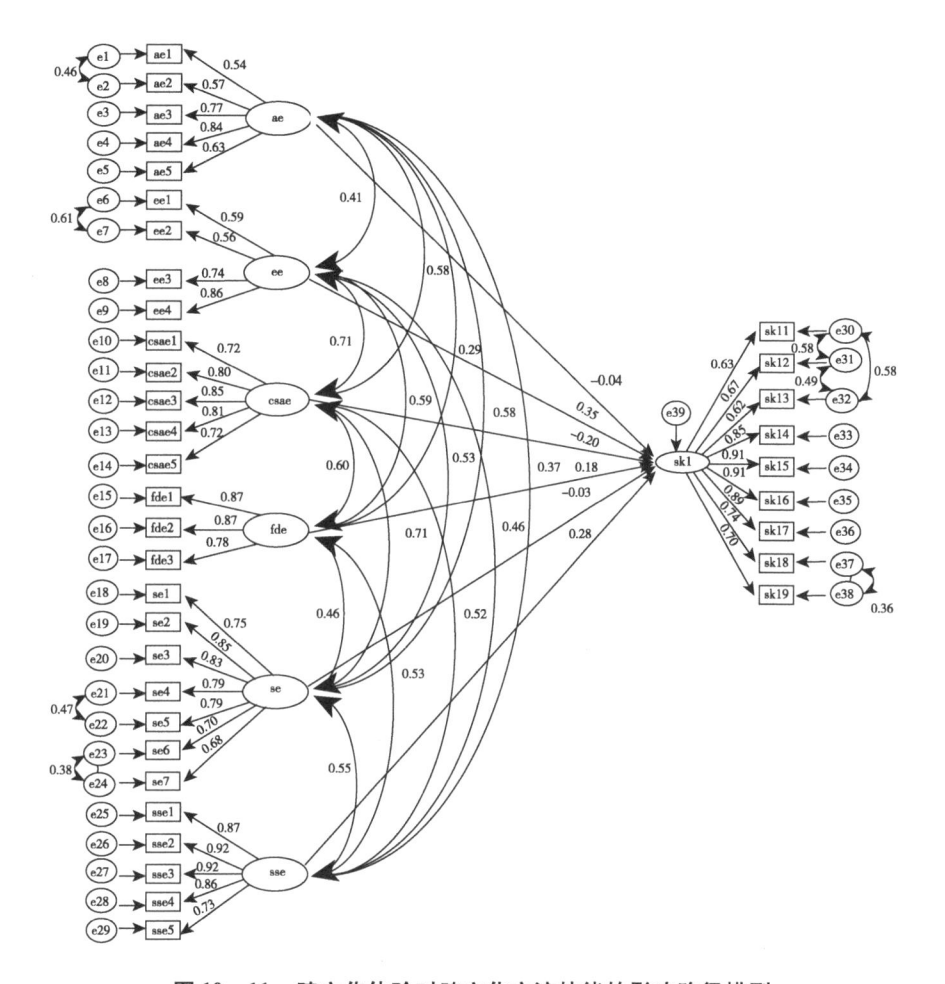

图 10-11　跨文化体验对跨文化交流技能的影响路径模型

如图 10-13 所示，本章的研究构建了中国大学生跨文化体验对其跨文化认知技能的影响路径结构方程模型，修正了 e6 和 e7、e1 和 e2、e20 和 e21、e21 和 e22、e23 和 e24 之间的 MI。表 10-27 给出了修正后的模型拟合指数。经过模型修正后，CMIN/DF（2.195）、SRMR（0.059）、RMSEA（0.060）、CFI（0.930）和 TLI（NNFI）（0.921）等大多数模型拟合度分值在参考值范围内。GFI（0.836）和 AGFI（0.803）是可以被接受的，尽管它们略低于参考值。结果显示了跨文化体验对跨文化认知技能的影响路径模型拟合良好。表 10-28 显示了交叉复核检验

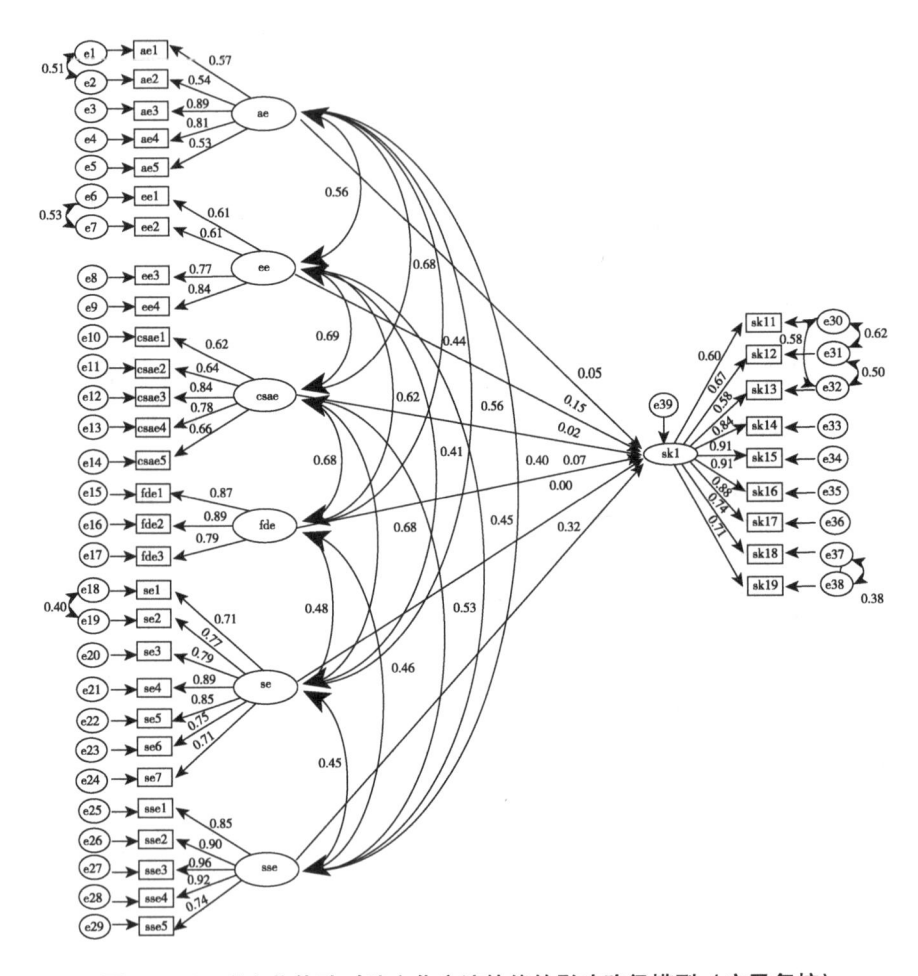

图 10-12 跨文化体验对跨文化交流技能的影响路径模型（交叉复核）

的结果，证明了该模型（见图 10-14）可以用于测试不同的数据样本，具有普适性和可操作性。

表 10-27 跨文化体验对跨文化认知技能的影响路径模型拟合结果

	CMIN/DF	GFI	AGFI	RMSEA	SRMR	CFI	TLI（NNFI）
临界值	<3	>0.9	>0.9	<0.08	<0.08	>0.9	>0.9
模型拟合度	2.195	0.836	0.803	0.060	0.059	0.930	0.921

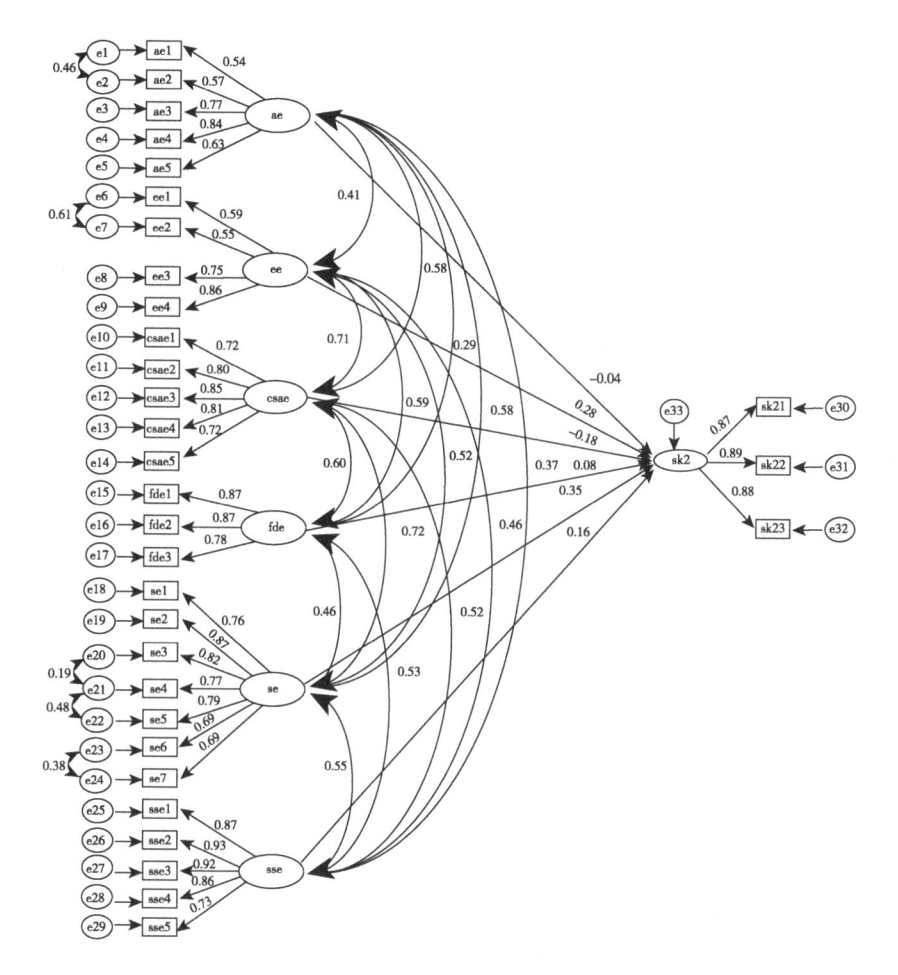

图 10-13　跨文化体验对跨文化认知技能的影响路径模型

表 10-28　　　　跨文化体验对跨文化认知技能的影响路径模型
拟合结果（交叉复核）

	CMIN/DF	GFI	AGFI	RMSEA	SRMR	CFI	TLI（NNFI）
临界值	<3	>0.9	>0.9	<0.08	<0.08	>0.9	>0.9
模型拟合度	2.315	0.835	0.802	0.063	0.066	0.923	0.913

如图 10-15 所示，本章的研究构建了中国大学生跨文化体验对其意识的影响路径结构方程模型，修正了 e6 和 e7、e1 和 e2、e21 和 e22、e23 和 e24 之间的 MI。表 10-29 显示了修改后的模型拟合指数。

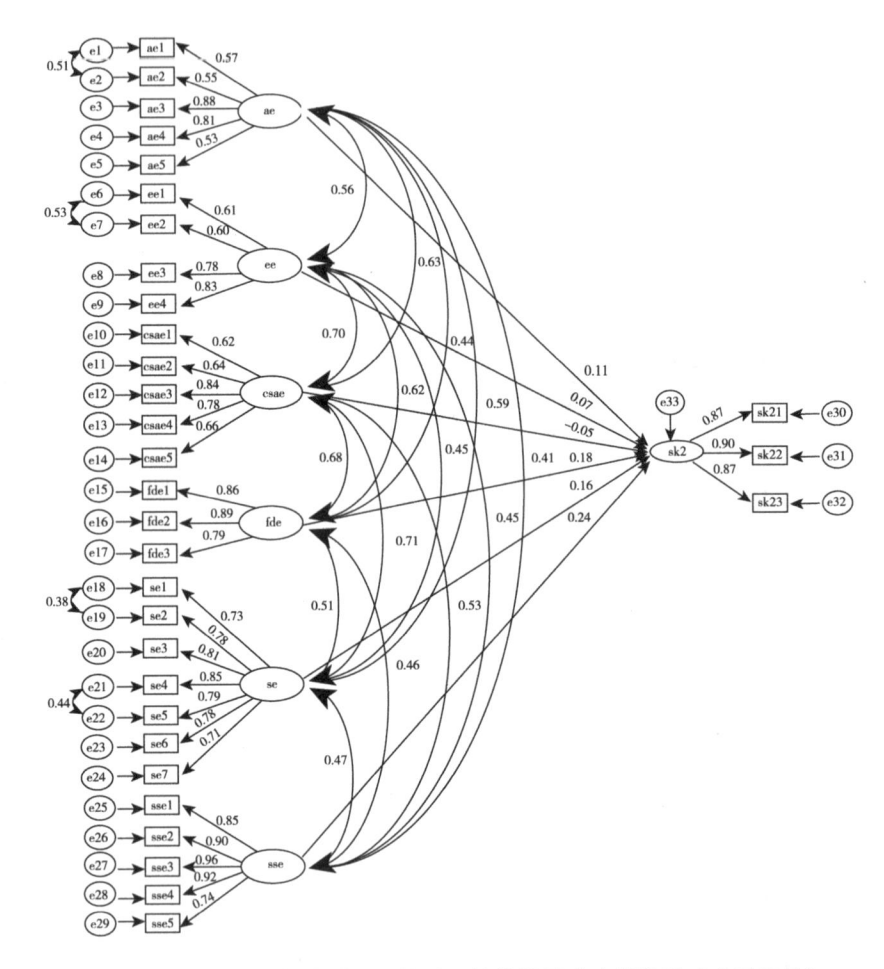

图 10-14　跨文化体验对跨文化认知技能的影响路径模型（交叉复核）

结果发现，大多数模型拟合度分值在参考值范围内，包括 CMIN/DF（2.213）、SRMR（0.061）、RMSEA（0.061）、CFI（0.930）和 TLI（NNFI）（0.921）。GFI（0.835）和 AGFI（0.801）是可以被接受的，尽管它们略低于参考值。结果表明跨文化体验对意识的影响路径模型的模型拟合良好。表 10-30 显示了交叉复核检验的结果，证实了该模型（见图 10-16）可以用于测试不同的数据样本，具有普适性和可操作性。

第十章 跨文化体验对跨文化能力发展的影响路径研究

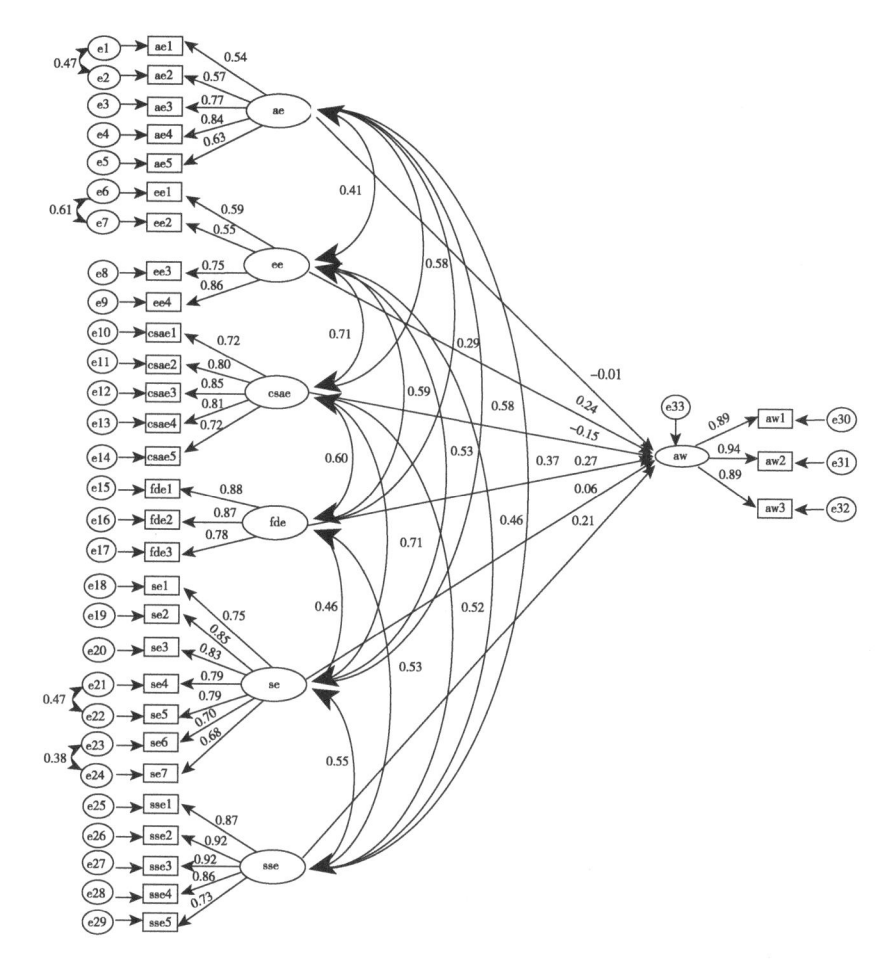

图 10-15　跨文化体验对意识的影响路径模型

表 10-29　跨文化体验对意识的影响路径模型拟合结果

	CMIN/DF	GFI	AGFI	RMSEA	SRMR	CFI	TLI（NNFI）
临界值	<3	>0.9	>0.9	<0.08	<0.08	>0.9	>0.9
模型拟合度	2.213	0.835	0.801	0.061	0.061	0.930	0.921

表 10-30　跨文化体验对意识的影响路径模型拟合结果（交叉复核）

	CMIN/DF	GFI	AGFI	RMSEA	SRMR	CFI	TLI（NNFI）
临界值	<3	>0.9	>0.9	<0.08	<0.08	>0.9	>0.9

续表

	CMIN/DF	GFI	AGFI	RMSEA	SRMR	CFI	TLI（NNFI）
模型拟合度	2.348	0.833	0.799	0.064	0.069	0.925	0.915

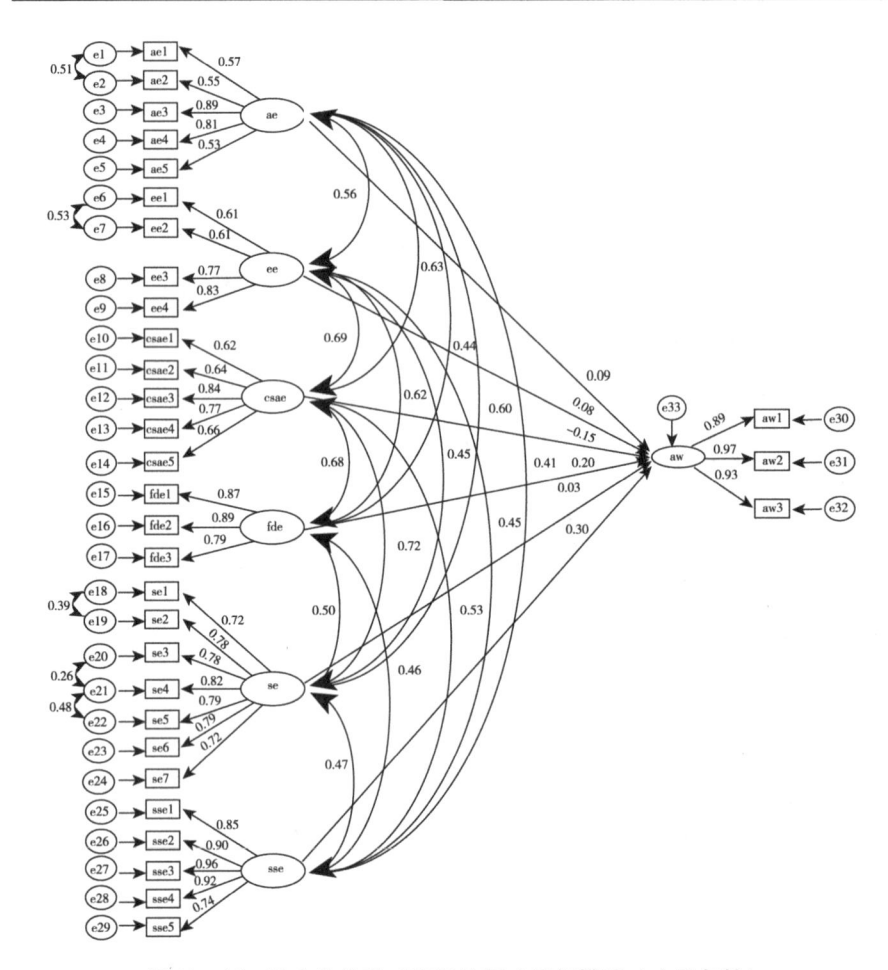

图 10-16 跨文化体验对意识的影响路径模型（交叉复核）

二 定性研究结果

半结构化访谈是在一家咖啡馆通过面对面交流进行的。受访者为已经参加过问卷调查的 10 名大学生。另外，因为疫情，他们和笔者处于同一所大学。在访谈提纲的基础上,通过对录音转写的文本进行仔细分析,提炼出一些关键话题。

(一) 跨文化体验

外籍教师总是会呈现不同国家和地区的风土人情,营造沉浸式的学习环境。因此,学生会在不知不觉中学习其他文化的知识。有时在外籍教师的课堂上,学生会更直接地学习外国文化。此外,作为一种传统的获取知识的方式,一些受访者认为,阅读外语书籍是获得跨文化体验的好方法。此外,部分受访者还加入了英语俱乐部和英语角,通过有趣的活动了解不同的文化。部分访谈文本摘录如下:

> 受访者 A:大一和大二的时候,我有口语课,老师来自夏威夷。他的祖母是中国人,他能说一口流利的中文。我和同学们下课后总是和他聊天,我们互相理解不成问题。此外,我还有一些和国际学生一起上课的课程。老师鼓励中国学生积极与国际学生交流。事实上,与他们交谈很有趣,尽管有时我无法准确地理解他们在说什么。在这个过程中,我们可以就某个话题分享我们的观点。
>
> 受访者 J:我加入了我们学院的英语俱乐部。它会在周末或万圣节等西方节日举办英语角。我可以通过有趣的活动了解一些关于西方文化的知识。有时俱乐部会邀请国际学生,这样我就有机会与他们交谈。去年有一个万圣节派对,一些成员穿着精美的服装,这让我很震惊。那真的是一次令人印象深刻的跨文化体验。

一些受访者声称,观看外语电影和电视节目可以促进他们学习外国文化。因此,他们认为,这项活动是获得跨文化体验的重要途径。影视节目能给观众带来良好的视觉和听觉体验,观众总是可以被带到他们从未体验过的情境中。以下是访谈文本的一些节选:

受访者 H：我经常看韩国的电视节目。我最喜欢的韩国电视剧是《请回答1988》。它讲述了家庭、恋人和朋友之间的温馨故事。我学到了很多关于韩国的民俗和饮食文化。我会不自觉地将它与中国文化进行比较，有时我会发现两者之间的相似之处。例如，我们更愿意以含蓄的方式向家人和朋友表达自己的情感。

受访者 A：我喜欢漫威的电影，比如复仇者联盟系列。美国队长、钢铁侠、奇异博士、猩红女巫……这些角色都有专门为他们准备的电影或电视剧集。一方面，我可以在这些作品中看到不同的文化景观。另一方面，我认为这些作品有时会灌输个人英雄主义。这些超级英雄总能通过他们的力量改变目前非常糟糕的局面。它与我们的文化有很大不同，在某种程度上这可以算作跨文化体验。

此外，尽管法国餐厅的老板不是法国人，但大多数受访者认为，品尝不同文化的食物和饮料是一种重要的跨文化体验。他们愿意尝试法国菜、泰国菜和日本菜，并认为，品尝这些食物是探索不同文化的体验。部分访谈文本摘录如下：

受访者 G：有时我吃腻了学校食堂，就会和朋友一起去餐馆吃点不一样的东西。日本菜、俄罗斯菜和泰国菜都是不错的选择。我的男朋友是仓桥家（一家日本料理餐厅）的忠实粉丝。多亏了这些餐厅，我不用出国也能品尝到世界各地的美食。

访谈结果显示，人们普遍认为，跨文化体验具有积极作用。首先，它可以提高学生的外语能力。例如，看电影或听外语歌曲会增加他们的词汇量。其次，一些受访者认为，与外教和来华留学生交流可以让人更加自信。此外，一些受访者表示，他们的日常生活受到了跨文化体验的影响。以下是一些访谈文本的摘录：

> 受访者B：跨文化体验对我的学习影响很大。我是英语专业的，老师总是鼓励我看英语电影和听英文歌曲。我有空的时候会看美剧《老友记》和《破产姐妹》。里面有许多俚语对话，我可以从中了解到一些有趣的美国文化。事实证明我的词汇量增加了，我的英语听力也提高了。
>
> 受访者A：我与外教和留学生同学的跨文化体验在一定程度上塑造了我的性格。如果我能和留学生朋友成功交流，我和我们中国人交谈难道还会有什么问题吗？
>
> 受访者H：我看韩国电视剧的时候对好吃的东西很感兴趣，所以我总是尝试为家人做韩国菜，他们也逐渐接受了。我们应该对其他文化抱有宽容的态度，不是吗？

(二) 新冠疫情

新冠疫情于2019年底暴发。它的迅速蔓延已经严重阻碍了世界经济的发展，降低了生产效率并阻碍了文化交流。2020年是疫情最严重的时期，学校纷纷停课。学生们只能待在家里，失去了与国际友人面对面交流的机会。他们无法随时品尝来自不同国家的食物。他们不得不推迟出国旅行或深造的计划。换句话说，学生进行跨文化体验受到了影响。受访者对这段时间的遭遇很不满意。以下是一些访谈文本的摘录，显示了新冠疫情对受访者进行跨文化体验产生的负面影响：

> 受访者A：因为该死的疫情，我的外教不得不返回美国，我的英语口语课也泡汤了。实在是太可惜了。许多学术会议都是在网上举行的。很长一段时间我都无法在上网课的时候集中注意力。
>
> 受访者B：我本来打算去新西兰留学的。但是，疫情似乎不会在最近几年内消失。我的计划不得不推迟。新冠疫情之后我很

可能会改变主意，谁知道呢？

受访者E：我喜欢旅行，去过法国、西班牙和葡萄牙。尽管我计划在暑假期间去其他国家旅行，但我必须考虑到严重疫情。希望疫情能尽快得到控制。

受访者G：疫情暴发后，世界陷入混乱。有时网友的言论会带有地域歧视。但是，病毒不应该与地区和种族联系在一起。此外，来自疫区的人和产品也会遭到抵制。以上种种体验着实令人厌烦。

（三）线上体验

两年多来，世界各国都在遭受新冠疫情的折磨，一些地区和学校不得不保持封锁状态。中国的大学也不例外。因此，中国大学生获得跨文化体验的机会比以前更少。例如，英语专业的学生不会再有外教线下的口语课程，因为这些外教在两国之间往返不便。大部分受访者表示，失去与国际友人和外教面对面交流的机会是一种缺憾。这是观察和感受不同文化的一种相对直接的方式。除此之外，如前所述，中国大学生在网上体验异域文化的方式有很多。例如，观看外语电影和电视节目可以视为跨文化体验。正是因为有了这些线上体验的方式，大学生才有机会在疫情背景下学习不同的文化。因此，受访者一致认为，大学应该提供更多的线上机会以获取跨文化体验来提高大学生的跨文化能力。部分访谈文本摘录如下：

受访者A：我很想念我的英语口语老师。他来自夏威夷，课后他会告诉我们很多有趣的事情。他会教我们夏威夷风格的舞蹈。他的课程让我了解到许多文化知识。学校应该为我们提供更多的在线机会与外国学者交流，至少与我们的外教交流。

受访者B：我参加过几次国际学术会议，无一例外都是在网上举行的。事实上，我认为与来自其他文化背景的人交流对我们来说是一个不错的选择。以前和那些人面对面交谈的时候，我会感到紧张，无法充分地表达自己。但如果有空间距离，我和他们交流时会感觉更好，也不会焦虑。虽然这可能只是我的情况，但我更喜欢与来自其他文化的人进行线上交流。

受访者 F：我们不应该被疫情限制，我们应该积极寻找机会体验不同的文化。我曾是某个夏令营的志愿者，其中有不少国际学生。我和他们聊过天；我们一起做手工，一起踢足球。我经常和他们进行视频通话。疫情期间，我们讲述了发生在自己身上的事情，我们互相鼓励，克服眼下的困难……疫情无法阻止我们的友谊。因此，进行线上跨文化体验似乎是不错的选择。

（四）跨文化体验对跨文化能力发展的影响作用

人们普遍认为，日常生活中的各种跨文化体验可以提高一个人的跨文化能力。大多数受访者声称他们可以从实际的跨文化体验中学到很多关于其他文化的知识，无论是主动还是被动，都是接触不同文化的机会。最初他们会从学术体验和娱乐体验中掌握本国和他国的文化知识，然后他们就会形成跨文化态度和跨文化意识。因此，他们将通过社交体验和感官体验获得他们的跨文化认知技能和跨文化交际技能。这是一个潜移默化的过程，他们的跨文化能力最终会得到提高。部分访谈文本摘录如下：

受访者 A：我上过介绍跨文化交际和跨文化能力理论的课程。毫无疑问，跨文化体验可以为这些理论增添实用性。我结合理论和个人体验做了案例分析。我认为我的跨文化意识在这个过程中得到了提高。

受访者 B：不同类型的跨文化体验让我能够在真实的情境中学习文化知识。在我看来，了解他国文化是与国际友人交流的基础。

受访者 F：通过跨文化体验，我们可以了解不同国家的各种文化知识。就个人而言，我对外国文化很感兴趣，我愿意包容和接受不同的文化。从这个角度来说，我有很好的跨文化能力。

受访者 G：跨文化体验会提升他们对不同文化的接受程度。如果一个人能够接受而不是抵制新的文化，他的跨文化能力就会得到提高。

受访者 H：通过我的跨文化体验，我可以看到不同文化之间的差异，我会根据这些差异调整自己的行为。因此，我会保持开放的心态，从而容忍文化差异。

第五节　讨论

本节主要讨论了中国大学生跨文化体验的主要路径；阐释了中国大学生的跨文化体验影响其跨文化能力发展的主要路径，并采用半结构化访谈的结果作为定量数据的补充解释。

一　中国大学生跨文化体验的主要路径

本节依据第四章的结果回答了第一个研究问题。中国大学生跨文化体验正式量表由 6 个主要因子组成，即学术体验（ae，5 项）、娱乐体验（ee，4 项）、文体活动体验（csae，5 项）、饮食体验（fde，3 项）、社交体验（se，7 项）和感官体验（sse，5 项）。表 10-11 显示了跨文化体验 6 个因子的标准化回归系数。在跨文化体验的 6 个路径中，文体活动体验最重要（0.899）；社交体验和娱乐体验相对重要（0.796，0.760）；饮食体验、学术体验和感官体验的重要性一般（0.670，0.630，0.629）。量表中 6 个主要因子与跨文化体验的回归系数均在 0.001 水平下显著。

在本书中，"文体活动体验"包括两个方面。一方面，大学生们会参加各种展示不同文化的活动；另一方面，他们会与其国际朋友一起运动。通过这些活动，学生可以直接对不同文化进行深入了解。彭仁忠和吴卫平（2016，2018）认为，与来自其他文化的人的直接接触可以提高中国大学生的跨文化能力。表10-11显示了文体活动体验的5个描述项的标准化回归系数。首先，大学生会在博物馆和艺术馆或网上欣赏外国艺术品，如绘画、雕塑和建筑（0.716）。作为显示文化最直接的方式，艺术品可以显示对某段主流历史的看法。例如，莫奈的《睡莲》就是印象派的代表。其次，学生们会参加外国节日庆祝节日，如万圣节和圣诞节（0.806）。作为社团成员，大学生（尤其是大一新生）很喜欢参加国外的节日庆祝活动。万圣节和圣诞节是两个最具吸引力的节日。毋庸置疑，好看的装饰品和有趣的活动可以吸引学生们的注意力。此外，近年来，中国的网络购物平台会在圣诞节到来时推出促销活动，大学生是网上购物的主力军之一。因此，学生对圣诞节的感知在无形中得到加强。再次，他们会被邀请参加文化交流日活动（0.849）。一些学院每年都会举办外语文化节，来促进跨文化交流。班级和社团将负责介绍不同地区的文化和习俗，中国学生和国际学生都会被吸引到那里。因此，他们可以通过互相交流学习不同的文化。最后，他们喜欢一些展示外国文化的表演（0.805）。剧院里会上演如《罗密欧与朱丽叶》等歌剧和戏剧。此外，一些男生会和他们的外国伙伴打篮球（0.716）。在这种情况下，他们会观察他们外国伙伴的行为，尝试用英语或中文与他们交流。正如受访者J所说：

> 当我们一起打篮球时，留学生总是精力充沛，有时甚至咄咄逼人。说实话，有时候我很害怕和他们一起打篮球……当然，我们之间有交流，我们会谈论风俗习惯、生活方式和我们的未来计划。

"社交体验"在本书中指的是与不同文化背景的人在线交流或面对面交流。方勇（2015）发现，中国学习者在英语口语考试中的紧张情绪会受到对话者身份的显著影响。与不熟悉的人面对面交流会让人感到紧张和压迫。相反，在线交流的气氛相对轻松和舒适。可以推断出，如果对话者是来自其他文化背景的人，大学生会感到紧张。表 10-11 列出了社交体验的 7 个描述项的标准化回归系数。第一，大学生会通过信件与来自其他文化背景的人交流（0.706）。尽管近年来书面信件已经几乎过时，但经过探索性因子分析，这个描述项仍然被保留下来。这可能是因为一些参与者可能拥有来自其他国家的笔友，他们会互相写信给对方。第二，大学生会给来自其他文化背景的人写电子邮件（0.819）。一方面，具有良好外语能力的大学生会在外企找到兼职，他们会用英语或其他语言向外国客户发送电子邮件。另一方面，一些学生可能会在国外的期刊上发表文章，他们需要与编辑沟通以获得必要的信息。第三，大学生会通过社交软件，包括 QQ/微信/Facebook/Twitter 与来自其他文化背景的人进行打字交流、语音交流和视频交流（0.847，0.810，0.801）。越来越多的留学生选择中国的大学作为他们深造的目的地。因此，留学生大量出现在中国的大学课堂上，中国的大学生有更多的留学生同学。老师会在不同的软件上建立在线小组，分配任务，学生会在其中讨论一些关于学习的问题或其他事项。此外，学生们会在网上冲浪，并在不同的社交软件上对某个问题发表评论。例如，一些学生会表达他们对疫情期间捏造不实信息的不满。第四，学生会同时与来自其他文化背景的人和中国人一起交流（0.714），或者只与来自其他文化背景的人交流（0.671）。这对中国大学生来说是一个提高外语能力和跨文化能力的好机会。然而，大多数受访者声称，与外国人的面对面交流会使他们感到紧张和焦虑。

"娱乐体验"包括大学生可能体验过的一些娱乐活动。表 10-11 显示了娱乐体验的 4 个描述项的标准化回归系数。第一，大学生会听外文歌曲（0.539）。他们会自行探索，对不同的音乐类型有大致的了解。如果他们喜欢某个歌手或乐队的作品，他们会进行更加深入的了解，这也是体验不同文化的过程之一。第二，学生会观看外语电影（0.580）。电影是一种传播文化和价值观的文化产品。尽管观众不在某种文化情境中,但他们可以通过电影瞥见这种文化的真实情境。先进的摄影技术让现代电影能够给观众带来不同时空的生动体验。第三,学生会听广播(0.760),了解世界各地的新闻。第四,他们会看电视节目和在线视频(0.851),包括脱口秀和TED演讲。大学生们不仅可以通过娱乐体验来放松自己,还可以提高他们的外语能力。正如受访者A所说:

> 我可以通过听音乐和VOA来练习我的听力。当我看电影和电视节目时,我可以学到新的单词和有趣的习语。总而言之,我的英语通过各种娱乐体验得到了提高。一名合格的英语专业学生应该充分利用每一秒来提高自己。

在本书中,"饮食体验"包括3个描述项(见表10-11):品尝外国食物(0.860),品尝外国酒水饮料(0.879)和尝试外国饮食习惯(0.786)。虽然用不同的原料和方法烹制的食物可能是一个巨大的挑战,但仍有一些大学生愿意品尝,并将其视为一种跨文化体验。他们可能没有机会出国,但他们可以在中国的特色餐厅品尝来自不同文化背景的各式菜肴。近年来,泰式餐厅、日式餐厅和其他特色食品的业务欣欣向荣,大学生为其蓬勃发展作出了巨大贡献。

"学术体验"指的是学生可以通过在大学里举办的各种学术活动来了解不同的文化。表10-11显示了学术体验的5个描述项的标准化回归系数。首先,学生会有旨在介绍文化类(0.557)或学术类(0.577)的双语课程。中国高校开设外语课程有两个原因。一是为了培养学生听、说、读、写、译的能力,二是向学生传授不同的文化知识,促进其进一步提高跨文化能力。某些专业的教师会用双语进行授课,这是为了帮助学生更容易与国际前沿研究课题保持接轨。换句话说,学生可以从跨文化的学术体验中受益。其次,学生会参加外语演讲(0.782)和辩论(0.831)活动或比赛。演讲或辩论最重要的目的是培养学生的口语能力。此外，学生在准备草稿时，会注意遣词造句。以上都是基于对话题的透彻理解，这就要求学生对社会和文化背景有很好的掌握。收集信息的过程在某种程度上等于体验了跨文化体验。此外，学生可以参加国际学术会议或论坛（0.618）。为了聆听某一领域著名学者的讲座或展示个人的研究成果，大学生们会参加学术会议，组织者会邀请中国和海外的知名学者。因此，学生有机会聆听国际学者的演讲并向他们提问。这种跨文化的学术体验可以帮助学生拓展视野，为他们未来的研究提供灵感。不幸的是，由于新冠疫情暴发，许多学术会议被取消或在网上举行，这就减少了大学生交流跨文化学术交流的机会。

"感官体验"指的是在与来自其他文化背景的人接触时调动各种感官的过程。表10-11列出了感官体验的五个描述项的标准化回归系数。首先，大学生会关注来自其他文化背景的人的穿着打扮（0.892）。穿衣习惯和服装风格是了解某人文化背景的直接途径。例如，来自非洲的人即使在冬天也总是穿着轻便的衣服。其次，学生会关注非语言信息，如来自其他文化背景的人的手势（0.943）、面部表情（0.888）和眼神（0.820）。非语言行为在跨文化交流中发挥着重要作用，它们也是跨文化体验的重要组成部分。同样的手势在不同的文化背景下可能有不同的含义。大学生应该通过现实生活中的跨文化体验，对不同文化的非语言信息进行充分了解。此外，他们会注意到来自其他文化背景的人的气味（0.724）。而受访者似乎并不喜欢这种气味。正如受访者 J 所说：

> 我在去上课的路上会遇到来自非洲的留学生。当一起进入电梯时，我总是会闻到他们身上强烈的香水味。事实上，至少对我来说，这种气味是不好闻的。

二 中国大学生跨文化体验对其跨文化能力发展的影响路径

基于中国大学生跨文化体验对其跨文化能力发展的影响路径结构方程模型数据结果表明,中国大学生的跨文化体验与其跨文化能力之间存在着显著相关性。换句话说,中国大学生跨文化体验对其跨文化能力发展有较强的影响。该结果与以往研究(岑逾豪等,2020;潘亚玲等,2021;徐丹等,2019)的结论基本一致。

(一) 由跨文化体验到跨文化交流技能的路径

表10-16显示了跨文化交流技能(sk1)和跨文化体验之间的影响路径,这里将跨文化交流技能视为因变量。sk1和ae之间路径的标准化因子载荷为-0.044($p=0.561>0.05$),这表明ae与sk1间的回归系数在0.05水平下不具有显著性。sk1和ee之间路径的标准化因子载荷为0.353($p<0.001$),这表明ee与sk1间的回归系数在0.001水平下有显著性。sk1和csae之间路径的标准化因子载荷为-0.198($p=0.094>0.05$),这表明csae与sk1间的回归系数在0.05水平下没有显著性。sk1和fde之间路径的标准化因子载荷为0.183($p=0.023<0.05$),这表明fde与sk1间的回归系数在0.05水平下有显著性。sk1和se之间路径的标准化因子载荷为-0.028($p=0.758>0.05$),这表明se与sk1间的回归系数在0.05水平下没有显著性。sk1和sse之间路径的标准化因子载荷为0.284($p<0.001$),这表明sse与sk1间的回归系数在0.001水平下有显著性。根据标准化参数值,可以推断出娱乐体验(0.353)、感官体验(0.284)和饮食体验(0.183)对跨文化交流技能有显著影响。

听音乐和看外语电影是大学生进行娱乐体验最普遍的方式。一方面,学生能够通过这个过程提高他们的听力和阅读能力。另一方面,歌词和字幕可以帮助学生以母语的习惯和方式讲外语。在感官体验方面,学生会观察其国际友人的行为,并在适当的时候模仿他们的手势和面部表情，促使交流成功。此外，学生们在不同的特色餐厅就餐时也会学习对应的餐桌文化。如果学生将从不同的跨文化体验中学习到的知识运用到与国际友人的对话中，他们的跨文化交流技能将得到提高。

（二）由跨文化体验到跨文化认知技能的路径

表 10-16 列出了跨文化认知技能（sk2）和跨文化体验之间的影响路径，这里将跨文化认知技能视为因变量。sk2 和 ae 之间路径的标准化因子载荷为 -0.045（p = 0.556 > 0.05），这表明 ae 与 sk2 间的回归系数在 0.05 水平下没有显著性。sk2 与 ee 之间路径的标准化因子载荷为 0.280（p = 0.003 < 0.05），表明 ee 与 sk2 间的回归系数在 0.05 水平下有显著性。sk2 和 csae 之间路径的标准化因子载荷为 -0.182（p = 0.126 > 0.05），这表明 csae 与 sk2 间的回归系数在 0.05 水平下没有显著性。sk2 和 fde 之间路径的标准化因子载荷为 0.076（p = 0.338 > 0.05），这表明 fde 与 sk2 间的回归系数在 0.05 水平下没有显著性。sk2 和 se 之间路径的标准化因子载荷为 0.353（p < 0.001），这表明 se 与 sk2 间的回归系数在 0.001 水平下有显著性。sk2 和 sse 之间路径的标准化因子载荷为 0.165（p = 0.018 < 0.05），这表明 sse 与 sk2 间的回归系数在 0.05 水平下有显著性。根据标准化参数值可以推断，社交体验（0.353）、娱乐体验（0.280）和感官体验（0.165）对跨文化认知技能有显著影响。

如前所述，大学生会给国外期刊编辑、外教和国际客户发送电子邮件，而且他们有很多机会和这些人进行面对面交流。学生们将通过线上或线下交流学习不同的文化。如果他们遇到困难，他们会运用不同的策略找到有效的解决方案。幸运的是，如果人们与来自其他文化背景的人有过愉快或糟糕的体验，他们会在知乎、Bilibili 和其他平台上分享他们的故事，这些平台很受当代大学生欢迎。在娱乐体验方面，学生可以通过电影或电视节目了解不同文化背景下的交际和行为方式。此外，学生会对来自其他文化背景的人的非语言行为有直观的印象。

他们会观察和模仿这些行为,并在下次与外国人交际时使用。简而言之,学生将通过从上述跨文化体验中学习到的各种策略提高他们的跨文化认知技能。

(三) 由跨文化体验到意识的路径

表 10-16 列出了跨文化意识 (aw) 和跨文化体验之间的影响路径,跨文化意识在这里被视为因变量。aw 和 ae 之间路径的标准化因子载荷为 -0.006 ($p=0.932>0.05$),这表明 ae 与 aw 间的回归系数在 0.05 水平下没有显著性。aw 和 ee 之间路径的标准化因子载荷为 0.238 ($p=0.012<0.05$),这表明 ee 与 aw 间的回归系数在 0.05 水平下有显著性。aw 和 csae 之间路径的标准化因子载荷为 -0.155 ($p=0.185>0.05$),这表明 csae 与 aw 间的回归系数,在 0.05 水平下没有显著性。aw 和 fde 之间路径的标准化因子载荷为 0.267 ($p<0.001$),这表明 fde 与 aw 间的回归系数在 0.001 水平下有显著性。aw 和 se 之间路径的标准化因子载荷为 0.060 ($p=0.503>0.05$),这表明 se 与 aw 间的回归系数在 0.05 水平下没有显著性。aw 和 sse 之间路径的标准化因子载荷为 0.210 ($p=0.003<0.05$),说明 sse 与 aw 间的回归系数在 0.05 水平下有显著性。根据标准化参数值可以推断,饮食体验(0.267)、娱乐体验(0.238) 和感官体验(0.210) 对跨文化意识有显著影响。

文化差异可以通过饮食习惯和餐桌礼仪直接体现。大学生们在去餐厅品尝各种来自其他文化背景的食物就会遇到这些差异。在获取娱乐体验,特别是观看外语电影时,学生会意识到不同文化中存在不同的价值观和不同的文化身份。此外,当学生直接与来自其他文化背景的人接触时,他们会被置于不同的文化情境中。他们会调整自己来适应这种情境,并与外国人成功交流。简而言之,大学生可以通过体验文化差异来提高他们的跨文化意识。

(四) 由跨文化体验到态度的路径

表 10-16 列出了跨文化态度 (at) 和跨文化体验之间的影响路

径，这里将跨文化态度视为因变量。at 和 ae 之间路径的标准化因子载荷为 0.004（p = 0.958 > 0.05），这表明 ae 与 at 间的回归系数在 0.05 水平下没有显著性。at 和 ee 之间路径的标准化因子载荷为 0.464（p < 0.001），这表明 ee 与 at 间的回归系数在 0.001 水平下有显著性。at 和 csae 之间路径的标准化因子载荷为 -0.255（p = 0.041 < 0.05），这表明 csae 与 at 间的回归系数在 0.05 水平下有显著性。at 和 fde 之间路径的标准化因子载荷为 0.037（p = 0.664 > 0.05），这表明 fde 与 at 方面的回归系数在 0.05 水平下没有显著性。at 和 se 之间路径的标准化因子载荷为 -0.073（p = 0.442 > 0.05），这表明 se 与 at 间的回归系数在 0.05 水平下没有显著性。at 和 sse 之间路径的标准化因子载荷为 0.300（p < 0.001），这表明 sse 与 at 方面的回归系数在 0.001 水平下有显著性。根据标准化参数值可以推断，娱乐体验（0.464）和感官体验（0.300）对跨文化态度有显著的正向影响，而文体活动体验（-0.255）对跨文化态度有显著的负向影响。

娱乐体验对跨文化态度的影响体现在以下方面，大学生会对美妙的音乐和精彩的电影表现出极大的兴趣。音乐和电影是大学生喜闻乐见的艺术形式，可以传播大量文化知识。大学生愿意在空闲时间欣赏和接受呈现不同文化的艺术作品。为了获得感官体验，大学生会渴望与来自其他文化背景的人进行交流。他们对不同的文化充满好奇心，希望通过与这些人的直接接触了解更多文化知识。令人惊讶的是，文化和体育活动体验对跨文化态度产生了消极影响，这可能是因为一些学生在与留学生进行体育活动时有过不愉快的体验。正如受访者 J 所说：

> 当我们一起打篮球时，留学生总是精力充沛，甚至咄咄逼人。他们会在人群中横冲直撞。说实话，我有时会害怕和他们一起打球。

（五）由跨文化体验到本国文化知识的路径

表 10 - 16 列出了本国文化知识（kns）和跨文化体验之间的影响

路径，本国文化知识在这里被视为因变量。kns 和 ae 之间路径的标准化因子载荷为 0.003（p=0.974>0.05），这表明 ae 与 kns 间的回归系数在 0.05 的水平下没有显著性。kns 与 ee 之间路径的标准化因子载荷为 0.090（p=0.366>0.05），这表明 ee 与 kns 间的回归系数在 0.05 水平下没有显著性。kns 和 csae 之间路径的标准化因子负荷为 0.067（p=0.592>0.05），这表明 csae 与 kns 间的回归系数在 0.05 水平下没有显著性。kns 与 fde 之间路径的标准化因子载荷为 0.200（p=0.019<0.05），这表明 fde 与 kns 间的回归系数在 0.05 水平下有显著性。kns 与 se 之间路径的标准化因子载荷为 -0.075（p=0.453>0.05），这表明 se 与 kns 间的回归系数在 0.05 水平下没有显著性。kns 和 sse 之间路径的标准化因子载荷为 0.118（p=0.115>0.05），这表明 sse 与 kns 间的回归系数在 0.05 水平下没有显著性。根据标准化估计值可以推断出饮食体验（0.200）对本国文化知识有显著影响。

自出生起，人们就开始不断获取本国的文化知识。在中学时，学生有历史、地理、政治等课程。在这些课程中，他们可以学习中国文化知识。除了历史专业的学生，其他人在大学里学习本国文化知识的机会并不多。然而，学生可以通过各种食物和饮品了解中国不同地区的文化知识。他们会有来自全国各地的同学和室友，他们会了解不同的饮食习惯。由此，他们会增加对本国文化知识的了解。

（六）由跨文化体验到外国文化知识的路径

表 10-16 列出了外国文化知识（kno）和跨文化体验之间的影响路径，外国文化知识在这里被视为因变量。kno 与 ae 之间路径的标准化因子载荷为 0.011（p=0.881>0.05），这表明 ae 与 kno 间的回归系数在 0.05 的水平下没有显著性。kno 与 ee 之间路径的标准化因子载荷为 0.108（p=0.232>0.05），表明 ee 与 kno 间的回归系数在 0.05 水平下没有显著性。kno 与 csae 之间路径的标准化因子载荷为 0.159（p=0.159>0.05），说明 csae 与 kno 间的回归系数在 0.05 的水平下没有显著性。kno 与 fde 之间路径的标准化因子载荷为 0.057（p=0.456>

0.05），表明 fdc 与 kno 间的回归系数在 0.05 水平下没有显著性。kno 与 se 之间路径的标准化因子载荷为 0.166（p = 0.058 > 0.05），说明 se 与 kno 间的回归系数在 0.05 水平下有一定显著性。kno 和 sse 之间路径的标准化因子载荷为 0.195（p = 0.004 < 0.05），这表明 sse 与 kno 间的回归系数在 0.05 的水平下有显著性。根据标准化估计可以推断，感官体验（0.195）和社交体验（0.166）对外国文化知识有显著影响。

就感官体验而言，在与来自其他文化背景的人直接接触时，大学生会学习其他文化背景下用于表达情感或补充解释的非语言行为。在社交体验方面，大学生会与来自其他文化背景的人进行线上和线下交流。一方面，学生在网上与外国人进行文字交流，特别是在写电子邮件时，会格外注意遣词造句。在这个过程中，学生可以学习如何用外语写作，从而提高他们的跨文化能力（O'Dowd, 2007；彭仁忠等, 2016）。另一方面，在与来自其他文化背景的人进行线下交流时，如果学生对某些问题感兴趣，他们会与对话者互相交换意见。这样一来，他们会对对方的文化背景进行深入了解，并在这个过程中适应不同的思维模式，从而促进跨文化交际的成功进行。

第六节 本章小结

本章调查了中国大学生跨文化体验的主要路径，并探究中国大学生跨文化体验对其跨文化能力发展的影响路径。通过对问卷调查和半结构式访谈数据的收集与分析，本章的主要结论如下：一方面，通过探索性因子分析和验证性因子分析，发现中国大学生跨文化体验量表具有良好的效度和信度。该量表的 6 个主要因子分别为学术体验（5 项）、娱乐体验（4 项）、文体活动体验（5 项）、饮食体验（3 项）、社交体验（7 项）和感官体验（5 项）。本书研究构建了中国大学生跨文化体验的结构方程模型，该模型能够很好地拟合观测数据。路径分析的结果显示文体活动体验最重要；社交体验和娱乐体验相对重要；

饮食体验、学术体验和感官体验的重要性一般。中国大学生跨文化体验可以被这6个主要因子很好地预测和解释。另一方面，构建了中国大学生跨文化体验对其跨文化能力发展的影响路径结构方程模型。根据路径分析的结果，可以发现中国大学生的跨文化体验与其跨文化能力之间具有显著相关性。换言之，中国大学生的跨文化体验对其跨文化能力发展有较为显著的影响。具体来说，娱乐体验对跨文化交流技能、跨文化认知技能、跨文化意识和跨文化态度有显著影响；文体活动体验对跨文化态度有显著的负面影响；饮食体验对跨文化交流技能、跨文化意识和本国文化知识有显著影响；社交体验对跨文化交流技能、跨文化认知技能和对外国文化知识有显著影响；感官体验对跨文化认知技能、跨文化意识、跨文化态度和外国文化知识有显著影响。然而，学术体验没有对中国大学生跨文化能力发展造成显著影响。

本书研究证明，跨文化体验可以提高中国大学生的跨文化能力。因此，为了培养具有良好跨文化能力的外语人才，中国高校应该创造适当条件让学生尽可能获取跨文化体验。首先，在文体活动体验方面，高校应当根据自身实际，建设文化艺术展馆，由此学生将有更多机会去感知不同的文化；加大对语言类和文化类社团举办活动的经费支持，吸引更多学生去体验不同的文化氛围；高校应在中国学生和留学生之间举办更多娱乐性比赛，促进跨文化交流。但是，提前进行规则和文化培训非常必要。其次，为了获取社交体验和感官体验，高校可以邀请来自不同国家和地区的教师为学生授课，由此学生将有更多机会与来自其他文化背景的人直接交流。他们可以观察这些人在真实情境下的行动和非语言行为，从而激发学习他国文化知识的兴趣。对于娱乐体验，高校可以在天气好的夜晚播放露天电影；音乐社团可以为外文歌曲举办专题音乐会。在饮食体验方面，高校的食堂可以为学生准备具有不同文化特色的菜肴。最后，如前所述，在学术体验方面，高校可以邀请来自其他国家的教师为学生授课。此外，学校可以提供更多旨在传播本国和他国文化知识的课程。疫情过后，高校应鼓励和支持学生出国深造或参加国际项目，以提高他们的科研能力和跨文化能力（徐丹等，2019）。

此外，在后疫情时代，高校应提供更多线上的机会，让学生获取跨文化体验。例如，高校仍然应该邀请外教授课，在网上开设口语等课程。同时上课的学生不应超过7人，否则学生难以集中注意力。如此一来，高校在这方面的经费投入将加大。但事实上，高校应该对跨文化外语教学给予足够的支持。高校还应邀请国际学者开展线上讲座，并鼓励学生参加线上国际学术会议。此外，学生应充分利用互联网获取跨文化体验，如影视作品、网上展览以及社交媒体等。

本书提出了一些建议。首先，如前所述，高校应开设多样的文化课程，增加学生对本国和外国文化知识的了解。加强语言输入和优秀外国文化输入是提高学生跨文化能力的有效途径（吴卫平，2015：52）。高校外语教师也应该充分掌握外国文化，并改进教学方法。此外，高校应举办更多的文化交流活动，并邀请留学生参加。这样，尽管不出国门，中国大学生也有机会接触到外国文化。其次，应鼓励具有较强外语能力的学生在疫情结束后与来自其他文化背景的人有更多的直接交流。高校应该不断探索中国学生和留学生共同上课的教学模式，由此，学生可以进行更多的跨文化交际，并对外国文化形成相对稳定的态度。再次，为了培养批判性文化意识，高校应该鼓励学生在外语学习过程中探寻文化差异，由此培养其对外国文化平等、宽容的跨文化意识。最后，为了提高学生的跨文化能力，高校应该为学生提供文化培训，帮助其学习跨文化交流策略。文化培训应提供能够反映文化冲突的真实案例供学生参考。由此，学生可以掌握实践性技能，成功进行跨文化交流。

第十一章 总结与展望

本书围绕大学生的跨文化接触对其跨文化能力发展的作用机理进行了一系列研究，其中包括国内外跨文化接触和跨文化能力研究概述、大学生跨文化能力量表研究、大学生跨文化接触量表研究、大学生跨文化能力发展现状调查、大学生跨文化能力影响因素调查、大学生跨文化接触情况调查、跨文化直接接触对大学生跨文化能力发展的作用机理、跨文化间接接触对大学生跨文化能力发展的作用机理、跨文化体验对大学生跨文化能力发展的影响路径研究以及其他相关研究，取得了一些主要研究成果，但是仍然存在一些不足和局限，对未来研究和实践有一定的启示和引导作用。

第一节 主要研究发现

本书的主要研究发现具体有以下几方面。

一 国内外跨文化接触和跨文化能力研究概述

（一）跨文化接触研究综述

国外跨文化接触研究范围较广，主要集中在跨文化接触的质量、频率、路径、影响因素以及其与跨文化能力关系等方面。而且心理学界对群际接触理论的前期研究和探讨，为跨文化领域研究夯实了基础，诞生于美国文化背景下的群际接触理论，其本身就具有跨文化特征。与国外研究相比，国内对于跨文化接触的研究较少。其主要涉及对跨文化接触理论的研究、接触现状的调查以及对接触路径的探讨。有学者对文化接触进行了仔细分类：文化接触是指一方或双方体系因与不同文化传统社会发生接触而产生变化的过程。它分成三种类型：涵化、同化以及融合。国内对于跨文化接触的研究对象涉及中国大学生和外国留学生，研究方法兼顾理论研究和实证研究，并且前期研究成果已有证据说明跨文化接触对跨文化能力的影响作用显著。由此，有必要聚焦于跨文化接触对跨文化能力的探讨，探寻新时代大学生跨文化接触的主要方式，为高校国际化人才培养和教师教学发展提供一些理论参考和现实解决方案。

（二）跨文化能力研究综述

纵观国外跨文化能力的历时研究发现，关于跨文化能力的研究始于20世纪70年代。学者们主要围绕以下四个方面展开：第一，对跨文化能力的内涵与构成要素进行了理论研究；第二，探讨了如何将跨文化能力发展融入外语教学中；第三，探讨了跨文化能力的各种评价模型与模式；第四，从跨学科和不同的研究对象探讨了跨文化能力的培养。迄今为止，国外跨文化能力研究成果比较多，如在跨文化能力的内涵、构成、评价、发展和培养等方面进行了较为广泛的理论与实证研究。目前被国内外学者引证较多的跨文化理论就有17种之多，在理论研究基础上，研究广度和深度也有很大发展。国内关于跨文化能力的研究与国外有很多相似之处，包括跨文化能力内涵和定义、跨文化能力的构成要素以及外语教学与跨文化能力关系等。国内有一些学者在早期围绕跨文化能力内涵进行了广泛的探讨，国内从事跨文化能力研究最早始于20世纪90年代初，其主要集中在外语教学中如何进行能力培养和评估方面。从历时角度综合梳理来看，国内学者对跨文化能力的研究主要涉及三个方面。第一，探讨了跨文化能力与外语教育的关系。第二，围绕培养学生跨文化能力的课程设置、评估与教材建设等问题进行了探讨。研究者主要从培养跨文化能力的课程建设、教学内容、教学方法等角度进行了理论探讨并提出了一些建议。第三，从跨学科角度探讨了跨文化能力的重要性。综上所述，目前国内学者关于跨文化能力内涵与培养模式的研究主要以引介和评述为主，而针对外语教学中跨文化能力培养和课程设置与教材建设等方面的研究也多采用定性分析，实证研究相对较少。

二 大学生跨文化能力量表研究

通过系统的信度和效度检验以及路径分析研究表明，中国大学生跨文化能力量表展现出优异的测量学特性。该量表不仅能够科学评估中国大学生跨文化能力的发展现状，而且通过实证调查所获得的数据能够有效预测其跨文化能力的发展趋势，这使学生能够更加客观地认识到自身跨文化能力的优势与不足，为其未来发展提供明确的方向指引。

在高等教育领域，该量表的应用价值主要体现在为国内高校制定国际化人才培养方案、设置跨文化能力培养课程体系等方面提供了科学的参考依据。这对于提升高校国际化人才培养质量，完善跨文化教育体系具有重要的实践意义。

作为一个专业的能力评价工具，该量表在更广泛的应用场景中也展现出显著的参考价值。一方面，量表所收集的数据可以帮助其他类型的学习者准确把握自身的跨文化能力水平，为其制订个性化的学习计划提供依据；另一方面，对于跨文化领域的专业人士，如跨文化咨询师和培训师而言，该量表提供的测评信息能够帮助他们更加精准地诊断客户需求，从而有针对性地制定培训策略，提升其在特定情境中的跨文化交际能力。

综上所述，中国大学生跨文化能力量表作为一个科学的评估工具，在测量和预测中国学习者跨文化能力发展方面具有显著的实践价值和应用前景，为推进中国跨文化教育研究和实践提供了有力支撑。

三 大学生跨文化接触量表研究

本研究通过系统的量表验证过程，包括信度分析、探索性因子分析及验证性因子分析，证实了中国语境下大学生跨文化直接接触量表具备良好的信效度。在此基础上，构建了跨文化直接接触模型，深入探究了中国大学生跨文化直接接触的主要路径及其相对重要性。研究结果表明，大学生跨文化直接接触主要通过四条路径展开：国内主流社交媒体、国外主流社交媒体、校内跨文化交际活动和校外跨文化交际活动。其中，国内主流社交媒体的影响力最为显著，国外主流社交媒体与校外跨文化交际活动的重要性居中，而校内跨文化交际活动的影响相对较弱。

与此同时，本研究对跨文化间接接触量表进行了全面的信效度检验，结果同样显示出良好的心理测量学特性。通过建构跨文化间接接触模型，揭示了大学生跨文化间接接触的四个主要维度：线下交流、文化产品、多媒体和课程以及课内和课外活动。实证分析表明，文化产品在跨文化间接接触中发挥着最为关键的作用，构成了最主要的接触路径；多媒体和课程紧随其后，是第二重要的接触途径；线下交流的影响程度处于中等水平；而课内和课外活动对跨文化间接接触的贡献相对最小。

基于上述实证研究成果，本研究不仅验证了大学生跨文化直接接触和间接接触量表的测量学优良性，而且为后续探究这两类接触方式对大学生跨文化能力的影响机制奠定了坚实的理论基础和实证依据。从理论层面而言，本研究对国内跨文化研究领域具有重要的启示意义。研究开发的跨文化接触量表丰富了中国跨文化研究的测量工具库，为相关研究提供了具有本土化特色的测量工具。这些发现不仅有助于加深对中国大学生跨文化接触模式的理解，也为高校制定跨文化教育策略提供了实证参考。

四 大学生跨文化能力发展现状调查

本研究通过对大学生跨文化能力发展现状的调查分析发现,受访大学生的跨文化能力呈现出明显的不均衡发展特征。具体而言,学生在本土文化认知和跨文化态度方面表现相对突出,但在外国文化知识储备、跨文化认知技能及跨文化意识等维度则显示出显著不足。

在跨文化交流技能的具体表现上,调查结果呈现出二元分化特征。学生在基础性交际礼仪方面表现良好,主要体现在能够以礼貌态度与外国人互动、注意避免使用不当语言和行为、能够克制文化偏见、懂得尊重对方隐私等方面。然而,在更深层次的跨文化交流技能上仍有待提升。

这些调查发现对高等教育的国际化人才培养具有重要的政策指导意义。各高校可据此优化人才培养方案,教师也可在课程设计中有针对性地强化学生薄弱能力环节。特别是在当前课程思政建设背景下,如何引导学生在跨文化交流中掌握主动权、增强文化自信,提升其跨文化交际能力,使之能够更好地担负起传播中国文化、参与国际对话的重任,将是后续研究的重点方向。这不仅关乎人才培养的质量提升,更与国家文化软实力的建设息息相关。

五 大学生跨文化能力影响因素调查

本研究致力于探究影响中国大学生跨文化能力发展的关键因素及其作用机制。研究通过定量分析确认了四个主要影响因素:情感因素、动机因素、跨文化课程因素以及海外经历因素,其中情感因素的影响最为显著。实证研究表明,这些因素均对跨文化能力的提升具有显著的正向促进作用。

值得注意的是，质性访谈结果进一步揭示了语用能力和跨文化接触两个潜在影响因素，这为后续研究开辟了新的方向。特别是关于跨文化接触因素的作用机制，仍需开展更为系统和全面的实证研究。

本研究的发现对跨文化研究领域具有重要的理论意义和实践价值。在理论层面，研究拓展了跨文化能力影响因素的研究维度，为学术界提供了新的研究视角。在实践层面，研究结果对高校外语教育教学改革提供了重要启示：首先，教师应充分认识到情感因素和动机因素在跨文化能力培养中的核心地位，有针对性地设计教学策略以培养和强化学生的跨文化学习动机，同时关注学生在跨文化交际过程中的情感体验；其次，应重视跨文化课程的系统设置与优化，将课程建设作为提升学生跨文化能力的重要抓手。这些发现为高校跨文化教育的课程设计和教学实践提供了理论依据和实践指导。

六 大学生跨文化接触情况调查

本研究采用访谈与问卷调查相结合的混合研究方法，深入考察了大学生跨文化直接接触与间接接触的现状。研究发现，大学生的跨文化整体接触程度处于中等或偏低水平，接触频率普遍不高。然而，在接触方式的对比中发现，间接接触的情况明显优于直接接触，无论是在接触程度还是频率方面均呈现这一特征。

在间接接触维度中，文化产品接触以及多媒体和课程类接触表现突出。具体而言，以下七种间接接触方式最为普遍：（1）通过在线网络课程学习英语国家文化；（2）借助教师讲授了解英语国家文化；（3）通过纸质书籍汲取英语国家文化知识；（4）利用电子书籍获取英语国家文化信息；（5）观看英文电影；（6）聆听英文歌曲；（7）参与大学英语课程。这些途径为学生提供了较为丰富的跨文化学习资源。

在直接接触层面，研究识别出若干主要接触方式：其一，通过即时通信工具（如QQ、微信等）与英语母语者进行文字交流；其二，参与英语角等面对面交际活动；其三，参加外国学者主讲的文化讲座；其四，与校内外教互动交流；其五，参与外国传统节日庆典活动。这些直接接触形式虽然频率相对较低，但为学生提供了真实的跨文化交际情境。

本研究的发现具有重要的理论与实践意义。就教学实践而言，研究结果为外语教师深入了解学生跨文化接触现状提供了实证依据，有助于教师制定更有针对性的教学策略。就理论建构而言，研究揭示了中国大学生跨文化接触的主要途径，为探索提升跨文化能力开辟了新的视角。此外，本研究所获得的数据为后续探究大学生跨文化接触与跨文化能力发展之间的关联机制奠定了坚实的实证基础，也为相关理论研究提供了有力支撑。

七 跨文化直接接触对大学生跨文化能力发展的作用机理

本研究通过构建结构方程模型，系统考察了跨文化直接接触对大学生跨文化能力整体发展及其各维度的影响机制。研究结果表明，在中国特定语境下，跨文化直接接触对大学生跨文化能力的发展具有显著的促进作用。深入分析发现，跨文化直接接触通过不同路径对跨文化能力的 6 个维度产生差异化影响。其中，本国文化知识维度的发展主要依托国内主流社交媒体渠道实现，而外国文化知识维度的提升则通过外国主流社交媒体平台和校内跨文化交际活动达成。在态度层面，跨文化态度的培养得益于校内外跨文化交际活动的双重作用。就技能发展而言，跨文化交流技能与认知技能的增进主要源于校内跨文化交际活动的参与。此外，跨文化意识的提升需要校内外跨文化交际活动的协同推动，这体现了多元交际环境对跨文化意识培养的重要性。

研究发现，校内跨文化交际活动在多个维度的发展中发挥着核心作用，这一结果凸显了高校在跨文化能力培养中的关键地位。值得注意的是，本研究在样本选取时未对地区差异进行严格控制，这可能导致研究结果存在一定的区域局限性。未来研究可通过控制区域变量，进一步探讨跨文化直接接触对中国大学生跨文化能力发展的影响机制，从而获得更具普适性的研究结论。

就理论价值而言，本研究为跨文化能力研究领域提供了新的研究思路和理论框架，丰富了相关学术探讨的维度。在实践层面，研究发现为高校制定国际化人才培养战略提供了实证依据和决策参考，具有重要的应用价值。这些发现不仅有助于优化跨文化教育体系，也为提升高等教育国际化水平提供了具体的行动指南。通过揭示跨文化直接接触与跨文化能力发展之间的内在联系，本研究为深化跨文化教育研究和实践提供了重要启示。后续研究可在此基础上，进一步探索影响跨文化能力发展的其他关键因素，为构建更加完善的跨文化教育体系贡献新的理论与实践见解。

八　跨文化间接接触对大学生跨文化能力发展的作用机理

本研究探讨了跨文化间接接触对中国大学生跨文化能力发展的影响机制。通过结构方程模型分析表明，跨文化间接接触对跨文化能力的发展具有显著的正向影响。具体而言，本研究从跨文化间接接触的四个维度（多媒体和课程接触、文化产品接触、课内外活动以及线下交流）出发，考察其与跨文化能力6个维度（中国文化知识、外国文化知识、态度、跨文化交流技能、跨文化认知技能、意识等）之间的关联性。

研究结果显示，各维度之间的影响强度存在显著差异：多媒体和课程接触对跨文化能力整体及其各维度均产生最强影响；其次是文化产品接触路径；课内外活动的影响程度相对较弱，主要体现在对外国文化知识、跨文化交流技能、认知技能和跨文化意识等方面；线下交流的影响最为有限，仅在外国文化知识、态度、交流技能、认知技能和跨文化意识等维度上呈现微弱相关。

基于上述发现，本研究得出以下结论：跨文化间接接触能够显著促进跨文化能力的提升，其中文化产品接触以及多媒体和课程接触的影响强度明显优于线下交流与课内外活动。这一发现对高校英语教学实践具有重要启示：教师在课程设计中应着重加强文化产品及多媒体教学元素的整合，从而更有效地促进学生跨文化能力的发展。

就学术研究而言，本研究为后续探索提供了新的方向：建议未来研究可深入考察文化产品接触以及多媒体和课程接触的作用机理，通过实证研究揭示这些要素与跨文化能力发展之间的内在联系，为跨文化教育理论的完善提供更为坚实的实证基础。

九 跨文化体验对大学生跨文化能力发展的影响路径研究

本研究聚焦于探究中国大学生跨文化体验的主要路径及其对跨文化能力发展的影响机制。通过问卷调查与半结构化访谈相结合的混合研究方法，在跨文化体验维度构建方面，通过探索性因子分析与验证性因子分析的双重验证，成功构建了具有良好效度和信度的中国大学生跨文化体验量表。该量表涵盖6个核心维度：学术体验（5个测项）、娱乐体验（4个测项）、文体活动体验（5个测项）、饮食体验（3个测项）、社交体验（7个测项）和感官体验（5个测项）。基于此构建的结构方程模型展现出良好的数据拟合度，路径分析结果表明，在跨文化体验的各维度中，文体活动体验具有最高的路径系数，其次为社交体验和娱乐体验，而饮食体验、学术体验和感官体验则表现出相对较低的影响强度。这6个维度构成的理论框架能够有效测度和解释中国大学生的跨文化体验现状。

在跨文化能力发展影响路径方面，通过建立结构方程模型，研究发现跨文化体验与跨文化能力之间存在显著的相关关系。具体表现为：娱乐体验对跨文化交流技能、认知技能、跨文化意识和态度均产生显著正向影响；文体活动体验与跨文化态度呈显著负相关；饮食体验对跨文化交流技能、跨文化意识以及本国文化知识的掌握具有显著促进作用；社交体验显著增强了学生的跨文化交流技能、认知技能，并促进了对外国文化知识的积累；感官体验对跨文化认知技能、意识、态度及外国文化知识的理解均产生显著影响。值得注意的是，学术体验与跨文化能力的各个维度均未呈现显著相关性。

本研究的发现为高等教育领域提供了重要的实践指导意义，不仅为大学生通过多元化的跨文化接触提升跨文化能力提供了可操作的路径参考，同时也为高校国际教育管理者和跨文化外语教育工作者的决策制定提供了实证依据和建设性建议。这些研究成果对推进高校国际化建设和提升学生跨文化竞争力具有重要的现实意义。通过对跨文化体验与能力发展关系的深入剖析，本研究为优化高校国际化教育实践提供了理论支撑和实践导向，有助于构建更加科学有效的跨文化教育体系。

第二节　研究局限性

本书还存在一些不足之处，尚需后期进行更深入的研究的问题如下。

第一，没有对影响大学生跨文化能力的因素进行系统而全面的调查和分析，而是重点选取了前人研究中提到的最主要的一些因素如动机、情感、跨文化课程和海外经历等，有可能还有其他未涵盖的因素会影响大学生跨文化能力的发展，这一点是未来研究需要进一步深入挖掘和探索的选题。第二，研究样本的选择存在一定的区域局限性，不同的研究样本选择可能会对研究结果产生一定的影响，这是一个客观存在的问题。因此，在进行研究时，尽量考虑到了研究区域分布的均衡性。第三，研究样本不够多也可能会影响研究结果的准确性。第四，受到新冠疫情的影响，大学生海外交流的经历相对较少，导致该因素在大学生跨文化能力发展过程中所占权重不高，未来研究可以对其进行深入探究，同时，后续研究也可以选择更多不同类型的研究对象（如教师、企业人员和医疗人员等），分析其跨文化接触对其跨文化能力发展的作用机理。而且，未来的研究可以围绕更细分的跨文化接触路径和方式进行历时跟踪研究或者实验研究。

第三节　研究启示

第一，本书对近三十年国内外跨文化接触和跨文化能力研究理论及相关研究进行了一次较为详细的梳理，可以为国内外跨文化研究学者们提供理论参考。第二，对大学生跨文化能力量表的信度和效度研究证实了该量表具有良好的信度和效度，可以用来测评中国大学生的跨文化能力发展的实际情况，借助于测评的实证调查数据可以帮助大学生预测自己跨文化能力的实际水平，从而使他们更好地意识到自身跨文化能力的强弱。同时，可以为国内各高校培养国际化人才并开设相关文化能力培养课程提供参考。第三，对大学生跨文化接触量表的信度和效度研究验证了大学生跨文化直接接触量表和间接接触量表均具有良好的信度和效度，可以用来调查和分析大学生跨文化直接接触和间接接触的现状，为探究大学生跨文化直接接触和间接接触分别对大学生跨文化能力发展的影响作用提供前期理论和实证数据支撑。在理论方面，对国内跨文化研究学者们有一些启示作用。同时，对跨文化接触量表的研究可以丰富国内跨文化研究的测量工具。第四，对当前大学生跨文化能力发展现状的调查和分析，各个高校可以参考相关数据结果为国际化人才培养方案制定提供一些政策参考，同时，有助于高校教师在设计课堂活动时有意识、有针对性地去帮助学生提高相关能力。第五，对大学生跨文化能力影响因素的调查和分析，为跨文化研究学者提供了一些新的影响跨文化能力的因素和研究视角，同时，为高校教师跨文化外语教学和课程设计方面带来一定启示作用。第六，对大学生跨文化接触现状的调查与分析，有助于外语教师了解和掌握学生的跨文化接触和学习状况，并为大学生提供了跨文化接触的主要路径，从而为促进中国大学生跨文化能力发展提供了新的视角。第七，跨文化直接接触对大学生跨文化能力发展的作用机理研究，不仅为相关跨文化能力研究提供研究思路和理论参照，具有重要的理论意义；同时，也为目前高校国际化教育人才培养计划制订提供借鉴，具有积极的现实意义。第八，跨文化间接接触对大学生跨文化能力发展的作用机理研究，有助于高校外语教师通过合理的课程设计促进大学生跨文化能力的发展。同时，对跨文化研究学者也有一些启示作用。第九，跨文化体验对大学生跨文化能力发展的影响路径研究，为大学生通过跨文化接触和体验促进其跨文化能力发展提供了路径和方法借鉴，同时，为高校国际教育管理者和跨文化外语教育者提供了一些数据支撑和建设性建议。

参考文献

奥莉亚（Opekuna Olga）：《天津青年留学生的微信使用与跨文化适应调研》，硕士学位论文，天津师范大学，2015年。

白谦慧：《语言能力与跨文化交际能力关系的实证初探》，《湖北第二师范学院学报》2014年第12期。

毕继万：《第二语言教学的主要任务是培养学生的跨文化交际能力》，《中国外语》2005年第1期。

毕继万：《谈跨文化交际中的"能力"》，《第六届中国跨文化交际研究会年会论文摘要汇编》，2005年。

曹德明：《高等外语院校国际化外语人才培养的若干思考》，《外语教学理论与实践》2011年第3期。

岑逾豪、江雨澄、刘俭：《本科生海外访学的成效及影响因素研究》，《清华大学教育研究》2020年第3期。

陈·巴特尔、李双龙：《新疆少数民族大学生多元文化能力问卷的建构及实证研究》，《民族教育研究》2018年第3期。

陈春花、王杏珊：《全球工作经验对员工创造力的影响机制：一个模型的构建》，《中国人力资源开发》2015年第21期。

陈国明：《跨文化交际学》，华东师范大学出版社2009年版。

陈慧、车宏生、朱敏：《跨文化适应影响因素研究述评》，《心理科学进展》2003年第6期。

陈庆斌、严明：《商务英语专业建设与专业方向培养目标——严明教授访谈录》，《外语学刊》2020年第3期。

陈薇、樊葳葳：《中国大学生交流意愿与内外因素的相关性研究》，《外语教育》2005年第1期。

陈欣：《从跨文化交际能力视角探索国际化外语人才培养课程设置》，《外语界》2012年第5期。

陈艳君、刘德军：《大学外语教师跨文化理解能力及其养成路径》，《大学教育科学》2012年第4期。

崔海英、王静：《河北省高校英语教师跨文化交际能力调查》，《河北科技师范学院学报》（社会科学版）2016年第2期。

戴晓东：《跨文化交际理论》，上海外语教育出版社2011年版。

邓银：《中国大学生跨文化接触对其跨文化能力的影响研究》，硕士学位论文，华中科技大学，2015年。

邓芸：《论留法生活对培养大学生跨文化交际能力的作用》，《法国研究》2019年第3期。

狄兰、徐红罡、陈胜容：《背包旅游者旅途中的跨文化学习》，《旅游学刊》2018年第4期。

丁璇：《聊天工具Skype对非英语专业大学生跨文化交际能力提高的影响》，硕士学位论文，华中科技大学，2006年。

段心垚：《大学生跨文化接触与跨文化交际能力的相关性》，硕士学位论文，山东师范大学，2019年。

樊葳葳、吴卫平、彭仁忠：《中国大学生跨文化能力自我评价分析》，《中国外语》2013年第6期。

方勇：《基于SPSS分析的中国英语学习者口试模式偏好度研究》，《外国语文》2015年第6期。

付明霞：《非英语专业大学生跨文化能力调查及相关因素分析》，《海外英语》2017年第19期。

高洁：《基于网络视听说资源库的跨文化交际能力培养研究》，《四川省干部函授学院学报》2017年第3期。

高黎、王方：《跨文化交际能力的基本因素研究》，《西北大学学报》（哲学社会科学版）2007年第3期。

高文：《情境学习与情境认知》，《教育发展研究》2001年第8期。

高一虹：《跨文化交际能力的培养："跨越"与"超越"》，《外语与外语教学》2002年第10期。

高一虹：《语言文化差异的认识与超越》，外语教学与研究出版社2000年版。

高一虹、程英、赵媛等：《英语学习动机类型与动机强度的关系——对大学本科生的定量考察》，《外语研究》2003年第1期。

高永晨：《大学生跨文化交际能力的现状调查和对策研究》，《外语与外语教学》2006年第11期。

高永晨：《中国大学生跨文化交际能力测评体系的理论框架构建》，《外语界》2014年第4期。

葛春萍、王守仁：《跨文化交际能力培养与大学英语教学》，《外语与外语教学》2016年第2期。

顾晓乐：《外语教学中跨文化交际能力培养之理论和实践模型》，《外语界》2017年第1期。

郭继荣、王非：《跨文化交际能力培养和研究生英语课程体系的构建》，《学位与研究生教育》2009年第4期。

郭蕾：《国际交换生跨文化敏感度与语用能力的相关性研究》，硕士学位论文，西安工程大学，2018年。

韩海燕：《网络教学环境下跨文化交际能力的培养》，《中国电化教育》2011年第4期。

韩晓蕙：《高校学生跨文化交际能力培养的现状与思考——以高校英语教师为考察维度》，《外语学刊》2014年第3期。

何高大：《英语教学中体验文化观的认知阐释》，《外语教学》2006年第3期。

何新哲:《我国高职院校中外合作办学五年制教育模式研究》,博士学位论文,华东师范大学,2018年。

胡文仲:《跨文化交际课教学内容与方法之探讨》,《中国外语》2006年第6期。

胡文仲:《跨文化交际能力在外语教学中如何定位》,《外语界》2013年第6期。

胡文仲:《跨文化交际学概论》,外语教学与研究出版社1999年版。

胡文仲:《论跨文化交际的实证研究》,《外语教学与研究》2005年第5期。

胡文仲、高一虹:《外语教学与文化》,湖南教育出版社1997年版。

胡艳:《大学生跨文化交际敏感度调查》,《外语界》2011年第3期。

黄文红:《过程性文化教学与跨文化交际能力培养的实证研究》,《解放军外国语学院学报》2015年第1期。

黄园园:《群际接触对跨文化交际能力的影响研究》,硕士学位论文,广西大学,2012年。

贾玉新:《跨文化交际学》,上海外语教育出版社1997年版。

姜望琪:《网络跨文化交际研究》,《外语电化教学》2009年第3期。

蒋玉梅、刘勤:《高等教育国际化视野下教师出国访学收益研究》,《开放教育研究》2015年第1期。

教育部高等教育司编:《大学英语课程教学要求》,清华大学出版社2007年版。

教育部高等学校大学外语教学指导委员会:《大学英语教学指南(2020版)》,高等教育出版社2020年版。

金惠康:《跨文化交际与外语教学》,《外语界》1997年第3期。

金玉花、樊梦:《跨文化交际能力发展跟踪调查——以日语专业出国交换留学生为例》,《日语学习与研究》2020年第1期。

康志峰:《关于大学英语跨文化教学的几点思考》,《外语界》2005年第1期。

雷蕾:《应用语言学研究设计与统计》,华中科技大学出版社 2016 年版。

雷艳红:《浅析国际汉语教师跨文化交际能力的培养》,《现代语文》2015 年第 12 期。

李丹:《试论英语教学中的文化导入》,《外语教学与研究》2005 年第 4 期。

李红印:《跨文化交际能力及其培养》,《外语教学与研究》2004 年第 5 期。

李森森、龙长权、陈庆飞等:《群际接触理论———一种改善群际关系的理论》,《心理科学进展》2010 年第 5 期。

李晓英:《大学生跨文化接触路径探析》,《内蒙古电大学刊》2017 年第 5 期。

李雄:《国外经历对中国大学生跨文化交际能力的影响研究》,硕士学位论文,重庆大学,2013 年。

李彦:《高师英语视听说教学模式建构》,《遵义师范学院学报》2009 年第 4 期。

李艳、张卫东:《基于 CDIO 教育理念的外语专业学生跨文化交际能力培养模式的构建》,《外语电化教学》2013 年第 6 期。

李瑶:《大学英语语言文化类选修课设置和教学》,《湖南医科大学学报》(社会科学版)2010 年第 2 期。

李映:《试论英语专业学生跨文化交际能力培养的层次性》,《外语界》2002 年第 6 期。

李智:《当代大学生跨文化交际能力的建构与培养》,《江苏高教》2014 年第 5 期。

厉玲玲:《高职高专院校中英语角活动对学生的跨文化能力培养》,《科技视界》2012 年第 33 期。

梁玉静:《汉语国际教育硕士海外实习个案研究——以约旦安曼 TAG 孔子学院为例》,硕士学位论文,沈阳师范大学,2016 年。

廖慈惠、李向奇:《文化接触、语言接触与美国英语演变的类型和机制》,《广东工业大学学报》(社会科学版) 2009 年第 1 期。

廖鸿婧、李延菊:《大学英语课程评估与跨文化能力培养的实证研究》,《外语与外语教学》2017 年第 2 期。

廖鸿婧、李延菊:《跨文化大学英语课程评估量表的构建与检验》,《外语教学》2018 年第 1 期。

刘宝权:《语言测试与跨文化交际能力研究的接口》,河北大学出版社 2008 年版。

刘长艾:《将英文歌曲融入英语教育的探索》,《现代营销》(学苑版) 2011 年第 11 期。

刘冲:《中西茶文化交流背景下外文歌曲融入双语学习的思考》,《福建茶叶》2016 年第 5 期。

刘芳:《国际教育背景下教师跨文化适应的国外经验及启示》,《教育与职业》2014 年第 33 期。

刘梅华、刘世生:《大学生交换学习期间跨文化交际能力和自我身份的变化:访谈研究》,《外语教学》2015 年第 1 期。

柳青军、李娟:《商务英语课程体系与教学模式构建研究》,《山东外语教学》2006 年第 6 期。

刘伟、刘秀梅:《出国实习对跨文化能力的影响:个案研究》,《海外英语》2020 年第 3 期。

刘霞光、陈枫:《论大学英语语言文化类拓展课程设置》,《蒙古师范大学学报》(教育科学版) 2012 年第 11 期。

刘扬、马荧、李名义:《"一带一路"倡议下研究生国际能力的评价与提升对策研究》,《高校教育管理》2018 年第 2 期。

刘杨:《高职旅游英语教学中跨文化交际能力的培养探究》,《海外英语》2016 年第 17 期。

刘洋:《英文电影欣赏中跨文化意识的构建》,《电影文学》2013 年第 7 期。

刘怡兰:《中国交换生在美国历史黑人大学的文化适应研究——以杰

克逊州立大学为例》，硕士学位论文，中央民族大学，2013年。

龙波宇、刘莉：《外语专业学生海外实习与思政教育融合研究——以成都大学赴美带薪海外实习为例》，《教育与教学研究》2015年第9期。

楼琼：《英文电影对非英语专业学生跨文化交际能力影响的调查与研究》，硕士学位论文，广西师范大学，2011年。

卢云、宋红波：《欣赏英文原声电影 提升跨文化交际能力》，《武汉冶金管理干部学院学报》2015年第3期。

吕雯钰、李连博：《基于网络视频会议模式的跨文化交际能力培养》，《牡丹江大学学报》2016年第1期。

马晓梅、宗喀.漾正冈布：《跨文化情景下的文化认同与和谐相处——以在美国阿肯色大学的学习生活经历为例》，《黑龙江民族丛刊》2007年第6期。

孟殊：《跨文化商务交际视角下第二语言个性研究》，《东北师大学报》（哲学社会科学版）2012年第4期。

莫海文：《简论电影的文化性与跨文化意识的培养》，《电影文学》2008年第14期。

牟为姣、吕美嘉：《论网络环境对大学生跨文化交际能力的影响》，《中国电化教育》2013年第6期。

倪树干、亓华：《赴澳国际汉语教师志愿者跨文化适应研究》，《国际汉语教育》2012年第1期。

宁惠萍：《大学英语教学中交际能力的培养及途径》，《运城学院学报》2004年第2期。

牛桂玲：《跨文化交际能力与〈新编大学英语〉的教学》，《郑州大学学报》（哲学社会科学版）2002年第3期。

潘崇堃：《英语专业培养学生跨文化交际能力的课程设置研究》，《北京化工大学学报》（社会科学版）2006年第4期。

潘亚玲、杨阳：《海外经历对跨文化能力发展的影响——以留德中国学生为例》,《外语学刊》2021 年第 1 期。

彭仁忠:《中国大学生跨文化路径研究》,中国社会科学出版社 2017 年版。

彭仁忠、付容容、吴卫平:《新时代背景下跨文化外语教学理论模型和实践模型研究》,《外语界》2020 年第 4 期。

彭仁忠、吴卫平:《跨文化能力视域下的中国大学生跨文化接触路径研究》,《外语界》2016 年第 1 期。

彭仁忠、吴卫平:《"一带一路"战略背景下大学生跨文化能力发展分析》,《湖北民族学院学报》(哲学社会科学版)2017 年第 3 期。

彭仁忠、吴卫平:《中国大学生跨文化接触情况调查研究》,《外语学刊》2018 年第 5 期。

任仕超、梁文霞:《中外远程协作课程对跨文化交际能力影响的实证研究》,《外语界》2014 年第 6 期。

任希:《医学生跨文化交际能力培养研究》,《基础医学教育》2015 年第 12 期。

芮燕清:《英语专业大学生跨文化交际能力现状调查研究》,硕士学位论文,苏州大学,2016 年。

沈鞠明、高永晨:《基于知行合一模式的中国大学生跨文化交际能力测评量表构建研究》,《中国外语》2015 年第 3 期。

施媛媛:《全球化语境下的多元文化能力模型及其在跨文化合作中的应用》,《心理科学进展》2020 年第 7 期。

石晓玲:《"第三空间"理念下 Skype 应用于跨文化协作学习的实践与研究》,《中国远程教育》2014 年第 11 期。

史兴松:《外语能力与跨文化交际能力社会需求分析》,《外语界》2014 年第 6 期。

束定芳、庄智象编著:《现代外语教学——理论、实践与方法(修订版)》,上海外语教育出版社 2008 年版。

孙彬斌:《基于网络的视听说资源库建设对培养跨文化交际能力作用

的调查》,《江西电力职业技术学院学报》2018 年第 3 期。

孙洪波:《文化差异对旅游跨文化交流符号意义的影响》,《辽东学院学报》(社会科学版) 2009 年第 6 期。

孙淑女、许力生:《大学英语教学中计算机主导的跨文化能力培养研究》,《外语界》2014 年第 4 期。

孙亚、杨凯雯、王公元:《财经类高校全球经济治理型英语人才培养的探索——基于产出导向理念》,《外语学刊》2021 年第 5 期。

孙永春:《跨文化能力评价模式建构及测试》,《外语学刊》2019 年第 3 期。

孙有中:《外语教育与跨文化能力培养》,《中国外语》2016 年第 3 期。

索格飞、迟若冰:《基于慕课的混合式跨文化外语教学研究》,《外语界》2018 年第 3 期。

汤岩:《跨文化意识的培养:英美文学课程的目标追求》,《黑龙江高教研究》2010 年第 12 期。

唐佳梅、洪宇:《外派记者跨文化能力研究》,《现代传播》(中国传媒大学学报) 2020 年第 7 期。

唐小波:《基于高职学生跨文化交际能力调查的课堂教学创新——以商务英语专业为例》,《职业技术教育》2015 年第 17 期。

田美、杨瑞英:《高等教育国际化与"国际化"个人——美国在华留学生经历研究》,《复旦教育论坛》2012 年第 4 期。

田婉卿:《从符号学角度解读法国驻华大使馆官方微博中的文化标签》,《传播与版权》2013 年第 2 期。

田婉卿:《浅析美国对中国西部地区的跨文化传播——以美国驻成都总领事馆官方微博为例》,《新闻传播》2016 年第 16 期。

王宝平:《基于跨文化交际能力培养的英语教学策略》,《教育理论与实践》2016 年第 26 期。

王东山、刘爱真:《动机因素影响跨文化交际能力的调查与分析》,《河南工业大学学报》(社会科学版) 2010 年第 3 期。

王芳：《英语专业大学生跨文化交际能力情感层面研究》，硕士学位论文，华中科技大学，2011年。

王桂彩、陈村富：《国际跨文化研究引论》，《浙江大学学报》（人文社会科学版）2006年第4期。

王涵敬：《中国高校外语教师跨文化能力和跨文化接触现状调查》，硕士学位论文，华中科技大学，2018年。

王娟：《跨文化接触路径对跨文化能力影响的调查研究》，硕士学位论文，中北大学，2018年。

王琴琴：《文化素质课〈英文歌曲欣赏〉与英语教学》，《大学时代（B版）》2006年第6期。

王润菲：《听众视角下"讲故事"对于提升跨文化能力的作用及影响因素》，硕士学位论文，北京外国语大学，2019年。

王天君：《关于中国大学生校园跨文化接触的定性研究》，硕士学位论文，上海外国语大学，2010年。

王小凤、肖旭华：《现代多媒体网络教学环境中跨文化交际能力的培养》，《四川外语学院学报》2006年第6期。

王小青、曲垠姣、陆伟：《不同住宿模式对中国大学生跨文化能力影响研究——以中美文化研究中心为例》，《比较教育研究》2019年第3期。

王雪：《论英文电影对工科大学生跨文化交际能力的影响》，《科技信息》2014年第3期。

王雪梅、徐璐：《国际化复语型人才的内涵与培养模式探索》，《外语与外语教学》2011年第1期。

王艳：《以语言能力、思辨能力和跨文化能力为目标构建外语听力教学新模式》，《外语教学》2018年第6期。

王艳红、刘彩虹：《现代商场中的跨文化语言交际能力的培养》，《商场现代化》2007年第5期。

王宇航：《高校国际商务专业人才跨文化能力培养探析》，《国际商务

（对外经济贸易大学学报）》2015年第4期。

王玉：《"美国蜜月"——中国青少年国际游学团中的中美跨文化交往研究》，硕士学位论文，北京外国语大学，2015年。

王振亚：《以跨文化交往为目的的外语教学：系统功能语法与外语教学》，北京语言大学出版社2005年版。

魏晓红：《非英语专业研究生英语交际能力的跨文化因素影响研究》，《四川农业大学学报》2009年第3期。

文秋芳主编：《跨文化口语教程》，外语教学与研究出版社2005年版。

文秋芳主编：《英语口语测试与教学》，上海外语教育出版社1999年版。

吴汉平：《网络英汉语码转换的多重文化内涵》，《长春理工大学学报》（社会科学版）2011年第7期。

吴建设、刘青、郎建国等：《短期出国留学与语言熟练程度对跨文化交际恐惧和跨文化敏感性的影响》，《外语与外语教学》2017年第3期。

吴杰伟、霍然：《外语专业学生国际视野培养的探索——北京大学外语非通用语学生国际体验效果调查》，《解放军外国语学院学报》2013年第6期。

吴明隆：《结构方程模型——AMOS的操作与应用》（第2版），重庆大学出版社2010年版。

吴琼：《普通高校多元文化音乐教育的探索与研究》，《教育与职业》2011年第24期。

吴卫平：《跨文化能力综合评价：理论与实践》，中国社会科学出版社2015年版。

吴卫平：《中国大学生跨文化能力综合评价研究》，博士学位论文，华中科技大学，2014年。

吴卫平、樊葳葳、彭仁忠：《中国大学生跨文化能力维度及评价量表分析》，《外语教学与研究》2013年第4期。

吴显英：《国外跨文化能力研究综述》，《科技进步与对策》2008年第

3期。

吴新丽：《大学生跨文化交际能力的培养——从英语原版电影的角度分析》，《英语广场》2016年第4期。

吴秀兰：《构建英语影视欣赏课教学模式培养学生的跨文化交际能力》，《电影评介》2007年第14期。

武文芳：《外语教学中的文化导入与跨文化交际技能的培养》，《教学与管理（理论版）》2009年第9期。

肖芬、张建民：《国际商务中的跨文化能力指标构建》，《统计与决策》2012年第19期。

谢钦：《福建高校外籍教师跨文化交际的影响因素与对策实证研究》，《黑龙江教育学院学报》2013年第12期。

徐丹、蒋婷、刘声涛：《研究型大学本科生国际化经历与全球及跨文化能力关系研究》，《大学教育科学》2019年第5期。

徐智鑫：《跨文化接触和大学生英语学习动机行为的内在结构分析》，《当代外语研究》2017年第3期。

许宏晨：《第二语言研究中的统计案例分析》，外语教学与研究出版社2013年版。

许力生：《关于外语教学中文化习得问题的反思》，《中国外语》2006年第4期。

许力生：《跨文化的交际能力问题探讨》，《外语与外语教学》2000年第7期。

许力生：《跨文化能力构建再认识》，《浙江大学学报》（人文社会科学版）2011年第3期。

许力生、孙淑女：《跨文化能力递进—交互培养模式构建》，《浙江大学学报》（人文社会科学版）2013年第4期。

许旸：《跨文化视角下大学生媒介接触和流行文化认同研究》，《江淮论坛》2009年第3期。

严榫：《美国夏令营的交互式小组工作模式研究——以纽约州A营地

为例》,《社会工作》2012年第7期。

杨桂华、赵智云:《培养跨文化能力的大学英语阅读教学实践研究》,《外语界》2018年第3期。

杨华:《关于大学英语教学中文化导入的思考》,《新疆石油教育学院学报》2005年第5期。

杨华、李莉文:《融合跨文化能力与大学英语教学的行动研究》,《外语与外语教学》2017年第2期。

杨静:《提高大学生跨文化交际能力的实证研究》,《重庆大学学报》(社会科学版)2013年第6期。

杨启光:《美国教师教育变革中的国际跨文化教学实习——以印第安纳大学文化体验方案为例》,《教师教育研究》2011年第1期。

杨晓莉、刘力、张笑笑:《双文化个体的文化框架转换:影响因素与结果》,《心理科学进展》2010年第5期。

杨艳艳:《大学生跨文化交际能力现状及其影响因素实证分析》,《蚌埠学院学报》2016年第1期。

杨洋:《跨文化交际能力的界定与评价》,博士学位论文,北京语言大学,2009年。

杨盈、庄恩平:《构建外语教学跨文化交际能力框架》,《外语界》2007年第4期。

杨盈、庄恩平:《跨文化外语教学:教材与教法——外语教学跨文化能力模式的应用》,《江苏外语教学研究》2008年第2期。

叶晨、许继伟:《大学生跨文化交流途径初探》,《今日中国论坛》2013年第13期。

尹爱华:《非英语专业大学生跨文化交际能力的调查研究——以甘肃省五所高校为例》,《高教学刊》2020年第1期。

于海涛、杨金花、张雁军等:《想象接触减少偏见:理论依据、实践需要与作用机制》,《心理科学进展》2013年第10期。

余晓辰:《日媒在华官方微博跨文化传播策略研究》,硕士学位论文,复旦大学，2013年。

余志娟、冉亚维：《一样的抓拍，不一样的视觉冲突——〈美国家庭滑稽录像〉与中国新闻图片对比》，《电影评介》2013年第6期。

袁静雯：《中韩群际接触对中国大学生跨文化态度的影响》，硕士学位论文，上海外国语大学，2017年。

袁振国主编：《当代教育学（第4版）》，教育科学出版社2010年版。

云天英、梁汇娟：《大学英语听力教学过程中学生跨文化交际能力的培养》，《黑龙江高教研究》2009年第8期。

臧小佳、车向前、尹晓煌：《跨学科思维与跨文化素质：美国经验于大学本科教育之借鉴》，《南京师大学报》（社会科学版）2021年第1期。

张丹、丁美萍：《开展国际交流项目对医学生医学教育国际化影响的调查分析》，《西北医学教育》2010年第2期。

张红玲：《基于网络的跨文化外语写作交流项目的理论与设计》，《外语电化教学》2005年第6期。

张红玲：《跨文化外语教学》，上海外语教育出版社2007年版。

张红玲：《以跨文化教育为导向的外语教学：历史、现状与未来》，《外语界》2012年第2期。

张红玲、姚春雨：《建构中国学生跨文化能力发展一体化模型》，《外语界》2020年第4期。

张红玲、赵涵：《民族志跨文化外语教学项目的设计、实施与评价》，《外语界》2018年第3期。

张洪霞：《大学英语语言文化类选修课课程设置和教学》，《课程教育研究》2015年第29期。

张佳妮：《中职英语社团中的语言和文化渗透研究》，《海外英语》2019年第11期。

张家荣、刘丹：《运用英文电影提高大学生的跨文化交际能力》，《科技信息》2007年第1期。

张莉:《英文原声电影赏析:大学生跨文化交际能力的提升途径》,《海外英语》2010年第3期。

张力丹:《社交媒体时代的跨文化传播研究——以新浪微博"橘子哥"事件为例》,《艺术科技》2016年第6期。

张丽:《跨文化交际课程实践教学模式探索——访谈—讨论—反思》,《山西财经大学学报》2013年第S3期。

张丽娜:《中国实习生跨文化行为能力研究》,硕士学位论文,北京外国语大学,2015年。

张梦然:《基于中国交换生性格对其在交流项目中跨文化经历影响的研究》,硕士学位论文,首都师范大学,2014年。

张民选、朱福建:《国际视野下的学生全球胜任力:现状、影响及培养策略——基于PISA2018全球胜任力测评结果的分析》,《开放教育研究》2020年第6期。

张倩玉:《商务英语专业本科学生跨文化能力评估》,硕士学位论文,广东外语外贸大学,2017年。

张萱:《如何在高职英语教学中实施跨文化交际教学》,《科技信息》(学术版)2006年第4期。

赵爱国、姜雅明:《应用语言文化学概论》,上海外语教育出版社2003年版。

赵伟:《大学英语教育中的跨文化交际能力培养策略》,《黑龙江高教研究》2016年第5期。

赵翔:《非英语专业大学生跨文化效力与跨文化交际焦虑的相关性》,《阜阳师范学院学报》(社会科学版)2012年第6期。

赵悦:《海外国际汉语教师文化教学中的跨文化意识与实践研究》,硕士学位论文,北京外国语大学,2018年。

郑尧丽、陈劲、周盈盈:《国外留学经历与大学工科生创造力的关系研究》,《高等工程教育研究》2013年第1期。

钟华、樊葳葳:《非英语专业大学生的跨文化交际能力培养》,《外语界》2000 年第 2 期。

钟华、樊葳葳:《中国大学生跨文化交际能力量具构建的理论框架》,《中国外语教育》2013 年第 3 期。

朱敬、苏岩、朱艺华等:《教育对外开放进程中"互联网+"跨文化学习研究——以东盟来华留学生为例》,《民族教育研究》2019 年第 2 期。

朱静:《ESA 理论下大学英语阅读教学中跨文化能力培养研究》,硕士学位论文,长沙理工大学,2019 年。

祝永胜:《大学英语教学跨文化交际能力培养中的外教资源利用研究》,硕士学位论文,山东师范大学,2009 年。

Aba, D., "Addressing Intercultural Experience and Academic Mobility in Higher Education", *Journal of Intercultural Communication Research*, Vol. 45, No. 6, Sep., 2016.

Allport, G. W., "The Nature of Prejudice", *The Journal of Negro History*, Vol. 6, No. 3, 1954.

Alred, G., Byram, M. & Fleming, M. (eds.), *Intercultural Experience and Education*, Clevedon: Multilingual Matters, 2003.

Amir, Y., "Contact Hypothesis in Ethnic Relations", *Psychological Bulletin*, Vol. 71, No. 5, 1969.

Ana, Š. G., "Effects of German Language Teacher Professional Development on Pupils' Learning Outcomes in Intercultural Competence", *Ceps Journal Center for Educational Policy Studies Journal*, Vol. 4, No. 4, 2014.

Anderson, J. C., Gerbing, D. W., "Structural Equation Modeling in Practice: A Review and Recommended Two-step Approach", *Psychological Bulletin*, Vol. 103, No. 3, 1988.

Arasaratnam, L., "Acculturation Processes of Sri Lankan Tamil Immigrants in Sydney: An Ethnographic Analysis Using the Bidirectional

Model (BDM)", *Australian Journal of Communication*, Vol. 35, No. 1, 2008.

Arasaratnam, L. A., Doerfel, M. L., "Intercultural Communication Competence: Identifying key Components from Multicultural Perspectives", *International Journal of Intercultural Relations*, Vol. 29, No. 2, 2005.

Arasaratnam, L. A., Intercultural Competence: An Overview, In D. K. Deardorff & L. A. Arasaratnam (Eds.), *Intercultural Competence in Higher Education: International Approaches, Assessment and Application*, New York: Routledge, 2017.

Bandalos, D. L., "Factors Influencing Cross-validation of Confirmatory Factor Analysis Models", *Multivariate Behavioral Research*, Vol. 28, No. 3, 1993.

Baños, J. E., Bosch, F., "Using Feature Films As a Teaching Tool in Medical Schools", *Educación Médica*, Vol. 16, No. 4, 2015.

Barron, A., Black, E., "Constructing Small Talk in Learner-native Speaker Voice-based Telecollaboration: A Focus on Topic Management and Backchanneling", *System*, Vol. 48, February 2015.

Batson, C. D., Polycarpou, M. P., Harmon-Jones, E., et al., "Empathy and Attitudes: Can Feeling for a Member of a Stigmatized Group Improve Feelings Toward the Group?", *Journal of Personality and Social Psychology*, Vol. 72, No. 1, 1997.

Baumann, U., Shelley, M., "Distance Learners of German and Intercultural Competence", *Open Learning: The Journal of Open, Distance and E-Learning*, Vol. 21, No. 3, 2006.

Bayne, R, Bimrose, J., Horton, I. (eds.), *In New Directions in Counselling*, Routledge, 2002.

Behrnd, V., Porzelt, S, "Intercultural Competence and Training Outcomes of Students With Experiences Abroad", *International Journal of

Intercultural Relations, Vol. 36, No. 2, 2012.

Behrnd-Klodt, M. L., *The Ethical Archivist*, Society of American Archivists, 2011.

Bennett, M. J., "A Developmental Approach to Training for Intercultural Sensitivity", *International Journal of Intercultural Relations*, Vol. 10, No. 2, 1986.

Bennett, M. J., "Toward Ethnorelativism: A Development Model of Intercultural Sensitivity", *Education for the Intercultural Experience*, Vol. 2, 1993.

Berry, J. W., Kim, U., Power, S., Young, M., Bujaki, M., "Acculturation Attitudes in Plural Societies", *Applied Psychology*, Vol. 38, No. 2, 1989.

Berwick, R. F., Whalley, T. R., "The Experiential Bases of Culture Learning: A Case Study of Canadian High Schoolers in Japan", *International Journal of Intercultural Relations*, Vol. 24, No. 3, 2000.

Bhawuk, D. P., Brislin, R., "The Measurement of Intercultural Sensitivity Using the Concepts of Individualism and Collectivism", *International Journal of Intercultural Relations*, Vol. 16, No. 4, 1992.

Bimrose J. Multiculturalism, *New Directions in Counselling*, Routledge, 2002.

Bird, A., Mendenhall, M., Stevens, M. J., Oddou, G., "Defining the Content Domain of Intercultural Competence for Global Leaders", *Journal of Managerial Psychology*, Vol. 25, No. 8, 2010.

Bollen, K. A., Stine, R. A., "Bootstrapping Goodness-of-fit Measures in Structural Equation Models", *Sociological Methods & Research*, Vol. 21, No. 2, 1992.

Bramel, D., "The Strange Career of the Contact Hypothesis", In Y.-T. Lee, C. McCauley, F. Moghaddam, S. Worchel (Eds.), *The Psychology of Ethnic and Cultural Conflict, Praeger Publishers/Greenwood Publishing Group, 2004.

Brand, I. E., "Toward Global Leadership: Factors Influencing the Development of Intercultural Competence Among Business Students at a Canadian University", *Doctoral Dissertation*, Minneapolis: University of Minnesota, 2014.

Braskamp, L. A., Braskamp, D. C., Merrill, K. C., Engberg, M., "Global Perspective Inventory (GPI): Its purpose, Construction, Potential Uses, and Psychometric Characteristics", *Glob. Perspect. Inst*, 2014.

Brewer, M. B., Kramer, R. M., "The Psychology of Intergroup Attitudes and Behavior", *Annual Review of Psychology*, Vol. 36, No. 1, 1985.

Brislin, R. W., "Intercultural Contact and Communication", *Cross-cultural Topics in Psychology*, Vol. 2, 2001.

Brown, H. D., *Principles of Language Learning and Teaching*, New York: Prentice Hall, 2000.

Bryman, A., *Social Research Methods* (4th ed.), New York: Oxford University Press, 2012.

Butler, J., Connolly, W. E., "Politics, Power and Ethics: A Discussion between Judith Butler and William Connolly", *Theory & Event*, Vol. 4, No. 2, 2000.

Byram, M., *Teaching and Assessing Intercultural Communicative Competence*, Bristol: Mutilingual Matters Ltd., 1997a.

Byram, M., "'Cultural awareness' as vocabulary learning", *Language learning journal*, Vol. 16, No. 1, 1997b.

Campbell, A. P., "Weblogs for Use with ESL Classes", *The Internet TESL Journal*, Vol. 9, No. 2, 2003.

Campbell, F. P., "The Meteorological Researches of Sir Edward Frankland,

Kcb, Frs (1825—1899)", *Weather*, Vol. 42, No. 12, 2012.

Campinha-Bacote, J., "Cultural Diversity in Nursing Education: Issues and Concerns", *Journal of Nursing Education*, Vol. 37, No. 1, 1998.

Candel-Mora, M. A., "Attitudes Towards Intercultural Communicative Competence of English for Specific Purposes Students", *Procedia-Social and Behavioral Sciences*, Vol. 178, April 2015.

Cardon, P. W., "Using Films to Learn about the Nature of Cross-cultural Stereotypes in Intercultural Business Communication Courses", *Business Communication Quarterly*, Vol. 73, No. 2, 2010.

Chen, G. M., "Relationships of the Dimensions of Intercultural Communication Competence", *Communication Quarterly*, Vol. 37, No. 2, 1989.

Chen, G. M., Starosta, W. J., *Foundations of Intercultural Communication*, Shanghai: Shanghai Foreign Language Education Press, 2007.

Chen, G. M., Starosta, W. J., "Intercultural Communication Competence: A synthesis", *Annals of the International Communication Association*, Vol. 19, No. 1, 1996.

Chen, G. M., Starosta, W. J., "The Development and Validation of the Intercultural Sensitivity Scale", *Human Communication*, Vol. 3, No. 1, 2000.

Chen, G. M., "The Impact of Intercultural Sensitivity on Ethnocentrism and Intercultural Communication Apprehension", *Intercultural Communication Studies*, Vol. 19, No. 1, 2010.

Christensen, J., "Enhancing Intercultural Awareness: The Changing International Student Presence", *UWA Publishing*, Vol. 19, No. 21, 2013.

Chu, D., Griffey, D., "The Contact Theory of Racial Integration: The Case of Sport", *Sociology of Sport Journal*, Vol. 2, No. 4, 1985.

Clément, R., Kruidenier, B. G., "Orientations in Second Language Acquisition: The Effects of Ethnicty, Milieu, and Target Language on Their Emergence", *Language Learning*, Vol. 33, No. 3, 1983.

Clément, R., Noels, K. A., Deneault, B., "Interethnic Contact, Identity, and Psychological Adjustment: The Mediating and Moderating Roles of Communication", *Journal of Social Issues*, Vol. 57, No. 3, 2001.

Cohen, E. G., Lotan, R. A., "Producing Equal-status Interaction in the Heterogeneous Classroom", *American Educational Research Journal*, Vol. 32, No. 1, 1995.

Coleman Jr., W. E., "Bridging Differences: Effective Intergroup Communication", *ETC.: A Review of General Semantics*, Vol. 50, No. 3, 1993.

Collier, M. J., Thomas, M., "Cultural Identity: An Interpretive Perspective", *Theories in Intercultural Communication*, Vol. 99, No. 122, 1998.

Connolly, P., What Now for the Contact Hypothesis? Towards a New Research Agenda, *Race, Ethnicity, and Education*, Vol. 3, No. 2, 2000.

Cook, S. W., "Interpersonal and Attitudinal Outcomes in Cooperating Interracial Groups", *Journal of Research & Development in Education*, Vol. 12, No. 1, 1978.

Council of Europe, Council for Cultural Co-operation. Education Committee, Modern Languages Division, *Common European Framework of Reference for Languages: Learning, Teaching, Assessment*, Cambridge University Press, 2001.

Creswell, J. W., Clark, V. P., Garrett, A., "Advanced Mixed Methods Research", *Handbook of Mixed Methods in Social and Behavioural Research*, Thousand Oaks, CA: Sage, 2003.

Creswell, J. W., Poth, C. N., *Qualitative Inquiry and Research Design: Choosing Among Five Approaches*, Los Angeles: Sage publications,

2016.

Crisp, R. J., Turner, R. N., "Can Imagined Interactions Produce Positive Perceptions?: Reducing Prejudice Through Simulated Social Contact", *American Psychologist*, Vol. 64, No. 4, 2009.

Csizér, K., Kormos, J., Age-related Differences in the Motivation of Learning English as a Foreign Language: Attitudes, Selves, and Motivated Learning Behavior, *Language Learning*, Vol. 58, No. 2, 2008.

Csizér, K., Kormos, J., Learning Experiences, Selves and Motivated Learning Behaviour: A Comparative Analysis of Structural Models for Hungarian Secondary and University Learners of English, *Motivation, Language Identity and the L2 Self*, Multilingual Matters, 2009.

Csizér, K., Kormos, J., "The Relationship of Intercultural Contact and Language Learning Motivation among Hungarian Students of English and German", *Journal of Multilingual and Multicultural Development*, Vol. 29, No. 1, 2008.

Cushner, K., Chang, S. C., "Developing Intercultural Competence through Overseas Student Teaching: Checking Our Assumptions", *Intercultural Education*, Vol. 26, No. 3, 2015.

Davcheva, L., "Learning to be Intercultural", In G. Alred, M. Byram & M. Fleming (Ed.), *Intercultural Experience and Education*, Bristol, Blue Ridge Summit: Multilingual Matters, 2002.

Deardorff, D. K., *How to Assess Intercultural Competence*, Hoboken: John Wiley & Sons, 2015.

Deardorff, D. K., "Identification and Assessment of Intercultural Competence As a Student Outcome of Internationalization", *Journal of Studies in International Education*, Vol. 10, No. 3, 2006.

Deardorff, D. K., "In Search of Intercultural Competence", *International Educator*, Vol. 13, No. 2, 2004.

Deardorff, D. K., *The Identification and Assessment of Intercultural Competence As a Student Outcome of International Education at Institutions of Higher Education in the United States*, Raleigh: North Carol State University, 2004.

Deardorff, D. K., *The SAGE Handbook of Intercultural Competence*, Los Angeles: Sage, 2009.

Deutsch, M., Collins, M. E., *Interracial Housing: A Psychological Evaluation of a Social Experiment*, Minneapolis: University of Minnesota Press, 1951.

Digman, J. M., "Personality Structure: Emergence of the Five-factor Model", *Annual Review of Psychology*, Vol. 41, No. 1, 1990.

Dixon, J., Durrheim, K., Tredoux, C., "Beyond the Optimal Contact Strategy: A Reality Check for the Contact Hypothesis", *American Psychologist*, Vol. 60, No. 7, 2005.

Dovidio, J. F., Gaertner, S. L., Kawakami, K., "Intergroup Contact: the Past, Present, and the Future", *Group Processes & Intergroup Relations*, Vol. 6, No. 1, 2003.

Dowd, T., "Secure the Network the Same As a Home", *Communications News*, Vol. 40, No. 4, 2003.

Dörnyei, Z., *Research Methods in Applied Linguistics*, New York: Oxford University Press, 2007.

Dörnyei, Z., Taguchi, T., *Questionnaires in Second Language Research: Construction, Administration, and Processing*, Mahwah: Lawrence Erlbaum Associates, 2003.

Dörnyei, Z., "The Effects of Intercultural Contact and Tourism on Language Attitudes and Language Learning Motivation", *Journal of Language & Social Psychology*, Vol. 24, 2005.

Dunne, C., "Can Intercultural Experiences Foster Creativity? The Relevance, Theory and Evidence", *Journal of Intercultural Studies*, Vol. 38, No. 2, 2017.

Dwyer, M. M., "Charting the Impact of Studying Abroad", *International Educator*, Vol. 13, No. 1, 2004.

Earley, P. C., Ang, S., *Cultural Intelligence: Individual Interactions Across Cultures*, Redwood: Stanford University Press, 2003.

Earley, P. C., Mosakowski, E., "Cultural Intelligence", *Harvard Business Review*, Vol. 82, No. 10, 2004.

Eaves, L. J., Eysenck, H. J., Martin, N. G., *Genes, Culture and Personality: An Empirical Approach*, London: Academic Press, 1989.

Eller, A., Abrams, D., Gómez, A., "When the Direct Route is Blocked: The Extended Contact Pathway to Improving Intergroup Relations", *International Journal of Intercultural Relations*, Vol. 36, No. 5, 2012.

Ellison, C. G., Powers, D. A., "The Contact Hypothesis and Racial Attitudes among Black Americans", *Social Science Quarterly*, Vol. 75, No. 2, 1994.

Elola, I., Oskoz, A., "Blogging: Fostering Intercultural Competence Development in Foreign Language and Study Abroad Contexts", *Foreign Language Annals*, Vol. 41, No. 3, 2008.

Elola, I., Oskoz, A., "Collaborative Writing: Fostering Foreign Language and Writing Conventions Development", *Language Learning & Technology*, Vol. 14, No. 3, 2010.

Fantini, A. & Tirmizi, A., *Exploring and Assessing Intercultural Competence*, World Learning Publications, 2006.

Fantini, A. E., "A Central Concern: Developing Intercultural Competence", *SIT Occasional Paper Series*, Vol. 1, 2000.

Fantini, A. E., "Assessing Intercultural Competence: Issues and tools", In *The SAGE Handbook of Intercultural Competence*, London: SAGE

Publications, Inc., 2009.

Fantini, A. E., "Assessment Tools of Intercultural Competence", *Re-trieved*, Vol. 1, August 2006.

Fantini, A. E., "Designing Quality Intercultural Programs: A Model and a Process", *Interspectives: A Journal on Transcultural Education*, Vol. 18, 2000.

Fantini, A. E., "Language, Culture, and World View", *International Journal of Intercultural Relations*, Vol. 19, No. 2, 1995.

Filmer, T., Herbig, B., "A Training Intervention for Home Care Nurses in Cross-cultural Communication: An Evaluation Study of Changes in Attitudes, Knowledge and Behaviour", *Journal of Advanced Nursing*, Vol. 76, No. 1, 2020.

Finkelstein, B., Pickert, S., Mahoney, T. & Barry, D., *Discovering Culture in Education: An Approach to Cultural Education Program Evaluation*, Washington, D. C.: ERIC Clearinghouse on Assessment and Evaluation, 1998.

Gaertner, S. L., Dovidio, J. F., Rust, M. C., et al., "Reducing Intergroup Bias: Elements of Intergroup Cooperation", *Journal of Personality and Social Psychology*, Vol. 76, No. 3, 1999.

Gass, S. M., Mackey, A., *Stimulated Recall Methodology in Applied Linguistics and L2 Research*, Routledge, 2016.

Gertsen, M. C., "Intercultural Competence and Expatriates", *The International Journal of Human Resource Management*, Vol. 1, No. 3, 1990.

Gibson, D., Zhong, M., "Intercultural Communication Competence in the Healthcare Context", *International Journal of Intercultural Relations*, Vol. 29, No. 5, 2005.

Gómez, R., Fernando, L., "Fostering Intercultural Communicative Competence Through Reading Authentic Literary Texts in an Advanced Colombian EFL Classroom: A Constructivist Perspective", *Profile Issues in Teachers Professional Development*, Vol. 14, No. 1, 2012.

Granel, N., Leyva-Moral, J. M., Morris, J., et al., "Student's Satisfaction and Intercultural Competence Development from a Short Study Abroad Programs: A Multiple Cross-sectional Study", *Nurse Education in Practice*, Vol. 50, 2021.

Gu, Q., Schweisfurth, M., Day, C., "Learning and Growing in a 'Foreign' Context: Intercultural Experiences of International Students", *Compare*, Vol. 40, No. 1, 2010.

Gudykunst, W. B., *Bridging Differences: Effective Intergroup Communication*, Sage, 2004.

Gudykunst, W. B., *Cross-cultural and Intercultural Communication*, Sage Publications, 2003.

Gudykunst, W. B. (ed.), *Communication in Japan and the United States*, New York: State University of New York Press, 1993.

Gudykunst, W. B., "Intercultural Communication Theories", *Cross-cultural and Intercultural Communication*, Thousand Oaks, CA: Sage, 2003.

Gudykunst, W. B., "Intercultural Communication Theories", *Handbook of International and Intercultural Communication*, Vol. 2, 2002.

Gudykunst, W. B., Nishida, T., *Bridging Japanese/North American Differences*, Sage Publications, 1994.

Gudykunst, W. B., "Toward a Theory of Effective Interpersonal and Intergroup Communication: An Anxiety/uncertainty Management (AUM) Perspective", In R. L. Wiseman & J. Koester (Eds.), *Intercultural communication theory*, Thousand Oaks: Sage, 1993.

Gudykunst, W. B. (eds.), *Theorizing about Intercultural Communication*, Sage, 2005.

Gullahorn, J. T., Gullahorn, J. E., "Visiting Fulbright Professors As Agents of Cross-cultural Communication", *Sociology & Social Research*, 1962.

Gupta, A. S., "Changing the Focus: A Discussion of the Dynamics of the Intercultural Experience", *Intercultural Experience and Education*, 2003.

Hall, E. T., Hall, T., *The Silent Language*, Anchor Books, Vol. 948, 1959.

Halmel, J., Halmelet, K., "Intercultural Learning in English as Foreign Language Instruction: The Importance of Teachers' Intercultural Experience and the Usefulness of Precise Instructional Directives", *Language Teaching Research*, Vol. 14, No. 4, 2010.

Halualani, R. T., "How Do Multicultural University Students Define and Make Sense of Intercultural Contact?: A Qualitative Study", *International Journal of Intercultural Relations*, Vol. 32, No. 1, 2008.

Hamann, H., "The Importance of Intercultural Competence in the Development of Successful International Businesses", *SSRN Electronic Journal*, Vol. 25, No. 12, 2004.

Hammer, M. R, Bennett, M. J., Wiseman, R., "Measuring Intercultural Sensitivity: The Intercultural Development Inventory", *International Journal of Intercultural Relations*, Vol. 27, No. 4, 2003.

Hammer, M. R., Bennett, M. J., *The Intercultural Development Inventory (IDI) Manual*, Portland, OR: Intercultural Communication Institute, 1998.

Hammer, M. R., Bennett, M. J., Wiseman, R., "Measuring Intercultural Sensitivity: The Intercultural Development Inventory", *International Journal of Intercultural Relations*, Vol. 27, No. 4, 2003.

Hammer, M. R., Bennett, M. J., Wiseman R., "The Intercultural Development Inventory: A Measure of Intercultural Sensitivity", *International Journal of Intercultural Relations*, Vol. 7, No. 4, 2003.

Hanvey, R., "An Attainable Global Perspective", *Theory into Practice*,

Vol. 21, 1976.

Harrison, N., "Have the Changes Introduced by the 2004 Higher Education Act Made Higher Education Admissions in England Wider and Fairer?", *Journal of Education Policy*, Vol. 26, No. 3, 2011.

Harrison, N., "Investigating the Impact of Personality and Early Life Experiences on Intercultural Interaction in Internationalised Universities", *International Journal of Intercultural Relations*, Vol. 36, No. 2, 2012.

Hebbani, A., Angus, D., "'Charity Begins at Home': Public Perceptions of the Homestay Initiative for Asylum Seekers in Australia", *Australian Journalism Review*, Vol. 38, No. 1, 2016.

Hellstén, M., "Students in Transition: Needs and Experiences of International Students in Australia", Paper presented at the 16th *Australian International Education Conference*, Tasmania: University of Newcastle, 2002.

Hismanoglu, M., "An Investigation of ELT Students' Intercultural Communicative Competence in Relation to Linguistic Proficiency, Overseas Experience and Formal Instruction", *International Journal of Intercultural Relations*, Vol. 35, No. 6, 2011.

Hodson, G., Hewstone, M., Swart, H., *Advances in Intergroup Contact: Epilogue and Future Directions*, London: Psychology Press, 2013.

Howard-Hamilton, M. F., Richardson, B. J., Shuford, B., "Promoting Multicultural Education: A Holistic Approach", *College Student Affairs Journal*, Vol. 18, No. 1, 1998.

Huang, Y., Rayner, C., Zhuang, L., "Does Intercultural Competence Matter in Intercultural Business Relationship Development?", *International Journal of Logistics: Research and Applications*, Vol. 6, No. 4, 2003.

Hunter, B., White, G. P., Godbey, G. C., "What Does it Mean to Be

Globally Competent?", *Journal of Studies in International Education*, Vol. 10, No. 3, 2006.

Hymes, D. H., "On Communicative Competence", Pride, J. B., Holmes, J. (eds.), *Sociolinguistics: Selected Readings*, Harmondsworth: Penguin, 1972.

Hysen, K., Teacher's Proficiency, and the Communicative Approach in Enhancing Students' Performance in English Language Learning, *European Journal of Language and Literature*, Vol. 3, No. 1, 2015.

Imahori, T. T., Lanigan, M. L., "Relational Model of Intercultural Communication Competence", *International Journal of Intercultural Relations*, Vol. 13, No. 3, 1989.

Jackson, J., "Ethnographic Preparation for Short-term Study and Residence in the Target Culture", *International Journal of Intercultural Relations*, Vol. 30, No. 1, 2006.

Jacobson, W., Sleicher, D. & Maureen, B., Portfolio assessment of intercultural competence, *International Journal of Intercultural Relations*, Vol. 23, No. 3, 1999.

Jauregi, K., De Graaff, R., Van den Bergh, H., et al., "Native/Non-native Speaker Interactions Through Video-web Communication: A Clue for Enhancing Motivation?", *Computer Assisted Language Learning*, Vol. 25, No. 1, 2012.

Jia, J., "Absence of National Culture in Foreign Language Teaching and Intercultural Communication Competence Training of College Students in China Frontier Minority Areas", *English Language Teaching*, Vol. 8, No. 4, 2015.

Johnson, J. P., Lenartowicz, T., Apud, S., "Cross-cultural Competence in International Business: Toward a Definition and a Model", *Journal of International Business Studies*, Vol. 37, No. 4, 2006.

Joreskog, K. G. & Sorbom, D. , *Analysis of Linear Structural Relationships by Method of Maximum Likelihood*, Chicago: National Educational Resources, 1978.

Josselson, R. H. , Lieblich, A. , Josselson, R. , *The Narrative Study of Lives* (Vol. 5), Sage, 1997.

Kabilan, M. K. , "A Phenomenological Study of an International Teaching Practicum: Pre-service Teachers' Experiences of Professional Development", *Teaching and Teacher Education*, Vol. 36, 2013.

Kahler, T. , Capers, H. , "The Miniscript", *Transactional Analysis Bulletin*, Vol. 4, No. 1, 1974.

Kelley, C. , Meyers, J. , *The Cross-Cultural Adaptability Inventory*, Minneapolis, MN: National Computer Systems, 1995a.

Kelley, C. , Meyers, J. , *The Cross-Cultural Adaptability Inventory Manual*, Minneapolis, MN: National Computer Systems, 1995b.

Kim, Y. & Gudykunst, W. , *Theories in Intercultural Communication* (Vol. 12), Sage, 1988.

Kim, Y. Y. , *Becoming Intercultural: An Integrative Theory of Communication and Cross-cultural Adaptation*, Thousand Oaks, CA: Sage Publications, 2001.

Kim, Y. Y. , *Communication and cross-cultural adaptation: An integrative theory*, Bristol: Multilingual Matters, 1988.

King, P. M. , Baxter Magolda, M. B. , "A Developmental Model of Intercultural Maturity", *Journal of College Student Development*, Vol. 46, No. 6, 2005.

Kinginger, C. , Gourvés-Hayward, A. , Simpson, V. , "A Telecollaborative Course on French-American Intercultural Communication", *French Review*, 1999.

Kirkgöz, Y. , "Globalization and English Language Policy in Turkey",

Educational Policy, Vol. 23, No. 5, 2009.

Klak, T., Martin, P., "Do University-sponsored International Cultural Events Help Students to Appreciate 'Difference'?", *International Journal of Intercultural Relations*, Vol. 27, No. 4, 2003.

Koester, J., Olebe, M., The Behavioral Assessment Scale for Intercultural Communication Effectiveness, *International Journal of Intercultural Relations*, Vol. 12, No. 3, 1988.

Kolar, T., Zabkar, V., "A Consumer-based Model of Authenticity: An Oxymoron or the Foundation of Cultural Heritage Marketing?", *Tourism Management*, Vol. 31, No. 5, 2010.

Kormos, J., Csizér, K., "Age-related Differences in the Motivation of Learning English As a Foreign Language: Attitudes, Selves, and Motivated Learning Behavior", *Language Learning*, Vol. 58, No. 2, 2008.

Kormos, J., Csizér, K., "An Interview Study of Inter-cultural Contact and Its Role in Language Learning in a Foreign Language Environment", *System*, Vol. 35, No. 2, 2007.

Kormos, J., Csizér, K., Iwaniec, J., "A Mixed-method Study of Language-learning Motivation and Intercultural Contact of International Students", *Journal of Multilingual and Multicultural Development*, Vol. 35, No. 2, 2014.

Koskinen, L., Jokinen, P., Blackburn, D., et al., "Learning Intercultural Competence in a Transatlantic Nurse Education Project", *Diversity and Equality in Health and Care*, Vol. 1, No. 2, 2004.

Krajewski, S., "Developing Intercultural Competence in Multilingual and Multicultural Student Groups", *Journal of Research in International Education*, Vol. 10, No. 2, 2011.

Krause, I. B., *Therapy across Culture*, Thousand Oaks: Sage Publications Ltd., 1998.

Laar, C. V., Levin, S., Sinclair, S., et al., "The Effect of University Roommate Contact on Ethnic Attitudes and Behavior", *Journal of Experimental Social Psychology*, Vol. 41, No. 4, 2005.

Lee, J. S., "Immersion Programs for Language Learning: A Review of the Literature", Lin, A. M. Y., Or, P. W. (eds.), *Contemporary Studies on Language Education and Learning*, Newcastle upon Tyne: Cambridge Scholars Publishing, 2009.

Lee Olson, C., Kroeger, K. R., "Global Competency and Intercultural Sensitivity", *Journal of Studies in International Education*, Vol. 5, No. 2, 2001.

Leung, A. K. Y., Maddux, W. W., Galinsky, A. D., et al., "Multicultural Experience Enhances Creativity: The When and How", *American Psychologist*, Vol. 63, No. 3, 2008.

Liaw, M., "Cross-cultural E-mail Correspondence for Reflective EFL Teacher Education", *TESL-EJ*, Vol. 6, No. 4, 2003.

Liaw, M. L., "Using Electronic Mail for English As a Foreign Language Instruction", *System*, Vol. 26, No. 3, 1998.

Liaw, M. L., Johnson, R. J., "E-mail Writing As a Cross-cultural Learning Experience", *System*, Vol. 29, No. 2, 2001.

Lily, L. Y., *Intercultural Experience and Identity—Narratives of Chinese Doctoral Students in the UK*, Switzerland: Palgrave Macmillan, 2018.

Liu, L. A., Buchan, N., Chen, X. P., et al., "A Model of Communication Context and Measure of Context Dependence", *Academy of Management Discovery*, Vol. 2, No. 2, 2016.

Lustig, M. W. & Koester, J., *Intercultural Competence: Interpersonal Communication across Cultures*, Longman, 1999.

Lustig, M. W. & Koester, J., *Intercultural Competence: Interpersonal Communication across Cultures* (5th ed.), Shanghai: Shanghai Foreign

Language Education Press, 2007.

Lustig, M. W. & Koester, J., *Intercultural Competence: Intercultural Communication Across Cultures*, Harper Collins College Publishers, 1996.

Lustig, M. W. & Koester, J., *Intercultural Competence: Interpersonal Communication across Cultures*, Boston: Allyn & Bacon, 2003a.

Lustig, M. W. & Koester, J., "Cultural Identity, Cultural Biases, and Intercultural Contact", *Chap*, Vol. 6, 2003b.

Lustig, M. W. & Koester, J., "Nonverbal Intercultural Communication", *Chap*, Vol. 8, 2003c.

Lustig, M. W. & Koester, J., *Intercultural Competence: Interpersonal Communication Across Cultures*, Harper Collins, 1993.

Lustig, M. W. & Koester, J., *Intercultural Competence: Inter-Personal Communication Across Cultures. 3rd Edition*, Pearson Education, 2006.

Mackey, A., Gass, S. M., *Second Language Research: Methodology and Design*, Routledge, 2015.

Mak, A. S., Brown, P. M., Wadey, D., "Contact and Attitudes toward International Students in Australia: Intergroup Anxiety and Intercultural Communication Emotions As Mediators", *Journal of Cross Cultural Psychology*, Vol. 45, No. 3, 2014.

Margaryan, A., Bianco, M., Littlejohn, A., "Instructional Quality of Massive Open Online Courses (MOOCs)", *Computers & Education*, Vol. 80, 2015.

Marsh, H. W., Dowson, M., Pietsch, J., et al., "Why Multicollinearity Matters: A Reexamination of Relations between Self-efficacy, Self-concept, and Achievement", *Journal of Educational Psychology*, Vol. 96, No. 3, 2004.

Martin, J. N., "The Relationship between Student Sojourner Perceptions of Intercultural Competencies and Previous Sojourn Experience", *International *Journal of Intercultural Relations*, Vol. 11, No. 4, 1987.

Marx, H., Moss, D. M., "Please Mind the Culture Gap: Intercultural Development during a Teacher Education Study Abroad Program", *Journal of Teacher Education*, Vol. 62, No. 1, 2011.

Matera, C., Stefanile, C., Brown, R., "Host Culture Adoption or Intercultural Contact? Comparing Different Acculturation Conceptualizations and Their Effects on Host Members' Attitudes Towards Immigrants", *International Journal of Intercultural Relations*, Vol. 36, No. 4, 2012.

Mazziotta, A., Mummendey, A., Wright, S. C., "Vicarious Intergroup Contact Effects: Applying Social-cognitive Theory to Intergroup Contact Research", *Group Processes & Intergroup Relations*, Vol. 14, No. 2, 2012.

McDonald, R. P., Ho, M. H. R., *Principles and Practice in Reporting Structural Equation Analyses*, Psychological Methods, Vol. 7, No. 1, 2002.

McLeod, J., "Counselling As a Social Process", *Counselling Rugby*, Vol. 10, 1999.

Mejía, G., Agray-Vargas, N., "Intercultural Communicative Competence in SFL Immersion Courses, an Experience with Australian Students in Colombia", *Signo y Pensamiento*, Vol. 33, No. 65, 2014.

Mirzaei, A., Forouzandeh, F., "Relationship between Intercultural Communicative Competence and l2 – Learning Motivation of Iranian Efl learners", *Journal of Intercultural Communication Research*, Vol. 42, No. 3, 2013.

Murphy-Lejeune, E., "An Experience of Interculturality: Student Travellers Abroad", *Intercultural Experience and Education*, 2003.

Nesdale, D., Todd, P., "Effect of Contact on Intercultural Acceptance:

A Field Study", *International Journal of Intercultural Relations*, Vol. 24, No. 3, 2000.

Neuliep, J. W., McCroskey, J. C., "The Development of Intercultural and Interethnic Communication Apprehension Scales", *Communication research reports*, Vol. 14, No. 2, 1997.

Ni, L., Wang, Q., De la Flor, M., "Intercultural Communication Competence and Preferred Public Relations Practices", *Journal of Communication Management*, 2015.

Obijiofor, L., Colic-Peisker, V., Hebbani, A., "Methodological and Ethical Challenges in Partnering for Refugee Research: Evidence from Two Australian Studies", *Journal of Immigrant & Refugee Studies*, Vol. 17, No. 3, 2016.

O'Dowd, R., Lewis, T., "Online Intercultural Exchange: An Introduction for Foreign Language Teachers", *ELT Journal*, Vol. 63, No. 1, 2009.

O'Dowd, R., "Telecollaborative Networks in University Higher Education: Overcoming Barriers to Integration", *The Internet and Higher Education*, Vol. 18, 2013.

O'Dowd, R., " 'Understanding the Other Side': Intercultural Learning in a Spanish-English E-mail Exchange", *Language Learning & Technology*, Vol. 7, No. 2, 2003.

O'Dowd, R. (eds.), "Online Intercultural Exchange: An Introduction for Foreign Language Teachers", *Multilingual Matters*, Vol. 15, 2007.

Olebe, M., Koester, J., "Exploring the Cross-cultural Equivalence of the Behavioral Assessment Scale for Intercultural Communication", *International Journal of Intercultural Relations*, Vol. 13, No. 3, 1989.

Olga, L., "Cognitive Dissonance from the Intercultural Communication Perspective", *Russian Journal of Linguistics*, Vol. 4, 2015.

Paige, M. R., "On the nature of intercultural experiences and intercultural education", M. R. Paige (Ed.), *Education for the intercultural experience*, Boston: Intercultural Press, 1993.

Paik, S. J., Ganley, D. E., Luschei, T. F., et al., "Intercultural Exchange Among Global Teachers: The Case of the Teaching Excellence and Achievement Study Abroad Program", *International Journal of Intercultural Relations*, Vol. 49, 2015.

Paolini, S., Hewstone, M., Rubin, M., et al., "Effects of Direct and Indirect Cross-group Friendships on Judgments of Catholics and Protestants in Northern Ireland: The Mediating Role of an Anxiety-reduction Mechanism", *Personality and Social Psychology Bulletin*, Vol. 30, No. 6, 2004.

Patton, M. Q., *Qualitative Research & Evaluation Methods: Integrating Theory and Practice*, Thousand Oaks, CA: Sage Publications, 2014.

Pedersen, P., "The Five Stages of Culture Shock: Critical Incidents around the World: Critical Incidents around the World", *ABC-CLIO*, 1994.

Peng, R. Z., Wu, W. P., Fan, W. W., "A Comprehensive Evaluation of Chinese College Students' Intercultural Competence", *International Journal of Intercultural Relations*, Vol. 47, 2015.

Peng, R. Z., Wu, W. P., "Measuring Intercultural Contact and Its Effects on Intercultural Competence: A Structural Equation Modeling Approach", *International Journal of Intercultural Relations*, Vol. 53, 2016.

Perry, L. B., Southwell, L., "Developing Intercultural Understanding and Skills: Models and Approaches", *Intercultural Education*, Vol. 22, No. 6, 2011.

Pettigrew, T. F., Christ, O., Wagner, U., et al., "Direct and Indirect Intergroup Contact Effects on Prejudice: A Normative Interpretation",

International Journal of Intercultural Relations, Vol. 31, No. 4, 2007.

Pettigrew, T. F. , "Future Directions for Intergroup Contact Theory and Research", *International Journal of Intercultural Relations*, Vol. 32, No. 3, 2008.

Pettigrew, T. F. , "Intergroup Contact Theory", *Annual Review of Psychology*, No. 1, 1998.

Pettigrew, T. F. , "Sociological Consulting in Race Relations", *The American Sociologist*, 1971a.

Pettigrew, T. F. , "The Role of Whites in the Black College of the Future", *Daedalus*, Vol. 100, No. 1, 1971b.

Pettigrew, T. F. , "The Intergroup Contact Hypothesis Reconsidered", In M. Hewstone & R. Brown (Eds.), *Contact and conflict in intergroup encounters*, Oxford, UK: Basil Blackwell, 1986.

Pettigrew, T. F. , Tropp, L. R. , "A Meta-analytic Test of Intergroup Contact theory", *Journal of Personality & Social Psychology*, Vol. 90, No. 5, 2006.

Pettigrew, T. F. , Tropp, L. R. , "Does Intergroup Contact Reduce Prejudice? Recent Meta-analytic Findings", *Reducing Prejudice and Discrimination*, Hove, UK: Psychology Press, 2013.

Planken, B. , Van Hooft, A. , Korzilius, H. , "Promoting Intercultural Communicative Competence Through Foreign Language Courses", *Business Communication Quarterly*, Vol. 67, No. 3, 2004.

Ponterotto, J. G. , Rieger, B. P. , Barrett, A. , et al. , "Assessing Multicultural Counseling Competence: A Review of Instrumentation", *Journal of Counseling & Development*, Vol. 72, No. 3, 1994.

Punti, G. , Dingel, M. , "Rethinking Race, Ethnicity, and the Assessment of Intercultural Competence in Higher Education", *Education Sciences*, Vol. 11, No. 3, 2021.

Redden, W., "*Culture Shock Inventory*", Fredericton: Organizational Texts Ltd., 1975.

Risager, K., "Language and Culture Pedagogy: From a National to a Transnational Paradigm", Bristol, Blue Ridge Summit: *Multilingual Matters*, 2007.

Roberts, C., "Chapter 8. Ethnography and Cultural Practice: Ways of Learning during Residence Abroad", In G. Alred, M. Byram & M. Fleming (Ed.), *Intercultural Experience and Education*, Bristol: Multilingual Matters, 2003.

Ruben, B. D., "Assessing Communication Competency for Intercultural Adaptation", *Group & Organization Management*, Vol. 1, No. 3, 1976.

Ruben, B. D., "The Study of Cross-cultural Competence: Traditions and Contemporary Issues", *International Journal of Intercultural Relations*, 1989, 13 (3): 229–240.

Ruben, B. D., Kealey, D. J., "Behavioral Assessment of Communication Competency and the Prediction of Cross-cultural Adaptation", *International Journal of Intercultural Relations*, Vol. 3, No. 1, 1979.

Ruiz, M. R., Spínola, N. O. V., "Improving the Intercultural Communicative Competence of English Language Students", *Journal of Intercultural Communication*, Vol. 49, 2019.

Ryan, P. M., "Searching for the Intercultural Person", *Intercultural Experience and Education*, 2003.

Salem, R. L., "Incorporating Intercultural Competence in English Language Teaching in a Lebanese University Intensive English Program Context: An Action Research Project", *University of Leicester*, Vol. 12, No. 3, 2013.

Samovar, L. A. & Porter, R. E., *Communication between Cultures* (Fifth Edition), Beijing: Peking University Press, 2004.

Samovar, L. A., Porter, R. E. & McDaniel, E. R., *Communication between Cultures* (7th ed.), Cengage Learning, 2010.

Samovar, L. A., Porter, R. E., McDaniel, E. R., et al., "Intercultural Communication: A Reader", *Boston, MA: Cengage Learning*, 2015.

Samovar, L. A., Porter, R. E., McDaniel, E. R., et al., "Intercultural Communication: A Reader, Ten Edition", *Shanghai: Shanghai Foreign Language Education Press*, 2007.

Sandage, S. J., Jankowski, P. J., "Spirituality, Social Justice, and Intercultural Competence: Mediator Effects for Differentiation of Self", *International Journal of Intercultural Relations*, Vol. 37, No. 3, 2013.

Sandeen, C., "Assessment's Place in the New MOOC World", *Research & Practice in Assessment*, Vol. 8, 2013.

Santoro, N., "If I'm Going to Teach About the World, I Need to Know the World: Developing Australian Pre-service Teachers' Intercultural Competence Through International Trips", *Race Ethnicity and Education*, Vol. 17, No. 3, 2014.

Sellami, A. L., "Teaching towards Cultural Awareness and Intercultural Competence: From What through How to Why Culture is?", *Paper presented at the Annual Meeting of Teachers of English to Speakers of Other Languages*, 2000.

Semaan, G., Yamazaki, K., "The Relationship between Global Competence and Language Learning Motivation: An Empirical Study in Critical Language Classrooms", *Foreign Language Annals*, Vol. 48, No. 3, 2015.

Sercu, L., "Researching the Acquisition of Intercultural Communicative Competence in a Foreign Language: Setting the Agenda for a Research Area", *System*, Vol. 24, No. 3, 2004.

Shah, H., "Communication and Cross-cultural Adaptation Patterns among

Asian Indians", *International Journal of Intercultural Relations*, Vol. 15, No. 3, 1991.

Sharma, P., *Intercultural Service Encounters*, Springer Books, 2019.

Spiro, P. J., "A New International Law of Citizenship", *American Journal of International Law*, Vol. 105, No. 4, 2011.

Spitzberg, B. H., "A Model of Intercultural Communication Competence", *Intercultural Communication: A Reader*, Vol. 9, 2000.

Spitzberg, B. H., Changnon, G., "Conceptualizing Intercultural Competence", In *The SAGE Handbook of Intercultural Competence*, Thousand Oaks: SAGE Publications, Inc., 2009.

Spitzberg, B. H., "A Model of Intercultural Communication Competence", In L. A. Samovar & R. E. Porter (Eds.), *Intercultural Communication: A Reader* (9th ed.), Belmont, CA: Wadsworth Publishing, 1997.

Spitzberg, B. H., *Interpersonal Communication Competence*, Sage Publications, 1984.

Stemler, S. E., Imada, T., Sorkin, C., "Development and Validation of the Wesleyan Intercultural Competence Scale (WICS): A Tool for Measuring the Impact of Study Abroad Experiences", *Frontiers: The Interdisciplinary Journal of Study Abroad*, Vol. 24, 2014.

Stephan, W. G., "The Contact Hypothesis in Intergroup Relations", In C. Hendrick (Ed.), *Group processes and intergroup relations*, Thousand Oaks: Sage Publications, Inc., 1987.

Stephenson, S., "Beyond the Lapiths and the Centaurs: Cross-cultural 'Deepening' through Study Abroad", *Rockin'in Red Square: Critical Approaches to International Education in the Age of Cyberculture*, 2002.

Tausch, N., Hewstone, M., Schmid, K., et al., Extended Contact Effects As a Function of Closeness of Relationship with Ingroup Contacts, *Group Processes & Intergroup Relations*, Vol. 14, No. 2, 2011.

Tawagi, A. L., Mak, A. S., "Cultural Inclusiveness Contributing to International Students' Intercultural Attitudes: Mediating Role of Intergroup Contact Variables", *Journal of Community & Applied Social Psychology*, Vol. 25, No. 4, 2015.

Taylor, S. E., Pham, L. B., Rivkin, I. D., et al., "Harnessing the Imagination: Mental Simulation, Self-regulation, and Coping", *American Psychologist*, Vol. 53, No. 4, 1998.

Thomas, D. C., Brannen, M. Y., Garcia, D., "Bicultural Individuals and Intercultural Effectiveness", *European Journal of Cross-Cultural Competence and Management*, Vol. 1, No. 4, 2010.

Tian, M., Lowe, J., "Intercultural Experience in English Universities: A Case Study of Chinese Students", *Globalization and Internationalization in Higher Education: Theoretical, Strategic and Management Perspectives*, 2010.

Ting-Toomey, S., Kurogi, A., "Facework Competence in Intercultural Conflict: An Updated Face-negotiation Theory", *International Journal of Intercultural Relations*, Vol. 22, No. 2, 1998.

Ting-Toomey, Stella, *Communicating across Cultures*, Shanghai: Shanghai Foreign Language Education Press, 2007.

Torres, K., Turner, J. E., "Exploring Students' Foreign Language Anxiety, Intercultural Sensitivity, and Perceptions of Teacher Effectiveness", *The Journal of Language Learning and Teaching*, Vol. 4, No. 1, 2014.

Turner, R. N., Crisp, R. J., Lambert, E., "Imagining Intergroup Contact Can Improve Intergroup Attitudes", *Group Processes & Intergroup Relations*, Vol. 10, No. 4, 2007.

Vezzali, L., Hewstone, M., Capozza, D., et al., "Improving Intergroup Relations with Extended and Vicarious Forms of Indirect Contact", *European Review of Social Psychology*, Vol. 25, No. 1, 2014.

Vo, Q. P., "Rethinking Intercultural Communication Competence in English Language Teaching: A Gap between Lecturers' Perspectives and Practices in a Southeast Asian Tertiary Context", *Journal on English Language Teaching*, Vol. 7, No. 1, 2017.

Vonder Emde, S., Schneider, J., Kötter, M., "Technically Speaking: Transforming Language Learning through Virtual Learning Environments (MOOCs)", *The Modern Language Journal*, Vol. 85, No. 2, 2001.

Vurdien, R., Puranen, P., "Enhancing Students' Intercultural Competence and Learner Autonomy via Facebook Telecollaboration", In *Handbook of Research on Integrating Technology into Contemporary Language Learning and Teaching*, Hershey, PA: IGI Global, 2018.

Wade, E. R., "Enhancing German Language Learners' Intercultural Communicative Competence through the On-line Exchange Project Ice", *Journal on English Language Teaching*, Vol. 12, No. 5, 2005.

Ware, P. D., Kramsch, C., "Toward an Intercultural Stance: Teaching German and English through Telecollaboration", *The Modern Language Journal*, Vol. 89, No. 2, 2005.

Warschauer, M., *Motivational Aspects of Using Computers for Writing and Communication*, Second Language Teaching & Curriculum Center, University of Hawaii at Manoa, 1996.

Williams Jr., R. M., "The Reduction of Intergroup Tensions: A Survey of Research on Problems of Ethnic, Racial, and Religious Group Relations", *Social Science Research Council Bulletin*, 1947.

Wiseman, R. L., Intercultural Communication Competence, In: Deardorff, J. C. (ed.), *The Sage Handbook of Intercultural Competence*, Sage Publications, 2001.

Wright, S. C., Aron, A., McLaughlin-Volpe, et al., "The Extended

Contact Effect: Knowledge of Cross-group Friendships and Prejudice", *Journal of Personality & Social Psychology*, Vol. 73, No. 1, 1997.

Wu, W. P., Peng, R. Z., Measuring Communication Patterns and Intercultural Transformation of International Students in Cross-cultural Adaptation, *International Journal of Intercultural Relations*, Vol. 70, 2019.

Yakup, Doganay, Aida, Maksut and Yergaliyeva, "The Impact of Cultural Based Activities in Foreign Language Teaching at Intermediate (b1) level", *Procedia Social & Behavioral Sciences*, Vol. 12, No. 5, 2013.

Yan, J. C., "'Let's Teach English in Cambodia': Intercultural Competence Development and Job Performance following International Volunteer service", *Journal of National Taichung University of Science and Technology*, Vol. 1, No. 1, 2014.

Yashima, T., "The Effects of International Volunteer Work Experiences on Intercultural Competence of Japanese Youth", *International Journal of Intercultural Relations*, Vol. 34, No. 3, 2010.

Ye, L. L., *Intercultural Experience and Identity: Narratives of Chinese Doctoral Students in the UK*, Springer, 2018.

Zarate, G., "The Recognition of Intercultural Competences: From Individual Experience to Certification", In G. Alred, M. Byram & M. Fleming (Ed.), *Intercultural Experience and Education*, Bristol, Blue Ridge Summit: Multilingual Matters, 2002.

Zhang, T., "Graduate Students Identities in the Intercultural Practices on a US Campus: AQ Inquiry", *International Journal of Intercultural Relations*, Vol. 64, 2018.

Ziyatdinova, J. N., Osipov, P. N., "Integrative Approach to Intercultural Competence Development in Engineering Education", In *2012 15th In-*

ternational Conference on Interactive Collaborative Learning（ICL），September 2012.

Zoltán Dornyei,"Individual Differences in Second Language Acquisition", *Language Learning*, Vol. 62, No. S2, 2006.

附录1 访谈

1.1 中国大学生跨文化直接接触半结构化访谈提纲

1. 你的性别、年级、专业。
2. 你是否听说过跨文化能力这个概念?
3. 你怎样理解或者定义跨文化能力这个概念?
4. 你认为现实生活中我们是否需要具备跨文化能力?请阐述理由。
5. 你能列举出几个需要具备跨文化能力的场合吗?请阐述理由。
6. 你认为跨文化能力的提升会受到哪些因素的影响?
7. 你认为哪些策略能帮助我们有效提升自身跨文化能力?
8. 你认为社交网络以及跨文化交际活动是否能帮助我们提升跨文化能力?
9. 你认为哪些社交网络平台以及跨文化交际活动能够提升我们的跨文化能力?请列举。
10. 你是否尝试过通过一些社交软件或参与跨文化交际活动提升跨文化能力?请详细阐述其经历。
11. 你认为通过社交软件以及跨文化交际活动提升跨文化能力是否有效?请详细说明哪些方面能力有所提升。

1.2　中国大学生跨文化间接接触半结构化访谈提纲

1. 你的年级、专业以及性别。
2. 你对跨文化能力有过了解吗？了解的程度如何？
3. 你认为跨文化能力应当是一种什么样的能力？
4. 你认为跨文化能力应当包含哪些方面？请举例说明。
5. 你认为该如何提升这些方面的跨文化能力？
6. 你认为同老师跟朋友（有过海外经历的中国人）进行交流是否能提高你的跨文化能力？
7. 你认为交流什么样的内容可以提高跨文化能力？
8. 你认为文化产品能提高你的跨文化能力吗？
9. 你认为什么样的文化产品能提高你的跨文化能力？
10. 你认为多媒体和课程能提高你的跨文化能力吗？
11. 你认为何种类型的多媒体和课程能提高你的跨文化能力？
12. 你认为跨文化活动与社团（中国人主办）能提高你的跨文化能力吗？
13. 你认为何种类型的跨文化活动与社团（中国人主办）能提高你的跨文化能力？

1.3　中国大学生跨文化能力影响因素半结构化访谈提纲

1. 你的性格、专业、年级、学校及通过的英语考试。
2. 你如何理解跨文化能力？或者说你如何定义跨文化能力？
3. 你认为跨文化能力重要吗？请举例说明。
4. 你认为跨文化能力包含哪些方面的内容？
5. 你赞同跨文化能力主要由本国文化知识、外国文化知识、态度、跨文化交流技能、跨文化认知技能及意识这六个维度构成的观点吗？
6. 你认为中国大学生跨文化能力整体上处于什么水平？

7. 你认为中国大学生的跨文化能力中，哪一个或哪些维度的能力较弱？

8. 你认为动机、情感、海外经历、跨文化课程是影响跨文化能力的主要因素吗？

9. 你认为上述提到的四种因素，哪种因素对跨文化能力的提升影响最大？

10. 你认为还有哪些因素会影响跨文化能力的提升？

1.4 中国大学生跨文化能力与跨文化体验半结构化访谈提纲

1. 你的年级、专业。
2. 请你根据自己的理解对跨文化能力进行定义。
3. 你认为跨文化能力应该包括哪些方面的内容？请举例说明。
4. 你认为跨文化能力在你的学习、生活中重要吗？请举例说明。
5. 在中国大学生跨文化能力方面，你认为自己哪种能力最强？为什么？
6. 在中国大学生跨文化能力方面，你认为自己哪种能力最弱？为什么？
7. 在中国大学生跨文化能力方面，你最想提升自己哪种能力？为什么？
8. 你经历过哪些跨文化体验？
9. 你经历过的跨文化体验对你的学习、生活有无影响？请举例说明。
10. 新冠疫情是否对你进行跨文化体验产生了影响？请举例说明。
11. 在中国大学生跨文化体验方面，你最想进行哪种体验？为什么？
12. 新冠疫情背景下，你认为该如何促进大学生进行跨文化体验？
13. 你认为跨文化体验可以提升自身的跨文化能力吗？为什么？

附录2　中国大学生跨文化能力自我评价量表

大学生跨文化能力自我评价量表（正式）

填写说明：本部分是中国大学生跨文化能力自我评价量表，包括六个方面。请依据你自己的实际情况，从"1"到"5"中选择一个数字进行自我评分并在数字上打钩。

（注：1＝非常少　2＝较少　3＝一般　4＝较多　5＝非常多）

1. 本国文化知识
（1）了解本国的历史知识　　（1　2　3　4　5）
（2）了解本国的社会规范知识（1　2　3　4　5）
（3）了解本国的价值观知识　（1　2　3　4　5）

2. 外国文化知识
（4）了解外国的历史知识　　（1　2　3　4　5）
（5）了解外国的社会规范知识（1　2　3　4　5）
（6）了解外国的价值观知识　（1　2　3　4　5）
（7）了解外国的文化禁忌知识（1　2　3　4　5）
（8）了解外国人的言语行为知识（1　2　3　4　5）
（9）了解跨文化交流与传播等概念的基本知识　（1　2　3　4　5）
（10）了解一些成功进行跨文化交流的策略和技巧（1　2　3　4　5）

3. 态度

（11）愿意和来自不同文化的外国人进行交流和学习（1 2 3 4 5）

（12）愿意尊重外国人的生活方式和习俗　（1 2 3 4 5）

（13）愿意学好外国语言和文化　（1 2 3 4 5）

4. 跨文化交流技能

（14）出现跨文化交流误解时和对方协商的能力　（1 2 3 4 5）

（15）出现语言交流障碍时借助身体语言或其他非语言方式进行交流的能力　（1 2 3 4 5）

（16）使用外语和来自不同社会文化背景和领域的人进行成功交流的能力　（1 2 3 4 5）

（17）在与外国人交流时礼貌对待他们的能力　（1 2 3 4 5）

（18）在与外国人交流时尽量避免用不恰当的语言和行为冒犯他们的能力　（1 2 3 4 5）

（19）在与外国人交流时尽量避免对他们产生偏见的能力（1 2 3 4 5）

（20）在与外国人交流时避免提到与他们有关的隐私话题的能力（1 2 3 4 5）

（21）具有对跨文化差异敏感性的能力　（1 2 3 4 5）

（22）看待其他国家发生的事件时会从对方文化和角度看问题的能力　（1 2 3 4 5）

5. 跨文化认知技能

（23）具备通过与外国人的接触直接获取跨文化交际相关知识的能力　（1 2 3 4 5）

（24）具备运用各种方法、技巧与策略帮助学习外国语言和文化的能力　（1 2 3 4 5）

（25）出现跨文化冲突和误解时进行反思和学习并寻求妥善解决途径的能力　（1 2 3 4 5）

6. 意识

（26）意识到与外国人交流时彼此存在文化相似性和差异性（1 2 3 4 5）

（27）意识到与外国人交流时文化身份的差异性 （1 2 3 4 5）

（28）意识到要基于不同文化视角审视跨文化交流情境（1 2 3 4 5）

附录3 中国大学生跨文化接触量表

3.1 中国大学生跨文化直接接触量表（初始）

亲爱的同学：你好！

本问卷的问卷结果只用于学术研究，对你的个人信息绝对保密。你的认真参与对于我们的研究至关重要，非常感谢你的支持与合作！

第一部分：个人信息（请根据你的实际情况做出选择或填空）

（1）性别：　　A. 男　　B. 女

（2）年级：　　A. 大一　B. 大二　C. 大三　D. 大四

（3）你的专业是：

A. 理工学　　　　　B. 文史学

（4）你的学校名称：（请填写）＿＿＿＿＿＿＿＿＿＿

（5）已通过以下英语考试：[可多选]

A. 大学英语四级（及分数）＿＿＿＿＿＿

B. 大学英语六级（及分数）＿＿＿＿＿＿

C. 英语专业四级（及分数）＿＿＿＿＿＿

D. 英语专业八级（及分数）＿＿＿＿＿＿

E. 雅思（及分数）＿＿＿＿＿＿

F. 托福（及分数）＿＿＿＿＿＿

G. GRE（及分数）＿＿＿＿＿＿

（6）是否有出国经历？如果有，在哪个国家，停留多长时间？

A. 是_____，_____

B. 否

（7）在国内与来自不同文化的人（外国人）接触的次数：

A. 每天一次及以上　B. 每周一次及以上　C. 每月一次及以上

D. 每年一次及以上　E. 没有

第二部分：跨文化直接接触情况调查

填写说明：本部分是中国大学生跨文化直接接触情况量表，其量表包括国内直接接触和国外直接接触。请依据你自己的实际情况，从"0"到"5"中选择一个数字进行自我评分并在数字上打钩（"0"代表程度最低，依次递增，"5"代表程度最高），具体参照如下：

0	1	2	3	4	5
没有	偶尔	较少	一般	较多	非常多

国内直接接触（注：若有出国经历，请认真填写（1）—（34）项，若无出国经历，则只需填写（1）—（27）项，（28）—（34）项可忽略）

（1）你在国内通过 QQ 与英语本族语者用英语进行打字交流

（0　1　2　3　4　5）

（2）你在国内通过 QQ 与英语本族语者用英语进行语音交流

（0　1　2　3　4　5）

（3）你在国内通过 QQ 与英语本族语者用英语进行视频交流

（0　1　2　3　4　5）

（4）你在国内通过微信与英语本族语者用英语进行打字交流

（0　1　2　3　4　5）

（5）你在国内通过微信与英语本族语者用英语进行语音交流

（0　1　2　3　4　5）

（6）你在国内通过微信与英语本族语者用英语进行视频交流

（0　1　2　3　4　5）

（7）你在国内通过微博与英语本族语者用英语进行打字交流
（0　1　2　3　4　5）

（8）你在国内通过电子邮件与英语本族语者用英语进行书面交流
（0　1　2　3　4　5）

（9）你在国内通过 INS 与英语本族语者用英语进行打字交流
（0　1　2　3　4　5）

（10）你在国内通过 INS 与英语本族语者用英语进行语音交流
（0　1　2　3　4　5）

（11）你在国内通过 INS 与英语本族语者用英语进行视频交流
（0　1　2　3　4　5）

（12）你在国内通过 Skype 与英语本族语者用英语进行打字交流
（0　1　2　3　4　5）

（13）你在国内通过 Skype 与英语本族语者用英语进行语音交流
（0　1　2　3　4　5）

（14）你在国内通过 Skype 与英语本族语者用英语进行视频交流
（0　1　2　3　4　5）

（15）你在国内通过 Facebook 与英语本族语者用英语进行打字交流
（0　1　2　3　4　5）

（16）你在国内通过 Hellotalk 与英语本族语者用英语进行打字交流
（0　1　2　3　4　5）

（17）你在国内通过玩国际版游戏（如：PUBG、LOL、WOW、Hearthstone、DOTA 等）与英语本族语者用英语进行语音交流
（0　1　2　3　4　5）

（18）你在国内通过参加出国培训机构的宣讲活动了解外国文化
（0　1　2　3　4　5）

（19）你在国内通过参加外国文化交流日活动了解外国文化
（0　1　2　3　4　5）

（20）你在国内通过参加国际志愿者活动了解外国文化

（0　1　2　3　4　5）

（21）你在国内通过参加英语角活动了解外国文化

（0　1　2　3　4　5）

（22）你在国内通过参加国外学者主讲的文化类讲座活动了解外国文化　（0　1　2　3　4　5）

（23）你在国内通过学校里的外教了解外国文化

（0　1　2　3　4　5）

（24）你在国内通过与留学生一起完成学业课程（如：一起上课）了解外国文化　（0　1　2　3　4　5）

（25）你在国内通过参加外资或合资企业的实习了解外国文化

（0　1　2　3　4　5）

（26）你在国内通过参加世界博览会了解外国文化

（0　1　2　3　4　5）

（27）你在国内通过参加外国节日庆典活动了解外国文化

（0　1　2　3　4　5）

国外直接接触

（28）通过参加国外带薪实习了解英语国家人们的文化

（0　1　2　3　4　5）

（29）通过参加国际学术会议了解英语国家人们的文化

（0　1　2　3　4　5）

（30）通过参加国外大学交换生项目了解英语国家人们的文化

（0　1　2　3　4　5）

（31）通过参加暑期国外夏令营了解英语国家人们的文化

（0　1　2　3　4　5）

（32）通过参加寒假国际冬令营了解英语国家人们的文化

（0　1　2　3　4　5）

(33) 通过参加国际志愿者活动了解英语国家人们的文化
(0　1　2　3　4　5)

(34) 通过旅行了解英语国家人们的文化
(0　1　2　3　4　5)

3.2　中国大学生跨文化直接接触量表（正式）

亲爱的同学：你好！

　　本问卷的问卷结果只用于学术研究，对你的个人信息绝对保密。你的认真参与对于我们的研究至关重要，非常感谢你的支持与合作！

第一部分：个人信息（请根据你的实际情况做出选择或填空）

1. 性别：　　A. 男　　B. 女

2. 年级：　　A. 大一　　B. 大二　　C. 大三　　D. 大四

3. 你的专业是：

　A. 理工学　　　　　B. 文史学

4. 你的学校名称：（请填写）_____

5. 已通过以下英语考试：[可多选]

　A. 大学英语四级（及分数）_____

　B. 大学英语六级（及分数）_____

　C. 英语专业四级（及分数）_____

　D. 英语专业八级（及分数）_____

　E. 雅思（及分数）_____

　F. 托福（及分数）_____

　G. GRE（及分数）_____

6. 在国内与来自不同文化的人（外国人）接触的次数：

　A. 每天一次及以上　B. 每周一次及以上　C. 每月一次及以上

　D. 每年一次及以上　E. 没有

第二部分：跨文化直接接触情况调查

填写说明：本部分是中国大学生跨文化直接接触情况量表，其量表包括国内直接接触和国外直接接触。请依据你自己的实际情况，从"0"到"5"中选择一个数字进行自我评分并在数字上打钩（"0"代表程度最低，依次递增，"5"代表程度最高），具体参照如下：

0	1	2	3	4	5
没有	偶尔	较少	一般	较多	非常多

国内主流社交媒体

（1）你在国内通过 QQ 与英语本族语者用英语进行打字交流
（0　1　2　3　4　5）

（2）你在国内通过 QQ 与英语本族语者用英语进行语音交流
（0　1　2　3　4　5）

（3）你在国内通过微信与英语本族语者用英语进行打字交流
（0　1　2　3　4　5）

（4）你在国内通过微信与英语本族语者用英语进行语音交流
（0　1　2　3　4　5）

（5）你在国内通过微博与英语本族语者用英语进行打字交流
（0　1　2　3　4　5）

（6）你在国内通过电子邮件与英语本族语者用英语进行书面交流
（0　1　2　3　4　5）

国外主流社交媒体

（7）你在国内通过 INS 与英语本族语者用英语进行打字交流
（0　1　2　3　4　5）

（8）你在国内通过 Skype 与英语本族语者用英语进行打字交流
（0　1　2　3　4　5）

（9）你在国内通过 Skype 与英语本族语者用英语进行语音交流
（0　1　2　3　4　5）

（10）你在国内通过 HelloTalk 与英语本族语者用英语进行打字交流
（0　1　2　3　4　5）

（11）你在国内通过玩国际版网络游戏（如：PUBG、LOL、WOW、Hearthstone、DOTA 等）与英语本族语者用英语进行语音交流
（0　1　2　3　4　5）

校内跨文化交际活动

（12）你在国内通过参加英语角活动了解外国文化
（0　1　2　3　4　5）

（13）你在国内通过参加国外学者主讲的文化类讲座活动了解外国文化　（0　1　2　3　4　5）

（14）你在国内通过学校里的外教了解外国文化　（0　1　2　3　4　5）

（15）你在国内通过与留学生一起完成学业课程了解外国文化
（0　1　2　3　4　5）

校外跨文化交际活动

（16）你在国内通过参加出国培训机构的宣讲活动了解外国文化
（0　1　2　3　4　5）

（17）你在国内通过参加外国文化交流日活动了解外国文化
（0　1　2　3　4　5）

（18）你在国内通过参加国际志愿者活动了解外国文化
（0　1　2　3　4　5）

（19）你在国内通过参加外资或合资企业的实习了解外国文化
（0　1　2　3　4　5）

（20）你在国内通过参加世界博览会了解外国文化
（0　1　2　3　4　5）

（21）你在国内通过参加外国节日庆典活动了解外国文化
（0　1　2　3　4　5）

3.3 中国大学生跨文化间接接触量表(初始)

亲爱的同学:你好!

本问卷采用匿名形式,问卷结果只用于学术研究,对你的个人信息绝对保密。你的认真参与对于我们的研究至关重要,非常感谢你的支持与合作!

第一部分:个人信息(请根据你的实际情况做出选择或填空)

1. 性别:　　A. 男　　B. 女
2. 年级:　　A. 大一　B. 大二　C. 大三　D. 大四
3. 你的专业是:

A. 理工学　B. 文史学　C. 艺术学　D. 医学　E. 其他

4. 已通过以下英语考试:[可多选]

A. 大学英语四级(及分数)_____

B. 大学英语六级(及分数)_____

C. 英语专业四级(及分数)_____

D. 英语专业八级(及分数)_____

E. 雅思(及分数)_____

F. 托福(及分数)_____

G. GRE(及分数)_____

5. 在国内与来自不同文化的人(外国人)接触的次数:

A. 每天一次及以上　B. 每周一次及以上　C. 每月一次及以上

D. 每年一次及以上　E. 没有

6. 是否有出国经历?如果有,在哪个国家、停留多长时间以及出国目的?(注:本题可多选)

A. 是

国家:_____;停留时间:_____;出国目的:①参加国外带薪实习　□

国家：_____；停留时间：_____；出国目的：②参加国际学术会议 □

国家：_____；停留时间：_____；出国目的：③参加国外大学交换生 □

国家：_____；停留时间：_____；出国目的：④参加暑期国外夏令营 □

国家：_____；停留时间：_____；出国目的：⑤参加国际志愿者活动 □

国家：_____；停留时间：_____；出国目的：⑥探亲 □

国家：_____；停留时间：_____；出国目的：⑦旅行 □

B. 否

7. 你在国外期间，使用什么社交软件与外国人交流，以及使用该软件与外国人的交流频率（注：本题可多选，并在所选择社交软件后的横线上补充自己与外国人交流的频率，可参照如下①②③④）

①每天一次及以上　②每周一次及以上　③每月一次及以上　④每年一次及以上

  A. QQ _____
  B. 微信 _____
  C. MSN _____
  D. INS _____
  E. Skype _____
  F. Facebook _____
  G. Twitter _____
  H. Linkedin _____
  I. Bilibili _____
  J. You Tube _____

第二部分：跨文化间接接触情况调查

填写说明：本部分是中国大学生跨文化间接接触情况量表。请依据你自己的实际情况，从"0"到"5"中选择一个数字进行自我评分并在数字上打钩（"0"代表程度最低，依次递增，"5"代表程度最高），具体参照如下：

0   1   2   3   4   5
没有   偶尔   较少   一般   较多   非常多

(1) 你在国内通过家人和亲戚了解和学习外国文化
(0 1 2 3 4 5)

(2) 你在国内通过朋友了解和学习外国文化 (0 1 2 3 4 5)

(3) 你在国内通过和老师的课外交流了解和学习外国文化
(0 1 2 3 4 5)

(4) 你在国内通过观看电视节目（比如：新闻、财经、文化娱乐、访谈、教育、军事、科技等）了解和学习外国文化
(0 1 2 3 4 5)

(5) 你在国内通过在线网络课程（比如：网易云、MOOC、Bilibili、沪江网校或其他方式）了解和学习外国文化
(0 1 2 3 4 5)

(6) 你在国内通过阅读纸质书籍（比如：哲学、政治法律、人文地理、历史、语言、艺术等类别）了解和学习外国文化
(0 1 2 3 4 5)

(7) 你在国内通过阅读电子书籍（比如：哲学、政治法律、人文地理、历史、语言、艺术等类别）了解和学习外国文化
(0 1 2 3 4 5)

(8) 你在国内通过阅读纸质报刊（比如：哲学、新闻、经济、娱乐、科技、人文地理等类别）了解和学习外国文化
(0 1 2 3 4 5)

（9）你在国内通过阅读电子报刊（比如：哲学、新闻、经济、娱乐、科技、人文地理等类别）了解和学习外国文化
（0 1 2 3 4 5）

（10）你在国内观看英文电影（比如：喜剧、悲剧、悬疑恐怖、爱情等类别）了解和学习外国文化　（0 1 2 3 4 5）

（11）你在国内听英文歌曲（比如：流行音乐、轻音乐、乡村音乐、摇滚音乐等）了解和学习外国文化　（0 1 2 3 4 5）

（12）你在国内通过参加文化类讲座（中国人）了解和学习外国文化　（0 1 2 3 4 5）

（13）你在国内通过参加模拟联合国了解和学习外国文化
（0 1 2 3 4 5）

（14）你在国内通过参加英语社团/协会（如莎士比亚戏剧社、英语辩论队等）了解和学习外国文化　（0 1 2 3 4 5）

（15）你在国内通过参加学校英语角活动（中国人）了解和学习外国文化　（0 1 2 3 4 5）

（16）你在国内通过上外国文化类型课程了解和学习外国文化
（0 1 2 3 4 5）

（17）你在国内通过上外语类课程了解和学习外国文化
（0 1 2 3 4 5）

3.4　中国大学生跨文化间接接触量表（正式）

亲爱的同学：你好！

本问卷的问卷结果只用于学术研究，对你的个人信息绝对保密。你的认真参与对于我们的研究至关重要，非常感谢你的支持与合作！

第一部分：个人信息（请根据你的实际情况做出选择或填空）

1. 姓名：_____

2. 性别：　　A. 男　　　B. 女

3. 年级：   A. 大一   B. 大二   C. 大三   D. 大四

4. 你的专业是：

A. 理工学   B. 文史学   C. 艺术学   D. 医学   E. 其他

5. 你的学校名称：（请填写）_____

6. 已通过以下英语考试：[可多选]

   A. 大学英语四级（及分数）_____

   B. 大学英语六级（及分数）_____

   C. 英语专业四级（及分数）_____

   D. 英语专业八级（及分数）_____

   E. 雅思（及分数）_____

   F. 托福（及分数）_____

   G. GRE（及分数）_____

7. 在国内与来自不同文化的人（外国人）接触的次数：

   A. 每天一次及以上   B. 每周一次及以上   C. 每月一次及以上

   D. 每年一次及以上   E. 没有

第二部分：跨文化间接接触情况调查

填写说明：本部分是中国大学生跨文化间接接触情况量表。请依据你自己的实际情况，从"0"到"5"中选择一个数字进行自我评分并在数字上打钩（"0"代表程度最低，依次递增，"5"代表程度最高），具体参照如下：

0　　　1　　　2　　　3　　　4　　　5

没有　偶尔　较少　一般　较多　非常多

（1）你在国内通过家人和亲戚了解和学习外国文化

（0　1　2　3　4　5）

（2）你在国内通过朋友了解和学习外国文化

（0　1　2　3　4　5）

（3）你在国内通过和老师的课外交流了解和学习外国文化

（0　1　2　3　4　5）

（4）你在国内通过观看电视节目了解和学习外国文化
（0　1　2　3　4　5）

（5）你在国内通过在线网络课程了解和学习外国文化
（0　1　2　3　4　5）

（6）你在国内通过阅读纸质书籍了解和学习外国文化
（0　1　2　3　4　5）

（7）你在国内通过阅读电子书籍了解和学习外国文化
（0　1　2　3　4　5）

（8）你在国内通过阅读纸质报刊了解和学习外国文化
（0　1　2　3　4　5）

（9）你在国内通过阅读电子报刊了解和学习外国文化
（0　1　2　3　4　5）

（10）你在国内通过观看英文电影了解和学习外国文化
（0　1　2　3　4　5）

（11）你在国内通过听英文歌曲了解和学习外国文化
（0　1　2　3　4　5）

（12）你在国内通过参加文化类讲座（中国人）了解和学习外国文化　（0　1　2　3　4　5）

（13）你在国内通过参加英语社团/协会（如莎士比亚戏剧社、英语辩论队等）了解和学习外国文化　（0　1　2　3　4　5）

（14）你在国内通过参加学校英语角活动（中国人）了解和学习外国文化　（0　1　2　3　4　5）

（15）你在国内通过上外国文化类型课程了解和学习外国文化
（0　1　2　3　4　5）

（16）你在国内通过上外语类课程了解和学习外国文化
（0　1　2　3　4　5）

附录4　中国大学生跨文化能力影响因素量表

中国大学生跨文化能力影响因素实证研究调查问卷

亲爱的同学：你好！

　　本问卷的问卷结果只用于学术研究，对你的个人信息绝对保密。你的认真参与对于我们的研究至关重要，请根据实际情况做出选择（打钩或填空），非常感谢你的支持与合作！

第一部分：个人信息

1. 性别：　　A. 男　　　　B. 女
2. 性格：　　A. 内向型　　B. 外向型　　C. 混合型
3. 年级：　　A. 大一　　　B. 大二　　　C. 大三　　　D. 大四
4. 专业：　　A. 理工学　　B. 文史学　　C. 艺术学
　　　　　　D. 医学　　　E. 其他
5. 你的学校名称：（请填写）_____
6. 已通过以下英语考试：［可多选］

　　A. 大学英语四级（及分数）_____

　　B. 大学英语六级（及分数）_____

　　C. 英语专业四级（及分数）_____

　　D. 英语专业八级（及分数）_____

　　E. 雅思（及分数）_____

F. 托福（及分数）＿＿＿＿＿＿
G. GRE（及分数）＿＿＿＿＿＿

第二部分：中国大学生跨文化能力影响因素量表

填写说明：本部分为中国大学生跨文化能力影响因素量表。请依据你的实际情况，从"0"到"5"中选择一个数字进行自我评分并在数字上打钩（"0"代表程度最低，依次递增，"5"代表程度最高），具体参照如下：

0	1	2	3	4	5
没有	非常少	较少	一般	较多	非常多

1. 动机

（1）基于内在兴趣我学习外国文化　　（0　1　2　3　4　5）

（2）基于出国学习、工作或移民的打算我学习外国文化
（0　1　2　3　4　5）

（3）基于社会责任感（如更好地为国家做贡献）我学习外国文化
（0　1　2　3　4　5）

（4）基于个人发展（如找到理想工作，获得一定的社会地位或成就等）我学习外国文化　　（0　1　2　3　4　5）

（5）基于通过英语了解更多信息及学习更多知识的打算我学习外国文化　　（0　1　2　3　4　5）

2. 情感

（6）我愿意和来自不同文化的人交流　　（0　1　2　3　4　5）

（7）我和不同文化的人交流时感到轻松自在　　（0　1　2　3　4　5）

（8）我愿意参与不同文化人们的小组讨论　　（0　1　2　3　4　5）

（9）我参与不同文化人们的小组讨论时感到轻松自在
（0　1　2　3　4　5）

（10）我在与不同文化的人交流时能大胆地表达自己的想法
（0　1　2　3　4　5）

(11) 我在与不同文化的人交流时表现得自信
(0 1 2 3 4 5)

(12) 我在和不同文化的人交流时思维清晰逻辑缜密
(0 1 2 3 4 5)

(13) 我和不同文化的人交流时感到愉悦开心
(0 1 2 3 4 5)

3. 海外经历

(14) 我通过参加国外带薪实习学习外国文化
(0 1 2 3 4 5)

(15) 我通过参加国际学术会议学习外国文化
(0 1 2 3 4 5)

(16) 我通过参加国外大学交换生项目学习外国文化
(0 1 2 3 4 5)

(17) 我通过参加暑期国外夏令营学习外国文化
(0 1 2 3 4 5)

(18) 我通过参加国际志愿者活动学习外国文化
(0 1 2 3 4 5)

(19) 我通过出国探亲了解外国文化　(0 1 2 3 4 5)

(20) 我通过出国旅行了解外国文化　(0 1 2 3 4 5)

4. 跨文化课程

(21) 我通过大学英语课程学习外国文化　(0 1 2 3 4 5)

(22) 我通过跨文化交际学课程学习外国文化
(0 1 2 3 4 5)

(23) 我通过语言与文化课程学习外国文化　(0 1 2 3 4 5)

(24) 我通过英美概况课程学习外国文化　(0 1 2 3 4 5)

(25) 我通过与跨文化交际相关的实用英语课程学习外国文化
(0 1 2 3 4 5)

附录5 中国大学生跨文化体验量表

5.1 中国大学生跨文化体验量表（初始）

序号	描述项
维度1：学术体验	
ae1	阅读外文小说/诗歌等文学作品
ae2	阅读外文杂志/报纸
ae3	阅读外文学术期刊论文
ae4	在国外期刊投稿或发表外文论文
ae5	学习国外网络课程
ae6	参加文化类的双语课程
ae7	参加学术类的双语课程
ae8	参加国外学者的讲座
ae9	参加外语演讲活动或比赛
ae10	参加外语辩论活动或比赛
ae11	参加国际会议/论坛
ae12	参加国际合作课题/项目
ae13	参加国际留学会展活动
ae14	参加国际夏令营/冬令营
ae15	赴国外短期交换学习
ae16	赴国外长期留学

续表

序号	描述项
维度2：娱乐体验	
ee1	观看外文电影
ee2	欣赏外文歌曲
ee3	收听国外广播节目
ee4	观看国外电视节目/网络视频（脱口秀/TED演讲等）
ee5	欣赏国外艺术作品（绘画/雕塑/建筑等）
ee6	参加外国节日庆祝活动
ee7	参加外国文化交流日活动
ee8	观看或参加展示外国文化的文艺表演
ee9	参加有外籍人士参与的体育活动
ee10	品尝外国食物
ee11	品尝外国酒水饮料
ee12	尝试外国饮食习惯（用刀叉进餐/手抓饭等）
ee13	出境旅游
维度3：社交体验	
se1	通过书信与外语母语者进行文字交流
se2	通过电子邮件与外语母语者进行文字交流
se3	通过国内外社交软件（QQ/WeChat/Facebook/Twitter等）与外语母语者进行打字交流
se4	通过国内外社交软件（QQ/WeChat/Facebook/Twitter等）与外语母语者进行语音交流
se5	通过国内外社交软件（QQ/WeChat/Facebook/Twitter等）与外语母语者进行视频交流
se6	参与外籍人士和国人同时在场的谈话（非课堂）
se7	参与只有外籍人士在场的谈话（非课堂）
se8	与留学生混合住宿
se9	在与外籍人士接触时关注其穿着打扮
se10	在与外籍人士接触时关注其肢体动作
se11	在与外籍人士接触时关注其面部表情
se12	在与外籍人士接触时关注其眼神
se13	在与外籍人士接触时关注其身体气味
se14	与外籍人士有身体接触（用手轻拍肩膀或后背/把手或胳膊搭在肩膀上等）
维度4：社会实践体验	
pe1	参加笔译实习或实践活动

续表

序号	描述项
pe2	参加口译/同声传译实习或实践活动
pe3	参加国际志愿者活动
pe4	参加外资或合资企业的实习
pe5	在国外实习或做兼职

5.2 中国大学生跨文化体验量表（正式）

亲爱的同学，你好！

非常感谢你配合参与"中国大学生跨文化体验问卷调查"。本调查的目的是了解中国大学生跨文化体验现状，以期进一步提高中国大学生的跨文化能力，希望能得到你的帮助。你的认真填写对本研究至关重要，请根据个人情况如实作答。此卷采用匿名形式，不会透露任何个人信息；回答没有优劣对错之分，结果将仅供本研究使用，请放心填写。

再次谢谢你的支持与配合！

第一部分：基本信息

（1）所在学校：_____

（2）性别：□男　　□女

（3）年级：□大一　□大二　□大三　□大四　□其他

（4）专业：_____

（5）英语水平考试成绩（请填写总分及各单项得分）：

大学英语四级（总分___听力___阅读___翻译___写作___口语___）

大学英语六级（总分___听力___阅读___翻译___写作___口语___）

雅思（总分____听力____口语____阅读____写作____）

托福（总分___听力___口语___阅读___写作___）

其他（总分___听力___口语___阅读___翻译___写作___）

（6）是否选修过文化类课程：

□是　请选择：

　　　　□跨文化交际　　　　□（英语）语言与文化
　　　　□（英美）社会与文化　□（欧洲）文化入门
　　　　□（外国）文化概要　　□（英语）国家概况
　　　　其他：_____

□否

（7）是否有出国经历：

□是　请选择出国时长：

　　　　□少于1个月　　□1—3个月　　□3—6个月
　　　　□6—12个月　　□1年及以上

□否

第二部分：中国大学生跨文化体验自评量表

填写说明：本部分是中国大学生跨文化体验自评量表，包括六个方面的内容（学术体验、娱乐体验、文化与体育活动体验、饮食体验、社交体验以及感官体验）。请你根据实际参与情况，从"1"到"5"中选择一个数字进行自我评分（注：1＝非常少，2＝较少，3＝一般，4＝较多，5＝非常多）。

维度	序号	题项	得分
（一）学术体验	01	参加文化类的双语课程	(1 2 3 4 5)
	02	参加学术类的双语课程	(1 2 3 4 5)
	03	参加外语演讲活动或比赛	(1 2 3 4 5)
	04	参加外语辩论活动或比赛	(1 2 3 4 5)
	05	参加国际学术会议/论坛	(1 2 3 4 5)

续表

维度	序号	题项	得分
（二）娱乐体验	06	观看外文电影	(1 2 3 4 5)
	07	欣赏外文歌曲	(1 2 3 4 5)
	08	收听国外广播节目	(1 2 3 4 5)
	09	观看国外电视节目/网络视频（脱口秀/TED演讲等）	(1 2 3 4 5)
（三）文化与体育活动体验	10	欣赏国外艺术作品（绘画/雕塑/建筑等）	(1 2 3 4 5)
	11	参加外国节日庆祝活动	(1 2 3 4 5)
	12	参加外国文化交流日活动	(1 2 3 4 5)
	13	观看或参加展示外国文化的文艺表演	(1 2 3 4 5)
	14	参加有外籍人士参与的体育活动	(1 2 3 4 5)
（四）饮食体验	15	品尝外国食物	(1 2 3 4 5)
	16	品尝外国酒水饮料	(1 2 3 4 5)
	17	尝试外国饮食习惯（用刀叉进餐/手抓饭等）	(1 2 3 4 5)
（五）社交体验	18	通过书信与外语母语者进行文字交流	(1 2 3 4 5)
	19	通过电子邮件与外语母语者进行文字交流	(1 2 3 4 5)
	20	通过国内外社交软件（QQ/WeChat/Facebook/Twitter等）与外语母语者进行打字交流	(1 2 3 4 5)
	21	通过国内外社交软件（QQ/WeChat/Facebook/Twitter等）与外语母语者进行语音交流	(1 2 3 4 5)
	22	通过国内外社交软件（QQ/WeChat/Facebook/Twitter等）与外语母语者进行视频交流	(1 2 3 4 5)
	23	参与外籍人士和国人同时在场的谈话（非课堂）	(1 2 3 4 5)
	24	参与只有外籍人士在场的谈话（非课堂）	(1 2 3 4 5)
（六）感官体验	25	在与外籍人士接触时关注其穿着打扮	(1 2 3 4 5)
	26	在与外籍人士接触时关注其肢体动作	(1 2 3 4 5)
	27	在与外籍人士接触时关注其面部表情	(1 2 3 4 5)
	28	在与外籍人士接触时关注其眼神	(1 2 3 4 5)
	29	在与外籍人士接触时关注其身体气味	(1 2 3 4 5)

后　记

完成了这本书的写作，我们感到非常欣慰和满足。在书中，我们从国际传播的视角出发，深入探讨了跨文化能力的培养路径和影响机制。通过对大学生跨文化接触和能力发展的一系列研究，我们试图为推动中国文化走向世界、提高国家的国际竞争力、培养具有国际视野的人才以及传承中华文化作出贡献。

在研究过程中，我们遇到了诸多挑战和困难，但也收获了许多成果和启示。首先，我们深刻认识到跨文化能力的培养对于国家发展和个人成长的重要性，这不仅需要政府的政策支持和教育体系的改革，更需要每一个人的努力和参与。其次，我们意识到跨文化能力的培养是一个长期的过程，需要不断地学习、实践和反思。只有不断地提升自己的跨文化意识和能力，才能更好地适应和应对国际社会的变化和挑战。

在未来的研究中，我们将继续深入探讨跨文化能力的培养机制和方法，进一步完善相关理论框架和研究方法。同时，我们也将密切关注国际社会的发展动态，不断调整和优化研究内容和方向，为推动中国的国际传播能力建设作出更大的贡献。

最后，我们要特别感谢所有支持和帮助我们完成这本书的人，包括项目的资助单位、合作伙伴、研究团队成员以及家人和朋友们。没有你们的支持和鼓励，我们无法完成这项艰巨的任务。希望这本书能够为跨文化能力的培养提供一些有益的启示和参考，也希望我们的努力能够为推动中国的国际传播事业作出一份微薄的贡献。

谨以此后记，献给所有关心和支持我们的人。

致谢！

彭仁忠　吴卫平

2024 年 2 月武汉